Karl Augustin/Willi Gertel/Günter Hentzschel

Sulcorebutia

Karl Augustin
Willi Gertel
Günter Hentzschel

Sulcorebutia

Kakteenzwerge
der bolivianischen Anden

Herausgegeben von Dr. Urs Eggli, Zürich

159 Farbfotos
22 Zeichnungen

Verlag Eugen Ulmer

Titelfoto: *Sulcorebutia breviflora* var. *haseltonii* HS144a.
Umschlagrückseite: *Sulcorebutia albissima* KK1567.
Farbfoto Seite 2: *Sulcorebutia verticillacantha* var. *cuprea* R476.

Die Deutsche Bibliothek – CIP-Einheitsaufnahme

Augustin, Karl:
Sulcorebutia: Kakteenzwerge der bolivianischen Anden / Karl Augustin;
Willi Gertel; Günter Hentzschel. Hrsg. von Urs Eggli. – Stuttgart: Ulmer, 2000
ISBN 3-8001-6685-2

Das Werk einschließlich aller seiner Teile ist urheberrechtlich geschützt. Jede Verwertung außerhalb der
engen Grenzen des Urheberrechtsgesetzes ist ohne Zustimmung des Verlages unzulässig und strafbar.
Das gilt insbesondere für Vervielfältigungen, Übersetzungen, Mikroverfilmungen
und die Einspeicherung und Verarbeitung in elektronischen Systemen.

© 2000 Eugen Ulmer GmbH & Co.
Wollgrasweg 41, 70599 Stuttgart (Hohenheim)
E-Mail: info@ulmer.de
Internet: www.ulmer.de
Printed in Germany
Lektorat: Dr. Angelika Eckhard, Birgit Schüller
Herstellung: Jürgen Sprenzel
Satz: Hahn Medien GmbH, Kornwestheim
Druck: Gulde Druck, Tübingen
Bindung: E. Riethmüller, Stuttgart

Vorwort

Nur wer je das Glück hatte, über das karge Hochland Boliviens zu wandern, wird die Faszination verstehen können, welche die einsame Landschaft mit ihren bescheidenen Bewohnern auf den Besucher ausübt. Viele Menschen verbinden mit dem Land andine Bergriesen oder die Kultur vergangener Inka-Epochen. Nur wenige Besucher sind daran interessiert, zusätzlich in die Kakteenflora Boliviens Einblick zu nehmen, einer Kakteenflora, die sich so vielfältig darstellt, wie die Landschaft selbst.

Einer der Ersten, der Sulcorebutien von seinen Reisen in die Anden mitbrachte, war Walter Rausch aus Wien. Er verstand es, die Lebensräume dieser Kakteen so eindrucksvoll zu schildern, dass in uns der Wunsch entstand, sie in ihrer rauen bolivianischen Heimat selbst kennen zu lernen.

Wir suchten bei unseren Reisen altbekannte Standorte auf, stießen aber auch in Gebiete vor, aus denen bis dahin keine Sulcorebutien bekannt waren, in denen wir aber aufgrund der ökologischen Gegebenheiten Kakteen dieser Gattung vermuten konnten und meist auch entdeckten. Dies war nicht immer einfach und oft auch nicht ungefährlich. Das schwierige Gelände erforderte oft stundenlange Fahrten in geröllbeladenen Flußtälern oder über kaum erkennbare, gefährliche Wege sowie mühevolle Märsche in unwegsamem Gelände und in großen Höhen. Die ständig wechselnden politischen Umstände im Land waren bei einigen Reisen die Ursache für Probleme bei der Beschaffung der zum täglichen Leben notwendigen Dinge. Pannen blieben dabei natürlich auch nicht aus. Trotz aller Abenteuerlust, die auch durch Schwierigkeiten und Verzicht auf Bequemlichkeiten des Alltags nicht zu dämpfen war, haben wir aus diesen Reisen viel gelernt.

So einsam und abgeschieden kann keine Landschaft sein, dass nicht doch irgendwo Menschen siedeln, Campesinos[1], die täglich von neuem in voller Härte ihren Lebenskampf zu bestreiten haben. Sie leben z. T. in sehr großen Höhen unter Bedingungen, die ganz bestimmt nicht mit der wohligen Fülle unserer Gesellschaft vergleichbar sind. Wir erwähnen das deshalb, weil vom Lehnstuhl aus immer wieder bedauert wird, dass Kakteenareale durch die landwirtschaftliche Nutzung gestört oder gar zerstört werden. Wir sind davon überzeugt, dass die Campesinos mit dieser, seit Jahrhunderten praktizierten Art der Landwirtschaft kaum irgendwelche Kakteenstandorte dauerhaft vernichten. Bedenklich stimmt hingegen das Vorgehen offizieller Stellen. Im Bestreben nach Steigerung der Lebensqualität, bei der Schaffung oft gar nicht benötigter Infrastrukturen oder aufgrund falscher Raumplanung werden vielfach Biotope zerstört, deren Reaktivierung später kaum mehr möglich ist. So werden großflächige Aufforstungen an Stellen betrieben, an denen derzeit noch Xerophyten wachsen, die meist wenig oder noch gar nicht bekannt sind. Andererseits werden in anderen Gebieten riesige Urwaldflächen gedankenlos abgeholzt, wodurch rücksichtslos in den Wasserhaushalt großer Flächen des Kontinents eingegriffen wird. Beides, die rapide Ver-

---

[1] Als Campesinos bezeichnen sich die bolivianischen Bauern selbst. Der Ausdruck „Indio" wird allgemein als Schimpfwort angesehen.

Sulcorebutia mentosa var. *mentosa* R277.

ringerung des lebensnotwendigen Urwaldes in dem den Anden vorgelagerten Amazonas-Becken und die praktizierte Aufforstungspolitik haben Auswirkungen auf die Lebensräume vieler Pflanzen, insbesondere auch auf die der Sulcorebutien. Als sonnenhungrige Bewohner trockener Flächen werden sie in künftigen Koniferen- oder Eucalyptuswäldern ebenso wenig eine Überlebenschance haben wie in einer Landschaft, in der durch rücksichtslose Zerstörung des Urwaldes großräumige Klimaverschiebungen und damit verbundene Veränderungen des Florencharakters bevorstehen.

Es ist das Anliegen der Verfasser, die Pflanzen der Gattung *Sulcorebutia* in einer Art und Weise darzustellen, die sich an den Gegebenheiten der natürlichen Lebensräume orientiert und die den bisher so ungenügend beachteten Areal- und Standortbeobachtungen den ihnen gebührenden Platz einräumt.

Der Formenreichtum der Sulcorebutien brachte und bringt es immer noch mit sich, dass schon geringste Abweichungen vom typischen Erscheinungsbild zu Neubeschreibungen führten und führen. Deshalb messen wir dem Erkennen der morphologischen Streubreite eine wichtige Bedeutung bei. Diesem Umstand wollen wir insbesondere bei den Einzelbeschreibungen der verschiedenen Arten, bzw. bei den Bemerkungen dazu, Rechnung tragen. Wir hoffen, damit sowohl dem Liebhaber als auch dem Kakteengärtner einen Leitfaden an die Hand zu geben, der es möglich macht, den in den letzten Jahren immer dichter werdenden Dschungel aus Taxonomie, Feldforschung und Liebhaberwissen soweit zu lichten, dass jeder Interessierte in die Lage versetzt wird, den gesamten Komplex zu überschauen.

Wir danken Herrn Karl-Heinz Brinkmann, der uns erlaubt hat, bestimmte Teile seines Buches über *Sulcorebutia* zu verwenden, Herrn Willi Fischer, aus dessen Vermehrung viele der uns zur Verfügung stehenden Pflanzen stammen, den Herren Dr. Gerd Köllner, Rudolf Oeser und Johan Pot, die uns mit Literaturhinweisen und in vielen Diskussionen hilfreich zur Seite standen, sowie Herrn Dr. Urs Eggli, der uns äußerst kompetent beraten hat. Bedanken möchten wir uns besonders bei Frau Dipl.-Biol. Karin Hentzschel und Herrn Günther Fritz für die Bearbeitung des Manuskripts, bei Herrn Dr. Joseph C. M. Theunissen für die Erstellung der lateinischen Diagnosen und bei A. J. Brederoo für einige der verwendeten Zeichnungen. Unser Dank für die unzähligen Hinweise sowie großen und kleinen Korrekturen gilt aber auch den vielen nicht genannten *Sulcorebutia*-Freunden und Mitgliedern des Freundeskreises Echinopseen.

Herbst 1999   Karl Augustin,
                     Willi Gertel,
                     Dr. Günter Hentzschel

Inhaltsverzeichnis

Vorwort 5

Allgemeiner Teil

Einleitung 9

**Das Erscheinungsbild
der Gattung Sulcorebutia** 11

Allgemeine Beschreibung 11
Wurzel- und Wachstumstypen 14
   Der Faserwurzeltyp 14
   Der Speicherwurzeltyp 14
   Der Rübenwurzeltyp 16
Der Spross 17
Die Blüte 20
   Blütenbau 21
   Frucht und Samen 23
Anpassungen im Bereich von Blüte,
Frucht und Samen 26
Verwandtschaftsbeziehungen –
Unterschiede zu anderen verwandten
Pflanzengruppen 28
  Abgrenzung zu Echinopsis Zucc.
  sensu lato, insbesondere Lobivia
  Britton & Rose 28
  Abgrenzung zu Rebutia K. Schum.
  sensu lato 28
  Abgrenzung zu Weingartia Werd. 29
  Schlussfolgerungen 30
  Bestimmungsschlüssel zur Identifi-
  kation der Gattung Sulcorebutia und
  verwandter Gattungen 31

Abbildung oben:
  Sulcorebutia candiae var. *kamiensis* L974.

Vorkommen 32

Verbreitungsgebiet 32
Geografische Großräume 36
  Das Ayopaya-Gebiet 36
  Das Cochabamba-Becken und das
  angrenzende Bergland 37
    Das Bergland westlich und südlich des
    Cochabamba-Beckens 38
    Die Berge nördlich, östlich und süd-
    östlich des Cochabamba-Beckens . . . 39
    Die Randgebiete des Cochabamba-
    Beckens 41
  Die östliche Cordillera de
  Cochabamba 43
  Das Gebiet um Aiquile und entlang des
  Rio Caine 44
  Der Großraum Sucre 46
  Das südliche Verbreitungsgebiet 49

Kultivierung und Pflege 51

Systematischer Teil

Artenübersicht 54

Allgemeine Bemerkungen 54
Gültig beschriebene Taxa 55
Ausgewählte Feldnummern 158

Feldnummern und wissenschaftliche Ausdrücke 166

Aufstellung der verwendeten
Feldnummern-Kürzel 166
Abkürzungen und wissenschaftliche
Ausdrücke 166

Literaturverzeichnis 169
Register 175
Bildquellen 178

Sulcorebutia pasopayana.

Allgemeiner Teil

Einleitung

Die Geschichte der Gattung *Sulcorebutia* Backeberg beginnt Ende der 20er Jahre unseres Jahrhunderts, im Jahr 1929. Damals entdeckte der bolivianische Bauer José Steinbach im Umfeld seiner Estanzia eine kleine Pflanze, die später Erich Werdermann übergeben wurde, der sie in „Notizblätter des Botanischen Gartens und Museums zu Berlin-Dahlem" (Werdermann 1931) zu Ehren ihres Entdeckers als *Rebutia steinbachii* Werdermann beschrieb. Werdermann hat mit der Beschreibung dieser Neuheit eine Gattung wieder aufgenommen, die Schumann bereits 1895 (Schumann 1895) mit *Echinocactus (Echinopsis) minusculus* als Leitart formulierte, aber dann doch nicht verwendete.

Die ähnlichen Blüten von *Rebutia steinbachii* und *Echinocactus minusculus* waren schließlich für die Gattungswahl Werdermanns ausschlaggebend. Trotzdem verglich er die ihm vorliegende Pflanze auch mit den Merkmalen jener Pflanzen, die Britton und Rose erst wenige Jahre zuvor (1920) in ihrem Gesamtwerk „The Cactaceae" (Britton und Rose 1919–1923) in der neuen Gattung *Lobivia* zusammengefasst hatten. Werdermann schrieb dann auch in der Erstbeschreibung von *Rebutia steinbachii*:

„Im Habitus ähnelt die neue Art sehr stark der von Britton & Rose Cactac. III. P.52 beschriebenen und abgebildeten *Lobivia boliviensis*[1], die bei Oruro gesammelt wurde. Leider beschränkt sich die Diagnose auf zweieinhalb Zeilen, ohne Blütenbeschreibung. Nach dem Bilde hat *L. boliviensis* mehr Rippen, längere Stacheln von fast 9 cm, die aber schwächer bleiben als bei *R. steinbachii* und nicht die auffallende blauschwarze Färbung besitzen.

Zweifellos gehört die neue Art in die nächste Verwandtschaft des *Echinocactus minusculus* (Weber) K. Sch. Beschrieben wurde diese Art als *Echinopsis*. Schumann stellte aufgrund ihrer besonderen Blütenmerkmale die Gattung *Rebutia* auf, die er jedoch später wieder fallen ließ und zu *Echinocactus* zog. Es scheint mir angebrachter, für die gut charakterisierte Gruppe, deren Zahl sich durch die Neuentdeckungen in den letzten Jahren ständig vermehrt hat, die Schumann'sche Gattung *Rebutia* wieder aufzunehmen."

Auf der Basis der Werdermann'schen Pflanze errichtete Backeberg 20 Jahre später (1951) die Gattung *Sulcorebutia*. Allerdings konnte er auch auf Studien an lebendem Material verweisen, denn er hatte von Cárdenas (vgl. nächster Abschnitt) einige Pflanzen aus der Umgebung von Cochabamba erhalten. Er begründete die neue Gattung mit der Furche, die er oberhalb der Areolen entdeckt zu haben glaubte. Aus dem Wort „Furche", lateinisch „sulcus", in Verbindung mit der oberflächlich an *Rebutia* erinnernden Blüte, leitet sich dann auch der Name der neuen Gattung ab.

Der Schritt Backebergs blieb in der Folge aus mehreren Gründen nicht ohne Kritik. So erkannte der zur damaligen Zeit beste Kenner der bolivianischen Flora, Prof. Martín Cárdenas von der Universität Cochabamba, diese neue Gattung deswegen nicht an, weil auch schon in der Erstbeschreibung von *Echinocactus minusculus* von einer oberhalb der Areole befindlichen, angedeuteten Furche die Rede

---

[1] Heute *Lobivia pentlandii*.

war. Außerdem erkannte er, dass die von Backeberg bei *Sulcorebutia* beobachtete Furche in Wirklichkeit eine leichte, oftmals nur angedeutete Epidermisfalte darstellt.

Cárdenas allerdings verfolgte sein eigenes Konzept auch nicht konsequent, denn er beschrieb später eine Reihe von Pflanzen der heutigen Gattung *Sulcorebutia* nicht nur als *Rebutia*, sondern auch als *Aylostera*. Letzteres ist kaum verständlich, denn bei keiner *Sulcorebutia*-Art ist eine so markante Verwachsung des Griffels mit der Blütenröhre festzustellen, wie das bei der Gattung *Aylostera* der Fall ist. Obwohl viele Arbeiten Backebergs wegen des Fehlens wichtiger Angaben kritisiert wurden, fand die neue Gattung *Sulcorebutia* bald allgemeine Anerkennung. Das hatte zur Folge, dass die von Cárdenas beschriebenen Arten aus dieser Gruppe Schritt für Schritt durch Ritter, Backeberg, Buining und Donald zu *Sulcorebutia* gestellt wurden.

Die 1951 noch monotypische Gattung umfasste Ende der sechziger Jahre bereits 26 beschriebene Spezies und eine Reihe zwar bekannter, aber unbearbeiteter Funde. In den nächsten Jahren wurden zahlreiche neue Populationen entdeckt und insbesondere durch Walter Rausch beschrieben. So zählte man 1979 bereits etwa 60 Arten und Varietäten. Die Formenvielfalt der Neufunde führte zu einer Erweiterung des Erscheinungsbildes der Gattung *Sulcorebutia* und zu Unsicherheiten bei der Abgrenzung gegen möglicherweise verwandte Formenkreise. Ähnlichkeiten und Unterschiede zwischen *Sulcorebutia* einerseits und *Rebutia* bzw. *Lobivia*, *Weingartia* und *Gymnocalycium* andererseits wurden eingehend diskutiert. Donald und Brederoo (1972) emendierten die Gattung *Sulcorebutia* Backeberg und versuchten so, die Grenzen zu den erwähnten Gattungen exakter zu formulieren.

Die Diskussion um den Status und den Umfang der Gattung *Sulcorebutia* sowie der möglicherweise verwandten Gattungen wurde und wird noch immer weitergeführt. Das bedeutet letztendlich aber nur, dass wegen unzureichender Kenntnis der Merkmale innerhalb der gesamten Pflanzengruppe eine allgemein akzeptierbare Gliederung noch nicht erreicht werden kann. Die von Hunt und Taylor ins Leben gerufene „IOS Working Party" löste das Problem, indem sie unter anderem *Sulcorebutia* und *Weingartia* zur Gattung *Rebutia* stellten (Hunt und Taylor comp. 1986, Hunt und Taylor 1987; Hunt 1989, 1992). Wir sind dagegen der Meinung, dass die Gattung *Sulcorebutia* eine von *Rebutia* im engeren Sinn deutlich verschiedene Pflanzengruppe darstellt, die dem Subtribus *Gymnocalyciinae* F. Buxb. (Endler und Buxbaum 1974) zuzuordnen ist. *Sulcorebutia* stellt nach unserer Auffassung eine Parallelentwicklung zu *Rebutia* dar. Auf der Basis einer emendierten Gattungsbeschreibung befassen wir uns mit den Merkmalen der vorhandenen *Sulcorebutia*-Sippen und nehmen nur dort taxonomische Veränderungen vor, wo es unbedingt notwendig und nach unserer Meinung auch gesichert ist.

Das Erscheinungsbild der Gattung Sulcorebutia

Allgemeine Beschreibung

Der Vergleich der Gattungsbeschreibungen von Backeberg (1951), Brederoo und Donald (Donald und Brederoo 1972) und Hentzschel (1999a) verdeutlicht die Zunahme der Kenntnisse über die Sulcorebutien im Verlauf der vergangenen fast 50 Jahre.

Nachfolgend werden die Gattungsbeschreibungen sowohl von Backeberg als auch von Brederoo und Donald sowie von Hentzschel wiedergegeben:

Sulcorebutia Backeberg

Backeberg, C. (1951): Sulcorebutia novum genus Backbg. – The Cactus and Succulent Journal (GB) 13 (4): 96

Plantae proliferantes; articulis satis parvis, costis tuberculatis; tuberculis lobivoideis, securiformibus; sulcatis; floribus infundibuliformibus, ex sulco orbiculariter amplificato, orientibus, squamatis, glabris fructu adhuc ignoto – Bolivia, prope Colomi (Cochabamba) in altitudine de 3 400 m (Cárdenas).

Typus: *Rebutia steinbachii* Werd.

Pflanzen sprossend, Sprosse sehr klein, Rippen gehöckert, Höcker lobivoid gefurcht, beilförmig. Blüten trichterförmig, aus einer kreisförmig vergrößerten Furche entspringend, beschuppt, kahl; Frucht bisher unbekannt. – Bolivien, nahe Colomi (Cochabamba) auf 3 400 m Höhe (Cárdenas).

Typ *Rebutia steinbachii* Werdermann – Notizblätter des Botanischen Gartens und Museums zu Berlin-Dahlem, XI (104): 268, 1931

Sulcorebutia Backeberg emend. Brederoo et Donald

Donald, J. D. und Brederoo, A. J. (1972): Sulcorebutia Bckbg. emend. Brederoo et Donald – Succulenta 51(9): 169–174

Corpus proliferans, globosum ad breve cylindricum, vertice depresso, radice fusiforme est. Corpus in costas directe vel spiraliter decurrentes, quae in tubercula plus minusve lobivioidia dissolutae sunt, divisum est. Areolae in parte suprema tuberculorum, paulum in regam, quae in summo tuberculo est, depressae, longissimae angustissimaeque sitae sunt. Spinae radiantes vel pectinate dispositae numquam hamatae sunt. Spina centralis non semper adest. Gemmae floriferae e parte novissima, haec est suprema, areolae oriuntur, non e sulco. Flores late infundibuliformes sunt. Stamina per totam superficiem receptaculi disposita sunt. Folia perianthii lanceolata vel spathula sunt. Sqamulae crassae, spathulatae, ungui similes, in calyce distant. Camera nectarea adest. Fructus globosus et brevi cervice instructus est. Semen plerumque galeriforme, testa obsolete nigra, sulcata, gibbera, fragmentosa, semper partibus arilli obtecta est. Hilum sufflavum, micropyle funiculusque bene discernendi sunt. Perispermium deest, cotyledones non semper discernendae sunt.

Patria: Bolivia prope Colomi (Cochabamba) in altitudine de 3 400 m (Cárdenas).[1]

Typus: *Sulcorebutia steinbachii* (Werd.) Bckbg.

Körper sprossend, kugelig bis kurzzylindrisch, Scheitel eingesenkt, Wurzeln spindelförmig (kegelförmig). Körper in gerade oder spiralförmig gedrehte Rippen aufgeteilt, die in mehr oder weniger lobivienförmige Höcker aufgelöst sind.

---

[1] Bezieht sich nur auf die Heimat der Typpopulation.

Die Areolen im oberen Teil der Höcker gelegen, ein wenig in die Furche am höchsten Teil der Höcker eingesenkt, sind sehr lang und sehr schmal. Die Dornen, strahlend oder kammförmig angeordnet, sind niemals hakig. Mitteldornen sind nicht immer vorhanden. Die Blütenknospen erscheinen aus dem jüngsten, dem obersten Teil der Areole. Die Blüten sind breit trichterförmig. Die Staubfäden sind über die ganze Oberfläche des Receptaculums (gemeint ist die Innenseite) verteilt. Die Blütenblätter sind lanzett- oder spatelförmig. Die Schuppen am Blütenkelch sind dick, spatel- bzw. fingernagelförmig und abstehend. Eine Nektarkammer ist vorhanden. Die Frucht ist kugelförmig mit kurzem Hals. Die Samen sind gewöhnlich mützenförmig, die Testa ist mattschwarz, grubig gehöckert, meistens teilweise mit Arillusgewebe bedeckt. Das Hilum ist gelblich, Mikropyle und Funiculus sind deutlich sichtbar. Ein Perisperm fehlt, Cotyledonen sind nicht immer sichtbar.

Heimat Bolivien, nahe Colomi (Cochabamba) in 3 400 m Höhe (Cárdenas).[2]

Typus: *Sulcorebutia steinbachii* (Werdermann) Backeberg.

Sulcorebutia Backeberg emend. Hentzschel

Hentzschel, G. (1999a): Het Geslacht Sulcorebutia Backeberg emend. Hentzschel – Succulenta 78 (3): 131–142

Corpus solitarium vel proliferum, globosum ad breve cylindricum, acumine depresso, dissolutum in tuberculis rhombicis spiraliter collocatis; **radicibus** fibrosis vel crassatis, palaribus, napinis vel napinis collo coartato.

Areolae in parte suprema tuberculorum, depressae, in acumen transeuntes in rugam distincte expressam, saepe et brevissimam; oblongae ad elongatissimae, paulo tomentosae, spinis radiantibus vel pectinate dispositis instructae; **marginales et centrales** non semper clare discernuntur, centrales saepe omnino desunt. Spinae rectae vel curvatae numquam hamatae sunt; superficies levis ad asperrima est.

Flores e gemmis externe nudis exsistunt, quae e parte superiore areolarum veteriorum, sed numquam in vertice emergunt; infundibuliformiter, rarius campanulate-infundibuliformiter aperiuntur; violacei, flavi, rubri vel pleiochromi, rarius albi sunt; faux saepe violacea est; folia perianthii lanceolata vel spathulata sunt margine superiore aliquo dentata et acumine perspicuo.

Pericarpellum et **receptaculum** squamis solidis, cordiformibus, diverse coloratis, partim aliquo distantibus teguntur, quae in acumen forma et colore foliis perianthii assimulantur; in axillis squamarum inferiorum pili et plerumque aliquae saetae parvae vel spini sunt; in pariete interiore receptaculo **stamina** plerumque constanter distributa inserta sunt, rarius in duobus ordinibus instructa sunt; filamenta diverse colorata sunt, saepe bicolorata sunt; antherae flave enascuntur. **Stylus** stigmatibus 3–13 albis, flavis vel viridibus instructus est et plerumque ad altitudinem staminum superiorum pertinet, sed potest et perspicue brevior esse vel stamina perianthiumque superesse.

Fructus pseudobacca applanate rotunda ad globosa, in maturitate plerumque aliquo carnosa est, quae oblique ita rumpitur, ut funiculi emanent; rarius paene coriacei sicatur non deliquescens; funiculi singulae sunt, in regione basali et simpliciter ramosae.

Semina rotundata ad irregulariter elongate ovoidea, magnitudine diversa (ad 1–2 mm longa), lateraliter paulo applanata, obsolete atrobrunnea superficie maxime irregulari; testa plerumque cuticula crassa structuris maxime irregularibus obtegitur; cellulis testarum fere isodiametricis, atratis, verrucose periclinatis, convexa; hilum micropyleque vallo communi e cellulis minimis applanatis testae constructo circumdantur; regio hili micropylaeque textura laxa e flavo alba obtegitur; granum maturam plantulam maxime simplificatam sine cotyledonibus perspicuis continet; endospermium perispermiumque non reperiuntur.

Typus: *Sulcorebutia steinbachii* (Werdermann) Backeberg.

Habitat: Bolivia, Deparamento Cochabamba, Provincia Chapare, in vicinitate Colomi, 3 400 bis 3 500 m.[2]

Körper einzeln oder sprossend, kugelig bis kurzzylindrisch, mit eingesenktem Scheitel, gegliedert

---

[2] Bezieht sich nur auf die Heimat der Typpopulation.

in spiralförmig angeordnete, rhombische Höcker. Die **Wurzeln** sind faserig oder verdickt, pfahl-, rüben- oder halsrübenförmig.

Areolen auf der Oberseite der Höcker, eingesenkt, spitzenwärts in eine unterschiedlich ausgeprägte, manchmal auch sehr kurze Falte übergehend; länglich bis sehr lang gestreckt, etwas wollig, mit strahlen- oder kammförmig angeordneten Dornen besetzt. **Rand- und Mitteldornen** sind nicht immer deutlich zu unterscheiden, Mitteldornen fehlen manchmal völlig. Die Dornen sind gerade bis gebogen, niemals gehakt; ihre Oberfläche ist glatt bis sehr rau.

Die **Blüten** entstehen aus äußerlich nackten Knospen, die aus dem oberen Teil älterer Areolen, jedoch niemals im Scheitel entspringen; sie öffnen sich trichterförmig, seltener glockig-trichterig. Die Blütenfarbe ist violett, gelb, rot oder mehrfarbig, seltener weiß, der Schlund ist häufig violett. Die Blütenblätter sind lanzett- oder spatelförmig mit einem etwas gezackten oberen Rand und deutlicher Vorläuferspitze.

Das **Perikarpell** und das **Receptaculum** sind mit derben, herzförmigen, unterschiedlich gefärbten, teilweise etwas abstehenden Schuppen besetzt, die sich spitzenwärts in Form und Färbung den Blütenblättern angleichen. In den untersten Schuppenachseln befinden sich Haare und meist einige kleine Borsten oder Dornen. An der Innenseite der Blütenröhre sind die **Staubblätter** meistens gleichmäßig verteilt inseriert, seltener in zwei Serien angeordnet. Die Staubfäden sind unterschiedlich gefärbt, oft zweifarbig, die Staubbeutel erscheinen gelb. Der **Griffel** trägt eine Narbe mit 3 bis 13 weißen, gelben oder grünen Narbenästen und endet meist in Höhe der oberen Staubblätter, kann aber auch deutlich kürzer sein oder die Staubblätter und die Blütenhülle überragen.

Die **Frucht** ist eine flachrunde bis runde, bei der Reife meist etwas fleischige Scheinbeere und platzt quer auf, sodass die Samenstränge herausquellen, seltener trocknet sie fast lederartig ohne zu zerfließen ein. Die Samenstränge stehen einzeln, im basalen Bereich auch einfach verzweigt.

Die **Samen** sind rundlich bis unregelmäßig länglich eiförmig, unterschiedlich groß (ca. 1 bis 2 mm lang), seitlich etwas abgeflacht, matt braunschwarz mit sehr unregelmäßiger Oberfläche. Die Samenschale wird meist von einer dicken Cuticula mit sehr variablen Strukturen eingehüllt. Hilum und Mikropyle werden von einem gemeinsamen Wall aus sehr kleinen abgeflachten Testazellen umgeben; Testazellen mehr oder weniger isodiametrisch, Perikline feinwarzig, konvex. Die Hilum-Mikropylar-Region ist von lockerem, gelblich weißem Gewebe bedeckt. Der reife Samen enthält einen sehr vereinfachten Keimling ohne deutliche Keimblätter. Nährgewebe (Endosperm und Perisperm) sind nicht nachweisbar.

Typus: *Sulcorebutia steinbachii* (Werdermann) Backeberg.

Vorkommen: Bolivien, Departement Cochabamba, Provinz Chapare, im Umfeld von Colomi, 3 400 bis 3 500 m.[3]

Backebergs Beschreibung (1951) war so wenig spezifisch, dass schon damals über die Berechtigung einer neuen, noch dazu monotypischen Gattung diskutiert wurde. Donald und Brederoo (1972) bearbeiteten die inzwischen zahlreichen Neufunde von Sulcorebutien und charakterisierten die Gattung deutlicher, konnten aber dennoch eine eindeutige Abgrenzung von *Weingartia* und *Rebutia* nicht darstellen.

Neue Untersuchungen (Hentzschel 1998a und b) des inzwischen reichlich vorhandenen Pflanzenmaterials zeigen, dass die Sulcorebutien als Gattung von anderen Kakteengattungen sicher zu unterscheiden sind und dass sie mit großer Wahrscheinlichkeit einen anderen Ursprung haben als die Rebutien.

Da das Herbarmaterial des Typus *Sulcorebutia steinbachii* (Werdermann) Backeberg verloren gegangen ist und nur noch eine von Werdermann autorisierte Fotografie existiert (Gertel 1989a; Gertel 1996a; Leuenberger 1989), wurde im Zusammenhang mit der Emendierung der Gattung durch Hentzschel (1999a) ein Neotypus im Herbarium der Städtischen Sukkulentensammlung Zürich (ZSS A18921) hinterlegt. Die Pflanze (**Gertel 123/1**) stammt wie Werdermanns Typpflanze aus

---

[3] Bezieht sich nur auf die Heimat der Typpopulation.

der näheren Umgebung von Colomi und entspricht dieser in allen wesentlichen Merkmalen.

Wurzel- und Wachstumstypen

Die Ausbildung der Wurzeln hat bei den Sulcorebutien eine so umfassende Bedeutung, dass es zweckmäßig erscheint, bestimmte Aspekte des Aufbaus des gesamten Pflanzenkörpers an dieser Stelle mit zu besprechen. Daraus ergibt sich das Bild von bestimmten Wachstumstypen mit unterschiedlichen ökologischen Standortansprüchen.

An den Standorten der Sulcorebutien gibt es hinsichtlich der Bedingungen zum Leben und Überleben nur einen geringen Spielraum. Jahreszeitlich bedingte längere Trockenzeiten wechseln sich mit verhältnismäßig kurzen Regenzeiten von sehr unterschiedlicher Intensität ab. Außerdem müssen die Pflanzen wegen der großen Höhenlage der andinen Standorte extreme Temperaturschwankungen zwischen Tag und Nacht ertragen. Besonders in der Trockenzeit schwanken die Temperaturen je nach Höhenlage zwischen 20 bis 25 °C am Tage und 0 °C in der Nacht.

Die Standorte der Sulcorebutien lassen sich zu einigen typischen Verbreitungsgebieten mit charakteristischen klimatischen Eigenheiten zusammenfassen, in denen dann bestimmte Wachstumsformen gehäuft vorkommen. Diese Wachstumstypen lassen sich am einfachsten durch die Lage ihrer Wasserspeichergewebe charakterisieren. Es werden drei Gruppen unterschieden, die allerdings durch Übergänge miteinander verbunden sind (siehe Kasten unten).

Der Faserwurzeltyp

In Verbreitungsgebieten mit einem verhältnismäßig großen Wasserangebot in Form von Regen und Nebel oder auch nur Nebel wachsen hauptsächlich Sulcorebutien, die ihr Wasserspeichergewebe im Mark- und Rindengewebe des Sprosses haben. Spezialisierungen sind nicht notwendig, um die 7 bis 8 Monate anhaltende Trockenzeit zu überdauern, denn an den von diesen Pflanzen besiedelten Bergflanken kondensiert ständig einfallender Nebel und es herrscht hohe Luftfeuchtigkeit.

Charakteristisch für diese Formen ist ihre geringe Neigung zur Sprossbildung. Wenn sich jedoch Sprosse bilden, dann nicht nur aus den unteren, ältesten, sondern auch aus höher liegenden, jüngeren Areolen. Die Seitensprosse haben nie eigene Wurzeln. Ihre Fähigkeit zum Rückzug in die Erde bei extremer Trockenheit ist nur gering ausgebildet. Junge und erwachsene Pflanzen sind sehr ähnlich. Altersdimorphismus ist nicht bekannt. Die Wurzelmasse beträgt meist nur 15 bis 20 % des Gesamtvolumens.

Der Faserwurzeltyp ist in der östlichen Cordillera de Cochabamba und südlich davon bis zum Rio Mizque, stellenweise bis zum Rio Caine verbreitet. Am deutlichsten ist diese Wuchsform in den Sippen von *Sulcorebutia tiraquensis* ausgeprägt, aber auch die Sippen von *S. oenantha*, *S. mariana* und *S. jolantana* n.n. repräsentieren diesen Wachstumstyp.

Der Speicherwurzeltyp

Hier werden mehrere Pflanzengruppen zusammengefasst, die bei weiterer Bearbeitung der Gattung eventuell drei verschiedenen Wurzeltypen zugeordnet werden müssen. Gemeinsa-

---

1. Formen mit überwiegender Sprosssukkulenz und Faser- oder schlanken Pfahlwurzeln: Kurz Faserwurzeltyp genannt,
2. Formen mit Sprosssukkulenz und verdickten Speicherwurzeln: Kurz Speicherwurzeltyp genannt,
3. Formen mit kleinen Körpern und sehr großen Rübenwurzeln: Kurz Rübenwurzeltyp genannt.

Wurzel- und Wachstumstypen

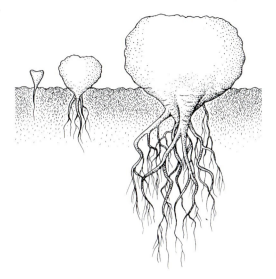

◆ Bewurzelungsschema des Faserwurzeltyps.

mes Kennzeichen der hier besprochenen Pflanzen ist die Ausbildung von verdickten Wurzeln, die durch eine Einschnürung oder anders geartete dünne Wurzelteile mit dem Körper verbunden sind. Ihre Wurzelmasse beträgt meist etwa die Hälfte der gesamten Pflanze. Altersdimorphismus ist in dieser Gruppe nicht bekannt. Ihr Sprossverhalten ist unterschiedlich. Die Verbreitung dieser Sippen liegt zwischen Aiquile und Villa Viscarra[4] mit einem Schwerpunkt um die Bahnstation Chaguarani[5] einerseits und an verschiedenen Standorten der weiteren Umgebung von Sucre andererseits.

Bekannte Vertreter dieser Gruppe sind z. B. die Sippen von *Sulcorebutia cylindrica*: Sie haben mehrere verdickte Wurzelstränge, die am Körper mit einem dünnen Hals ansetzen, welcher jedoch leicht abbricht. Die Pflanzen können sich bei Trockenheit nicht in die Erde zurückziehen, was eventuell in der fragilen Ausbildung ihres Wurzelhalses begründet ist. Sie besiedeln Geröllhalden mit sehr geringer Wasserhaltigkeit und häufigem Steinschlag. Die Körper werden oft durch den Steinschlag

◆ Wachstumsformen von *Sulcorebutia cylindrica* (oben).
◆ Typische Bewurzelung von *Sulcorebutia tarabucoensis* (unten).

von den Wurzeln abgetrennt und bewurzeln sich später wieder. Die Wurzeln treiben neue Körper aus, doch die Körper selbst bilden kaum jemals Sprosse. Insgesamt findet hier eine sehr spezielle vegetative Vermehrung statt, die auch in Kultur nachvollzogen werden kann.

Die Sippen von *Sulcorebutia mentosa* und ihre nahen Verwandten haben nur eine relativ kurze und dicke Halsrübenwurzel, welche es den

---
[4] Auch bekannt unter dem Namen Vila Vila.
[5] Lau bezeichnet diese kleine Ansiedlung als Cruce.

Pflanzen ermöglicht, sich bei Trockenheit in die Erde zurückzuziehen. Sprossbildung ist vorhanden, aber nicht besonders ausgeprägt.

Die an bestimmten Standorten im Raum Tarabuco und Presto vorkommenden Sippen von *Sulcorebutia tarabucoensis* bilden nur einige Zentimeter große Körper aus, die über einen dünnen Wurzelhals mit mehr als 50 cm langen fleischigen Wurzeln verbunden sind. Diese Wurzelstränge verlaufen etwa 3 bis 5 cm unter der Erdoberfläche. Die Pflanzen bilden Sprosse, auch die Wurzeln treiben neue Körper aus, wenn die alten abgebrochen sind. Außerdem bilden die Wurzelstränge im Abstand von einigen Zentimetern immer neue Körper aus. Es handelt sich bei dieser Wachstumsform sicher um eine extreme Anpassung an die Nutzung und Speicherung von oberflächennahem Wasser, kombiniert mit einer speziellen Art der vegetativen Vermehrung, die auch in Kultur angewandt werden kann. Die Vermutung, es könnte sich hierbei um unterirdische Sprosse handeln, vergleichbar den Verhältnissen bei *Echinocereus stoloniferus*, konnte nicht bestätigt werden. Ähnliche Formen der Bewurzelung wurden auch im Gebiet westlich von Sucre gefunden.

Der Rübenwurzeltyp

Sulcorebutien, die sehr langen Trockenperioden von ca. 8 bis 10 Monaten ausgesetzt sind, speichern Wasser und Nährstoffe hauptsächlich in ihren dicken, kegelförmigen, manchmal lang pfahlförmigen Rübenwurzeln, von denen nur wenige Seitenwurzeln abzweigen. Der oberirdische Sprossanteil ist meist sehr klein (10 bis 20 % des Gesamtvolumens) und geht ohne Verengung oder Abschnürung im Halsbereich direkt in die Rübe über. Die tief im Boden verankerte Rübe erleichtert es den Pflanzen, sich bei lang anhaltender Trockenheit in den Boden zurückzuziehen. Der Scheitel wird schnell mit lockerem Material bedeckt und ist so vor starker Sonneneinstrahlung, Kälte und vor Pflanzenfressern geschützt.

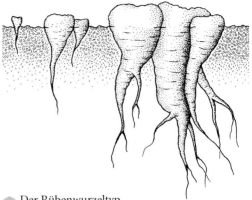

◆ Der Rübenwurzeltyp.

Die Pflanzen wachsen im Alter zu großen Gruppen heran, indem sie aus den älteren, bodennahen Areolen sprossen. Oft bilden die Sprosse bald eigene Wurzeln mit einem starken Dickenwachstum, hängen aber noch einige Zeit an der Mutterpflanze. Die Verbindungsstelle zur Mutterpflanze ist häufig stegförmig ausgebildet und erfüllt die Funktion einer „Nabelschnur". Nach relativ kurzer Zeit lösen sich die Sprosse völlig und sind nun von Sämlingen nicht mehr zu unterscheiden.

Sulcorebutien vom Rübenwurzeltyp besiedeln Gipfel- und Kammlagen in großen Höhen. Ihre reich sprossenden Gruppen gleichen den Polsterpflanzen anderer in den Hochanden vertretener Pflanzenfamilien. Die ausgeprägte Tendenz zur vegetativen Vermehrung ist mit der anderer Hochgebirgspflanzen vergleichbar.

Vertreter des Rübenwurzeltyps, insbesondere Sippen von *Sulcorebutia steinbachii*, zeigen teilweise einen deutlichen Dimorphismus zwischen Jugend- und Altersform. Die Pflanzen verharren dabei relativ lange in einer Jugendform mit kammförmiger Bedornung und entwickeln erst später ihre typische Altersform mit deutlichen Mitteldornen.

Das Verbreitungsgebiet dieser Wuchsform liegt im Großraum Cochabamba und in der weiteren Umgebung von Sucre, sowie beim südlichsten *Sulcorebutia*-Vorkommen in der Gegend um Tarija.

Der Spross

Die Größe des Sprosses variiert bei den Sulcorebutien außerordentlich. Es gibt Pflanzen von 0,5 bis 20 cm Durchmesser und 0,5 bis 30 cm Höhe. Bei einzelnen Exemplaren werden diese Maße noch überschritten. Der Scheitel ist in der Regel eingesenkt.

Die beim Kakteenspross ursprünglich vorhandenen Rippen sind bei den Sulcorebutien vollständig in spiralig angeordnete Höcker aufgelöst. Dieser Sprossaufbau wird im Allgemeinen bei den entwicklungsgeschichtlich am höchsten abgeleiteten Kakteen gefunden (Buxbaum 1950, 1956–1960). Die Höcker besitzen einen charakteristischen Aufbau. Der Grundriss ist asymmetrisch rhombisch. Das heißt, die Areole ist sowohl an den oberen (adaxialen) Rand, als auch etwas zur Seite hin verschoben. In der Fortsetzung der oberen Seite der Areole verläuft eine unterschiedlich stark ausgeprägte, leicht schräg gestellte Falte. Die Aufwölbung der Höcker ist normalerweise gerundet, niemals beilförmig und kantig wie bei bestimmten Lobivien oder chilenischen Kakteenarten. Sie variiert stark, ist aber immer im unteren (abaxialen) Bereich am stärksten ausgebildet.

Die Areolen sind in die Höcker leicht eingesenkt. Sie haben bei den entwicklungsgeschichtlich älteren Formen einen länglichen, bei den hoch entwickelten Formen einen lang gestreckten, fast strichförmigen Grundriss. Das Areolenfeld ist mit meist kurzen, weißen bis

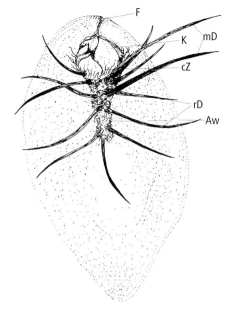

Areole mit Knospe von *Sulcorebutia steinbachii* (nach Donald und Brederoo 1972, verändert).
F = Epidermisfalte, lang gestreckt, schräg stehend;
K = Knospe, nackt (Knospenschuppen = Perikarpellschuppen); cZ = Haare der Stielzone;
mD = Mitteldornen; rD = Randdornen;
Aw = Areolenwolle.

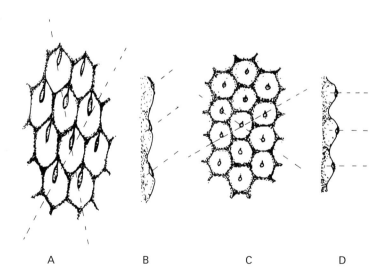

Anordnung der Höcker (schematisch nach Donald, 1977, verändert).
A = *Sulcorebutia* Aufsicht: Höcker rhombisch, lang gestreckt; Areolen lang gestreckt, eingesenkt, apikal verschoben mit deutlicher Epidermisfalte oberhalb;
B = *Sulcorebutia* Längsschnitt; C = *Rebutia sensu stricto* Aufsicht: Höcker isodiametrisch; Areolen rund, aufsitzend, ± zentral stehend, mit sehr kurzer Epidermisfalte oberhalb; D = *Rebutia sensu stricto* Längsschnitt.

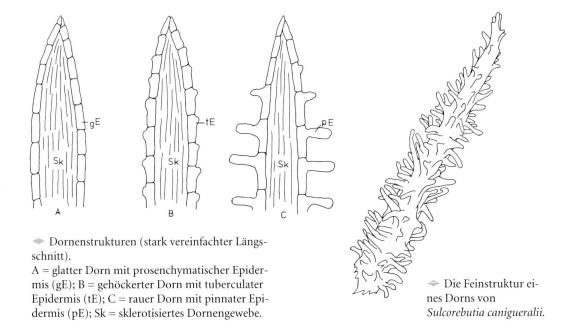

Dornenstrukturen (stark vereinfachter Längsschnitt).
A = glatter Dorn mit prosenchymatischer Epidermis (gE); B = gehöckerter Dorn mit tuberculater Epidermis (tE); C = rauer Dorn mit pinnater Epidermis (pE); Sk = sklerotisiertes Dornengewebe.

Die Feinstruktur eines Dorns von *Sulcorebutia canigueralii*.

bräunlichen Haaren bedeckt. Dazwischen befinden sich die Bildungsgewebe der Dornen. Am adaxialen Ende der Areolen entwickeln sich Blüten oder Seitensprosse.

Die Dornen entstehen in den länglichen Areolen meist in großer Zahl in strahlig abspreizender Anordnung, in den lang gestreckten, strichförmigen Areolen dagegen abwechselnd nach rechts und links kammförmig am Körper und sind mehr oder weniger anliegend. Werden Mitteldornen ausgebildet, erscheinen diese immer im adaxialen Teil der Areole.

Die Dornen sind sehr vielgestaltig. Die strahlig abstehend angeordneten Dornen sind meist dünn, lang und glatt, die kammförmig angeordneten dagegen meist kurz, krallig anliegend oder mehrfach gekrümmt, oftmals rau und mit den Dornen der Nachbarareole verflochten. Dazwischen gibt es eine Reihe Übergangsformen. Die Dornen sind aber niemals an der Spitze hakenförmig gekrümmt.

Die Farbe der Dornen variiert von Weiß über Gelb, Fuchsrot und Braun bis fast Schwarz. Verschiedenfarbige Dornen, die vom Grund bis zur Spitze mehrere unterschiedliche Farbzonen aufweisen, sind nicht selten. Die ganze Farbskala kommt gelegentlich sogar innerhalb einer Population vor. Es gibt aber durchaus auch Populationen einer Art, in denen meist nur einfarbige Dornen vorherrschen.

Die Dornenlänge erstreckt sich von 1 mm bis mehr als 60 mm und variiert selbst innerhalb kleiner Bestände beträchtlich. Die Dornen bestehen aus sklerotisierten langen Zellen, die mit einer vielgestaltigen Epidermis bedeckt sind.

Schill et al. (1973) untersuchten mittels Rasterelektronenmikroskop eine Vielzahl von Dornenoberflächen verschiedener Kakteen und vertraten die Meinung, dass die Dornenoberfläche wichtige, taxonomisch relevante Merkmale liefert. Sulcorebutien sind in dieser Studie leider nicht berücksichtigt. Inzwischen wurden aber auch eine Reihe von Dornenstrukturen der Sulcorebutien und anderer Gattungen aus der nahen Verwandtschaft von Echinopsis untersucht (Vanmaele 1983; Hentzschel 1989, 1997). Die drei häufigsten Bautypen der Dornenepidermis wurden auch bei *Sulcorebutia* gefunden. Es werden glatte

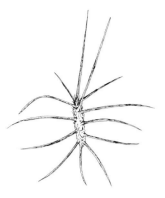

Sulcorebutia steinbachii
var. *steinbachii*

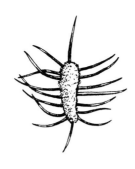

Sulcorebutia arenacea

Sulcorebutia cylindrica

Sulcorebutia augustinii

Sulcorebutia fischeriana

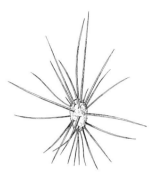

Sulcorebutia jolantana n.n.

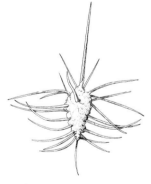

Sulcorebutia mariana
var. *mariana*
erwachsene Areole

Sulcorebutia mariana
var. *mariana*
junge Areole

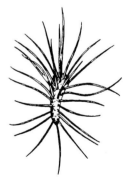

Sulcorebutia mentosa
var. *mentosa*

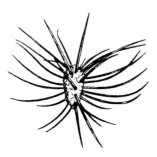

Sulcorebutia mentosa var. *mentosa*

◆ Verschiedene Areolenformen bei *Sulcorebutia*.

Dornen (mit prosenchymatischer Epidermis), gehöckerte Dornen (mit tuberculater Epidermis) und raue Dornen (mit pinnater Epidermis) unterschieden.

Für die Ausgestaltung der Dornenoberfläche ist die Beschaffenheit der Außenwände der Epidermiszellen verantwortlich. Bei glatten Dornen zeigen die Außenwände keine besonderen Strukturen. Bei den gehöckerten Dornen sind die einzelnen Zellen spitzenwärts (apikal) mehr oder weniger stark ausgebeult bis gehöckert. Die rauen Dornen haben Epidermiszellen, die apikal lange, manchmal sogar haarförmige Papillen tragen. Es handelt sich aber nicht um echte Haare, denn sie sind nicht durch eine Zellwand von der Epidermis abgetrennt.

Die Dornenspitze ist meist glatt. Daran schließen sich häufig Zonen unterschiedlich ausgeprägter Strukturierung an. Inzwischen wurden jedoch so viele unterschiedlich gestaltete Dornenoberflächen gefunden, dass der taxonische Wert des Merkmalkomplexes Dornenepidermisstruktur fragwürdig geworden ist.

Über den inneren Aufbau der Sulcorebutiendornen ist bisher nichts Näheres bekannt. Möglicherweise sind neben den sklerotisierten, lang gestreckten Stützzellen des Dornenkerns auch Zellelemente vorhanden, welche der Wasserleitung dienen können, wie das Weingart (1924) für *Opuntia* nachgewiesen hat.

Am Grunde des Sprosses befindet sich eine unterschiedlich stark ausgeprägte Schrumpfungszone. In dieser Zone werden die Höcker und das direkt darunter liegende Gewebe abgebaut und weitgehend resorbiert. Dornen und Zellwandbestandteile werden später abgestoßen und bilden mit der Zeit eine Humusschicht um die Pflanze. Diese Schrumpfungszone ist eine universelle Eigenschaft aller kleinbleibenden, stammesgeschichtlich hoch abgeleiteten Kakteen. Wir finden sie demzufolge besonders ausgeprägt bei den *Sulcorebutia*-Arten mit strichförmigen Areolen und kammförmiger Bedornung. Die ursprünglicheren Sulcorebutien mit länglichen Areolen und strahlig abstehender Bedornung haben dagegen eine gering ausgebildete Schrumpfungszone und demzufolge ein deutlich größeres Längenwachstum, wenn es die ökologischen Umstände erlauben.

Die Blüte

Die Blüte entsteht stets am oberen, adaxialen Pol der Areole. Manchmal ist eine seriale Spaltung der Blütenanlage zu beobachten. Dadurch entwickeln sich über der Areole mehrere Knospen in einer Reihe, von der sich meist nur eine zu einer vollständigen Blüte ausdifferenziert. Sulcorebutien können sehr viele Blüten bilden, allerdings stets an älteren Areolen im mittleren bis basalen Bereich des Körpers. Die Anordnung der Blühzone ist für einige Artengruppen recht charakteristisch.

Die Blüte ist der Teil des Sprosses, der die Organe zur Fortpflanzung enthält. Im Zusammenhang mit der Sicherung der Bestäubung und dem Schutz besonders der Samenanlagen hat der „Blütenspross" mannigfaltige Veränderungen in einer solchen Weise erfahren, dass die Fortpflanzung gewährleistet wird.

Buxbaum (1953, 1956–1960) hat mit seinen grundlegenden Arbeiten zur Kakteenmorphologie den Sprosscharakter der Blüte bewiesen und die morphologisch richtige Zuordnung

➤ Doppelknospe bei *Sulcorebutia pasopayana*; Anordnung übereinander (serial).

Die Blüte

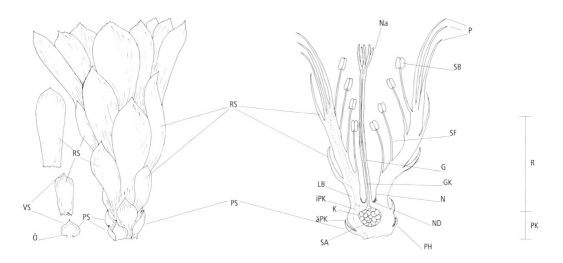

Aufbau der Blüte von *Sulcorebutia* (nach Donald und Brederoo 1972, ergänzt und verändert). Na = papillöse Narbenäste; G = Griffel; GK = Griffelkanal; P = Blütenblätter (Perianth); SB = Staubbeutel; SF = Staubfaden; R = Blütenröhre (Receptaculum); RS = Receptaculumschuppen; PK = Perikarpell; iPK = inneres Perikarp; äPK = äußeres Perikarp; PS = Perikarpellschuppen; PH = Haare in den Achseln der unteren Perikarpellschuppen; K = Fruchtblattgewebe (sehr dünn ausgebildet); SA = Samenanlagen; N = Nektarium; ND = Nektardrüsen; LB = Leitbündel, die wichtigsten Gefäße zur Versorgung der Blütenorgane; VS = Vorläuferspitze; Ö = öhrchenartige Ausbildung der Perikarpellschuppenbasis.

der einzelnen Blütenteile durchgeführt. Diese Arbeiten besitzen noch heute ihre Gültigkeit. Seine Vorstellungen von der „Reduktion der vegetativen Phase" sind allerdings beim heutigen Kenntnisstand der Evolution der Pflanzen mehr als bildhafte Beschreibung des Ergebnisses zu verstehen.

Blütenbau

Die Blütenorgane stehen an einem schüsselförmigen Achsenkörper, dessen Randzonen sich nach oben trichterförmig öffnen. Der untere Teil des Achsenkörpers heißt Perikarpell, weil er die Fruchtblätter, die Karpelle, umhüllt und somit schützt. Das Perikarpell ist oliv, bräunlich oder rötlich gefärbt und durch eingelagerte Chloroplasten mit einem grünen Farbton überdeckt. Der trichterförmige Teil des Achsenkörpers, die Blütenröhre, wird Receptaculum genannt. Er trägt die übrigen Blütenorgane. Die Färbung der Außenseite des Receptaculums ist ein fließender Übergang von der Farbe des Perikarpells zur jeweiligen Farbe des Perianths. An der Innenseite herrscht oft die Farbe des Perianths vor. Allerdings sind die basalen Teile der Röhre nicht selten anders als die Blütenkrone gefärbt. Ein weißer, gelber oder tiefvioletter Blütengrund sind am häufigsten. Grünliche Farbtöne wurden bei einigen Pflanzen aus der Verwandtschaft von *Sulcorebutia augustinii* beobachtet (**HS151**).

Die Blütenorgane sind Blätter, die entsprechend ihrer besonderen Aufgabe in der Blüte im Verlauf der Evolution eine bestimmte Ausformung erfahren haben. Es werden sterile und fertile Blattorgane unterschieden. Die sterilen Blätter stehen an der Außenseite des Perikarpells bzw. Receptaculums. Im Knospenzustand werden zunächst dicht gedrängt in spiraliger Anordnung stehende Schuppenblätter sichtbar, welche die schon weit vorgebildeten inneren Blütenteile schützen und deshalb entsprechend derb ausgebildet sind. Bei entfalteter Blüte stehen sie als charakteristische Niederblätter spiralig um den Perikarpellbereich und sind ein zusätzlicher Schutz der Karpelle (Abb. S. 21). Sie haben eine breit dreieckige, herzförmige, löffelartige Form mit einem Hautsaum und einer Vorläuferspitze und sind deutlich sukkulent. Ihre Farbe unterscheidet sich meistens nicht wesentlich von der des Perikarpells, bei einigen Sippen sind die Schuppen jedoch deutlich anders gefärbt als das Perikarpell (z. B. *Sulcorebutia jolantana* n.n. **HS68**). In den Achseln der unteren Niederblätter stehen Haare, die aber nicht in allen Fällen nachgewiesen werden konnten. In einigen Sippen (z. B. *Sulcorebutia steinbachii* var. *horrida* **R259**, *S. augustinii*, *S. krugeri* var. *hoffmannii*, *S. jolantana* n.n.) treten oftmals Individuen mit dornigen Areolen in den Achseln der Niederblätter auf. Selten wurden Niederblätter mit dornigen Vorläuferspitzen beobachtet.

Im unteren Bereich des Receptaculums folgen dann noch einige Schuppenblätter, die nach und nach größer und farbiger werden und in Hochblätter mit deutlicher Blattspreite (mit Vorläuferspitze) übergehen. Bei Blüten mit Dornen in den Achseln der Perikarpellschuppen finden sich in den Achseln der unteren Receptaculumschuppen etwa 1 bis 2 mm lange Haare. Gewöhnlich sind die Achseln der Receptaculumschuppen aber kahl.

Die beiden oberen „Kreise" (eigentlich Spiralwindungen) werden als Perianth (Blütenkrone)[6] bezeichnet. Sie sind am intensivsten gefärbt und dienen als Schauapparat für die bestäubenden Insekten. Von tiefpurpurroten und violetten Blüten über orange, gelbe, oft mehrfarbige bis sehr selten weiße gibt es alle Übergänge.

An der Innenseite des Receptaculums, das an der Basis mit einem zumeist wenig auffälligen, rinnenförmigen Nektarium[7] von unterschiedlicher Breite und Tiefe abschließt, stehen in gleichmäßiger spiraliger Anordnung die 80 (50) bis 120 (160) Staubblätter. Die primären unteren Staubblätter sind bei *Sulcorebutia* von den weiter oben entstehenden sekundären kaum zu unterscheiden. Es gibt aber auch einige *Sulcorebutia*-Sippen, die eine Anordnung der Staubgefäße in zwei Gruppen erkennen lassen. Bei *Sulcorebutia verticillacantha*, *S. tarabucoensis* var. *aureiflora* und *S. tunariensis* wurde gelegentlich die Ausbildung einer hymenartigen Struktur beobachtet. Das heißt, dass die basalen Teile der Staubfäden zu einer dünnen Gewebekante zusammenfließen.

Die Zahl der Staubblätter scheint selbst an verschiedenen Blüten desselben Individuums zu variieren. Sie bestehen aus einem runden Staubfaden von 10 bis 20 mm Länge, der weiß, gelb, rot oder violett in verschiedenen Abstufungen gefärbt sein kann mit einer helleren oder dunkleren Basis, und dem Staubbeutel mit 4 Pollensäcken mit gelben Pollen. Pollen von *Sulcorebutia* wurden von Leuenberger (1976) untersucht. Sie ähneln denen von *Weingartia* und *Gymnocalycium*.

Der Fruchtknoten (Perikarpell, Abb. S. 21) enthält in seinem Inneren die Fruchtblätter (Karpelle). Über deren genaue Anzahl ist nichts Näheres bekannt, weil sie einerseits untereinander und andererseits mit den Achsenteilen des Perikarpells völlig verwachsen sind. Das geschieht nicht nachträglich, sondern gleich während der Entwicklung der Blütenknospe. Im Bildungsgewebe sind frühzeitig einige Fruchtblattanlagen erkennbar, die aber bald vom Perikarpellgewebe eingeschlossen werden und mit diesem ein gemeinsames Organ bilden. Im Blütenlängsschnitt sind deshalb meist nur zwei Gewebeschichten erkennbar: eine äußere grüne und eine innere weiße, manchmal rötliche. Dazwischen verlaufen die Hauptleitbün-

---

[6] Die Blütenblätter der mit den Kakteen nah verwandten Mittagsblumen sind dagegen Umbildungen von Staubblättern (Staminodien).

[7] Über den Bau der Nektarien ist derzeit nichts Näheres bekannt. In den Beschreibungen wird deshalb der freie Raum zwischen dem Griffelansatz und der Basis der primären Staubblätter so bezeichnet.

del, von denen Abzweigungen in alle Blütenteile führen. Ist die innere Perikarpellschicht rötlich, kann man die wenigen Zellschichten, die als Überbleibsel der Fruchtblätter angesehen werden müssen, als dünne weiße Schicht erkennen. Diese Schicht trägt die Placenten, an denen die bauchseitig leicht abgeflachten Samenstränge (Funiculi) inseriert sind.

Die Funiculi stehen einzeln oder seltener in Zweiergruppen an bestimmten Stellen (den Placenten) an der Fruchtinnenwand. Die Funiculi tragen an ihrer Spitze die anatropen Samenanlagen. Die anatrope Stellung der Samenanlagen hat eine sehr wichtige Konsequenz für die weitere Entwicklung zum Samen.

Die Fruchthöhle wird durch dicht gepackte Samenanlagen mit ihren vielfach gewundenen Funiculi völlig ausgefüllt. Die Form der Fruchthöhle variiert stark, von flach über rund bis hochoval. Auch flach herzförmige und andere spezielle Formen sind vorhanden.

An den Fruchtknoten schließt sich spitzenwärts der Griffel an, der innen hohl ist. Diese Höhlung wird als Griffelkanal bezeichnet. Sie verbindet die Fruchthöhle schornsteinartig mit der Außenwelt und ist die Eintrittspforte für Pollenschläuche, die nach der Keimung von Pollen auf der Narbe an der Griffelspitze zu den Samenanlagen hin wachsen.[8]

Griffel und Narbenäste variieren in ihren Abmessungen beträchtlich zwischen 10 bis 20 mm bzw. 1 bis 5 mm. Cremefarbige, gelbliche und grünliche Farbtöne sind vorherrschend. Die Anzahl der Narbenäste ist sehr unterschiedlich. Es konnten bisher zwischen 3 und 11 (13) Narbenäste gezählt werden, am häufigsten scheinen 4 bzw. 8 vorhanden zu sein. Es kommen auch oft halbe und gespaltene Narbenäste vor. Das Merkmal „Zahl der Narbenäste" scheint wegen seiner Variabilität nicht sehr wichtig für systematische Betrachtungen zu sein, gewinnt aber an Bedeutung, wenn die

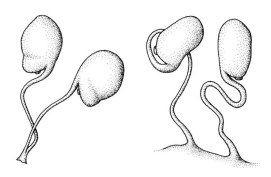

Samenanlagen.

Frage nach der Anzahl der Fruchtblätter gestellt wird. Die Anzahl der Narbenäste und der Leitbündel im Griffel lassen einen direkten Schluss auf die Anzahl der Karpelle zu.

Der Griffel hat einen Durchmesser von etwa 1 mm. Er geht an der Basis direkt in die Karpellzone über, sodass die tiefste Stelle des Nektariums die Grenze zwischen Karpell- und Perikarpellgewebe darstellt. Bei den Sulcorebutien aus der Umgebung von Sucre wird ein sehr schmales, verlängertes Receptaculum ausgebildet. Es kommt dabei im unteren Teil zu einer Verwachsung und darüber zu einer sehr engen Umhüllung des Griffels, sodass allenfalls ein extrem schmales Nektarium Platz finden könnte.

Frucht und Samen

Nach der Bestäubung der Blüte und der darauf folgenden Befruchtung der Samenanlagen finden tief greifende Veränderungen statt. Die meisten vegetativen und die männlichen Teile der Blüte sowie die Perikarpellschuppen sterben ab und bleiben als trockene Überreste am Fruchtknoten erhalten. Das Rindengewebe (5 bis 6 Zellschichten) bleibt bis zur Fruchtreife aktiv und saftig. Das Perikarpellgewebe innerhalb der Leitbündel ist im peripheren und basalen Fruchtteil bis auf die wenigzelligen Placenten nicht mehr nachweisbar. Im apikalen Teil der Frucht aber, der als basaler Teil des Griffels aufgefasst werden kann, ist ein

---

[8] Sie ist aber auch die Eintrittspforte für eine Reihe von schädlichen Pilzen.

◆ Reife *Sulcorebutia*-Frucht.

mehrschichtiges Karpellgewebe deutlich nachweisbar, welches vom Eingang in den ehemaligen Griffelkanal trichterförmig durchdrungen wird. Der Fruchtabschluss erfolgt durch den geschrumpften Griffelrest.

Die Frucht ist eine Scheinbeere von 4 bis 7 (10) mm Breite und 3 bis 5 (8) mm Höhe. Sie platzt bei der Reife meist quer zur Basis auf. Das hervorquellende „Fruchtfleisch" besteht aus den zu enormer Größe (0,2 mm) angeschwollenen Zellen der Samenstränge. Der dadurch aufgebaute Druck führt zum Zerreißen der Fruchtwand an der dünnsten Stelle, welche sich unterhalb der Mitte befindet.

In der Frucht entwickeln sich in der Regel 20 bis 30 (90) Samen, die meist durch Ameisen verbreitet werden. Die basalen Reste der Fruchtwand trocknen lederartig ein und haften noch lange sehr fest an der Areole.

◆ Rasterelektronenmikroskopische Aufnahme eines Samens von *Sulcorebutia steinbachii*.

Bei der Entwicklung vom Fruchtknoten zur reifen Frucht erfolgt eine Reihe von Umgestaltungen der Gewebe, deren Kenntnis das Verständnis des Aufbaus der reifen Samen erleichtert, aber den Rahmen dieses Buches sprengt.

Die Samen gehören zu einem Bautyp, der für hoch abgeleitete südamerikanische Kugelkakteen mit anatroper Samenanlage typisch ist (Abb. S. 25). Ihr Aufbau ist bei allen Sulcorebutien sehr ähnlich, sodass es ausreichend erscheint, nur die Samen der Leitart (*Sulcorebutia steinbachii*) eingehender zu beschreiben:

Die Form ist etwas unregelmäßig eiförmig[9] und seitlich leicht abgeflacht. Die Größe schwankt um etwa 1,5 × 1,2 mm. Die Farbe und Erscheinung der Samenoberfläche ist graubraun bis schwarzbraun und zumeist matt, je nach Ausbildung der Cuticula. Nach Ablösung der Cuticula kann man die eigentliche Samenschale erkennen. Sie ist an der Außenseite (perikline Zellwand) schwarzbraun, leicht nach außen gewölbt und trägt eine höckerige (verrucose) Feinstruktur. Die Form der Testazellen ist isodiametrisch bis leicht gestreckt (etwa 0,08 × 0,07 mm). Die senkrechten Zellwände (antikline Zellwände oder Antiklinalen) verlaufen in dem Bereich des Zusammenstoßens der einzelnen Testazellen gerade und sind nur sehr wenig eingesenkt. Auch in den Zellecken finden sich keine besonderen Vertiefungen.

Im dorsalen Bereich erscheinen die Testazellen etwas erhabener und sind in undeutlichen Reihen angeordnet. Hier kommt es oft zur Ausbildung eines Kieles. Im ventralen und lateralen Bereich ist keine besondere Anordnung zu erkennen. In der Umgebung der Hilum-Mikropylar-Region werden die Testazellen zunehmend kleiner und flacher.

Die Hilum-Mikropylar-Region ist unregelmäßig oval und enthält im dorsalen Bereich die leicht erhabene Mikropyle und im ventralen Bereich das Hilum. Hier sind sklerotisierte Reste des Funiculusleitbündels zu erkennen.

---

[9] Im Sprachgebrauch der Kakteenliteratur heißt das weit verbreitet „mützenförmig".

Die Blüte

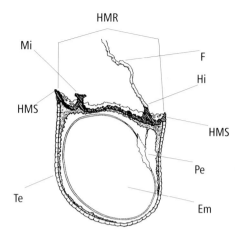

Schnitt durch einen *Sulcorebutia*-Samen.
HMR = Hilum-Mikropylar-Region; Mi = Mikropyle; Hi = Hilum; F = Funiculus; HMS = Hilum-Mikropylar-Saum; Pe = Perisperm; Em = Embryo; Te = Testa.

Meist findet sich aber in diesem Bereich nur eine Vertiefung in dem weißen, lockeren Gewebe, welches die Hilum-Mikropylar-Region bedeckt. Ob es sich dabei um eine Strophiola, also um Restgewebe des Funiculus handelt, ist zweifelhaft, denn dieses Gewebe hängt nur am Hilum direkt mit dem Funiculus zusammen. Darunter befindet sich eine dünne Schicht von unregelmäßigen, kleinen Zellen, die ebenso inkrustiert sind wie die Testazellen. Diese schließt direkt an den Saum von kleineren Testazellen, welche die Hilum-Mikropylar-Region umgeben, an, sodass der Samen bis auf die Keimpore (Mikropyle) vollständig abgeschlossen ist.

Die gesamte Testa wird von einer Cuticula umhüllt, die faltig über der periklinalen Testazellwand liegt. Diese primären Falten werden wiederum von Faltensystemen überlagert, sodass ein kompliziertes Muster entsteht und die Zellgrenzen der Testa kaum noch zu erkennen sind.

Im Inneren des Samens sind nur einige kollabierte Zellschichten, ein kleiner Perispermrest und der sehr einfach aufgebaute Embryo, für dessen Schutz die aufwendige Hülle entstanden ist, vorhanden. Der hoch sukkulente Embryo besteht hauptsächlich aus einem unregelmäßig eiförmigen Hypocotyl, an dessen Polen die Plumula und die Radicula stehen. Die Cotyledonen sind nur andeutungsweise zu erkennen.

Abweichungen vom Bau des *Sulcorebutia steinbachii*-Samens betreffen hauptsächlich die Größe, die Form und Ausgestaltung der Hilum-Mikropylar-Region und des umgebenden Testasaumes sowie die Strukturen der Cuticula.

Köllner hat sich besonders mit dem Merkmal Samengröße auseinander gesetzt und fand drei Größenklassen, denen sich die bekannten Arten zuordnen lassen. Die Arbeiten sind aber noch nicht abgeschlossen, weil aufgrund der enormen Variabilität der einzelnen Samen noch keine statistische Bearbeitung erfolgen konnte. Einige bemerkenswerte Einzelheiten sollen aber vorab mitgeteilt werden: Die größten Samen finden sich beim gesamten Formenkreis von *Sulcorebutia mariana* (1,8 bzw. 1,65 mm), die kleinsten dagegen bei *Sulcorebutia menesesii* und *S. glomeriseta* (0,9 mm). *Sulcorebutia verticillacantha* var. *verticillacantha*, *S. verticillacantha* var. *cuprea* und *S. steinbachii* var. *tunariensis* haben relativ große Samen (1,6 mm) und *S. langeri* überrascht durch kleine Samen von nur 1,15 mm Länge.

Es variiert aber nicht nur die Länge der Samen, sondern auch das Verhältnis von Länge zu Breite. Es gibt also lang eiförmige (*Sulcorebutia glomeriseta*), eiförmige (*S. steinbachii*) und rundliche Samen (*S. santiaginiensis* var. **HS25**).

Die Form des Hilum-Mikropylar-Saumes ist ein weiterer interessanter Merkmalkomplex. Er kann kantig nach außen gewölbt (*Sulcorebutia mentosa*), dick wulstig (*S. santiaginiensis* var. **HS25**) oder verengt unauffällig (*S. glomeriseta*) sein.

Über verschiedene Möglichkeiten der Ausgestaltung der Abbruchstelle des Funiculus berichtet Brederoo (1985b). Er charakterisiert drei verschiedene Möglichkeiten der Ablösung des Funiculus vom Hilum (Abb. S. 26) und for-

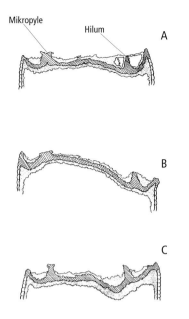

Die 3 Formen des Abbruchs des Funiculus bei *Sulcorebutia* (nach Brederoo).

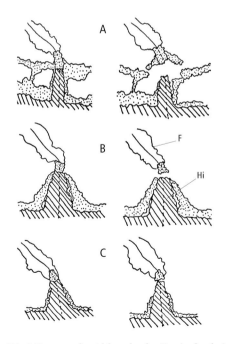

Die 3 Formen des Abbruchs des Funiculus bei *Sulcorebutia* (Detail) (nach Brederoo).
F = Funiculus; Hi = Hilum.

muliert einen Steinbachii-Typ (A) mit einem eingesenkten Hilum, einen Verticillacantha-Typ (B) mit einem erhabenen, aber von Hilumgewebe bedeckten Hilum sowie einen Kruegeri-Typ (C), bei dem Hilumreste frei herausragen. Beobachtungen dieser Art wurden nicht weitergeführt, weil die vorhandenen Unterschiede sehr gering sind und wahrscheinlich innerhalb der Variationsbreite liegen. Außerdem bezieht sich Brederoos Verticillacantha-Typ auf die Sulcorebutien aus der Umgebung von Sucre, die nach damaligem Verständnis zu *Sulcorebutia verticillacantha* gerechnet wurden.

Die Strukturen der Cuticula sind ein weiterer, sehr variabler Merkmalkomplex, der eventuell Anhaltspunkte für eine Klassifizierung der Gattung liefert. Barthlott und Voit (1979) geben einen Überblick über die vorhandenen Cuticula- und Testastrukturen bei den Kakteen und charakterisieren und gruppieren formal die im Rasterelektronen-Mikroskop beobachteten Strukturen. Sie vertreten die Meinung, einen brauchbaren Merkmalkomplex für die systematische Klassifizierung der Kakteen gefunden zu haben, machen aber keine näheren Angaben zur Gattung *Sulcorebutia*. Köllner (pers. com. 1997) hat mittels Lichtmikroskop und Schrägbeleuchtung eine Reihe von *Sulcorebutia*-Samen untersucht und fand zum Teil ähnliche Strukturen wie Barthlott und Voit. Die Variabilität dieser komplexen, cuticulären Faltungsmuster ist aber so groß, dass zurzeit zu wenig gesicherte Details vorliegen, um konkrete Angaben zu machen.

Anpassungen im Bereich von Blüte, Frucht und Samen

Bei der Beobachtung morphologischer Details darf nicht vergessen werden, dass diese einen bestimmten biologischen Zweck erfüllen müssen. Die markantesten morphologischen Eigenheiten der Sulcorebutien hängen selbstverständlich mit der Besiedlung extremer

Hochgebirgsstandorte zusammen, an denen die Zeit für die Bildung und Entfaltung von Blüten sehr kurz ist. In einem solchen Lebensraum hat *Sulcorebutia* große Vorteile: Die Blüten werden an geschützten, bodennahen Areolen sehr weit vorgebildet. Alle wichtigen Teile wie Fruchtknoten, Samenanlagen und Staubblätter sind in ihrer Differenzierung sehr weit fortgeschritten, damit sich die Blüte nach dem ersten Regen innerhalb weniger Tage öffnen kann. Die Blüte selbst ist durch ihre relative Größe, leuchtende Farbe und oft intensiven Duft eine wirksame Reklame für die Insektenkundschaft. Sulcorebutien sind Tagblüher, denn in den rauen Hochgebirgsnächten sind bestäubende Insekten nicht zu erwarten und das Problem des Kälteschutzes der empfindlichen Blütenteile wäre sehr schwierig zu lösen. Die leuchtend violetten, roten oder gelben Blütengründe sind möglicherweise als Saftmale zur Lenkung der Insekten zu deuten. Nur die Nektarien selbst sind äußerst sparsam ausgestattet, aber man will ja bestäubt werden und keine hungrigen Heerscharen füttern.[10] Deshalb sind die nahrhaften Samenanlagen durch ein derbes Perikarpell geschützt, welches dann, wenn die Samen reif sind und verbreitet werden müssen, farbig und süß wird. Doch auch hier herrscht äußerste Sparsamkeit. Ein zusätzliches Fruchtfleisch für Insekten gibt es bei den Kakteen nicht. Dafür werden die Samenstränge umgebildet. Zum Zeitpunkt der Reife werden Stärke und wahrscheinlich auch andere hoch polymere Verbindungen in Zucker verwandelt. Dadurch entsteht ein hoher osmotischer Druck, welcher durch Einlagerung von Wasser ausgeglichen wird. Als Folge schwillt die Frucht und reißt im äquatorialen Bereich, weil hier der innere Teil des Perikarpellgewebes abgebaut wurde. Die Funiculi quellen mit den anhängenden Samen heraus und sind bereit für den Abtransport, welcher wahrscheinlich durch Ameisen erfolgt. Im Augenblick der Fruchtöffnung sind die Funiculuszellen riesige kugelige Gebilde von 0,2 mm (!) Durchmesser. Die Pflanze hat hier mit einfachsten Mitteln das Problem der Fruchtöffnung und der Samenverbreitung gelöst. Die Samen müssen nun aber noch keimen. Sie sind Lichtkeimer, dürfen also nicht zu tief in die Erde gelangen und müssen bei heftigem Regen schwimmfähig sein. Zu diesem Zweck sind im Samen genügend kleine Hohlräume vorhanden. Dem Schutz vor Austrocknung dient die Cuticula. Eine fest anliegende Wachsschicht würde aber ebenso genügen. Es mehren sich außerdem die Hinweise und Beweise, dass die Testa und ihre Ausscheidungen besonders bei Pflanzen arider Gebiete für Bereitstellung von Wasser für die Keimung eingerichtet sind (Bregman und Graven 1997). Die große ökologische Bedeutung erklärt die weite Verbreitung der exzessiv entwickelten Cuticula bei vielen Kakteen aus den südamerikanischen Trockengebieten. Andere Kakteen lösen dieses Problem auf andere Weise. Die Blossfeldien entwickeln haarförmige Papillen auf der Testa, eine Reihe von Epiphyten verschleimen an der Oberfläche, andere bilden komplizierte Hohlraumstrukturen aus kollabierten Testazellen, was besonders bei Orchideen verbreitet ist (Barthlott 1984).

Vielleicht wird man die „Cuticulamuster" der Sulcorebutien später so entschlüsseln, dass sie als taxonomisch relevanter Merkmalkomplex Anwendung finden können. Auf jeden Fall sind sie keine morphologische Marginalie, sondern eine ökologisch wichtige Konstruktion, die den Pflanzen möglicherweise den Fortbestand in dem wechselhaften Klima ihrer Heimat sichert.

---

[10] Wahrscheinlich ist ein großer Teil der Bestäuber Pollensammler.

Verwandtschaftsbeziehungen – Unterschiede zu anderen verwandten Pflanzengruppen

Es werden hier nur die Gattungen behandelt, die als mögliche Verwandte oder gar Vorfahren von *Sulcorebutia* Backeberg diskutiert wurden.

Abgrenzung zu Echinopsis Zucc. sensu lato, insbesondere Lobivia Britton & Rose

Eine detaillierte Abgrenzung der Sulcorebutien von den einzelnen von Hunt und Taylor (1986) unter *Echinopsis* Zucc. vereinigten Artengruppen ist nicht notwendig, denn in der Praxis wurden nur wenige Lobivienarten mit Sulcorebutien verwechselt. Alle anderen unterscheiden sich grundsätzlich durch leicht erkennbare Körpermerkmale.

An einigen Stellen wachsen Formen von *Lobivia oligotricha* Cárd. und *Sulcorebutia steinbachii* zusammen und wurden wegen ihres oberflächlich betrachtet ähnlichen Körperbaues beim Sammeln verwechselt. Auch *Lobivia draxleriana* Rausch wurde kurzzeitig mit *Sulcorebutia purpurea* verwechselt. Doch schon nach der ersten Blüte wurde die Verwechslung erkannt. Auch wenn *Lobivia oligotricha* nur wenige Haare in den Schuppenachseln entwickelt, hat sie doch eine lobivientypische Knospe und Frucht mit spitz dreieckigen Schuppen, einem unregelmäßig welligen Perikarp und verzweigten Funiculi.

Wegen des kleinbleibenden, reich sprossenden Körpers mit pectinater Bedornung wurde auch schon *Lobivia schieliana* Backeberg mit *Sulcorebutia krugeri* var. *hoffmannii* Augustin et Hentzschel verwechselt. Aber auch hier entlarvten die behaarten Knospen, Blüten- und Fruchtmerkmale die Pflanzen sofort als Lobivien.

Ganz allgemein gilt: Pflanzen mit wolligen Knospen und spitz dreieckigen Schuppenblättern sind niemals Sulcorebutien, sondern beispielsweise entsprechend ihren übrigen Merkmalen Lobivien, Echinopsen, Trichocereen, Matucanas oder chilenische Kugelkakteen.

Abgrenzung zu Rebutia K. Schum. sensu lato

Die Gattung *Rebutia* K. Schum. war schon vor der Bearbeitung durch die „IOS Working Party" (Hunt und Taylor, comp. 1986) ein Konglomerat von verschiedenen kleinwüchsigen Pflanzengruppen. Deshalb ist nicht jeder der folgenden Merkmalvergleiche für alle Rebutienarten zutreffend:

Sulcorebutia hat rhombische Höcker, *Rebutia* immer rundliche. Bei *Sulcorebutia* ist die lang gestreckte Areole immer auf der Oberseite der Höcker (adaxial) eingesenkt, bei *Rebutia* steht die meist runde Areole erhaben auf der Spitze der Höcker (distal). Die Dornen sind bei *Sulcorebutia* elastisch fest und bei *Rebutia* spröde brüchig. Leider ist die Feinstruktur der Dornen noch nicht genug bekannt, um diese Unterschiede erklären zu können.

Die Blüten von Sulcorebutien und Rebutien sind sehr variabel. Die Sulcorebutienblüten sind aber wegen ihrer mit breiter Basis auf den Höckern aufsitzenden, derben Schuppenblätter, die seitliche Öhrchen tragen, gut von denen der Rebutien mit spitz dreieckigen, hinfälligen Schuppenblättern zu unterscheiden. Diese Unterschiede haben tief greifende Konsequenzen für den Schutz der Knospen, der bei den Sulcorebutien durch die Schuppenblätter und bei den Rebutien im Wesentlichen durch die Haare in den Achseln der Schuppenblätter erfolgt.

Die Früchte tragen sehr wichtige Unterscheidungsmerkmale. Bei *Sulcorebutia* sind zur Reifezeit die 5 bis 6 Zellschichten des äußeren Perikarps gut erkennbar und deutlich saftig. Das innere Perikarp aber lysiert im mittleren Bereich, sodass durch das Aufquellen der Funiculi die Frucht bei der Reife äquatorial aufreißt. Bei *Rebutia* ist das innere Perikarp zur Reifezeit nicht mehr nachweisbar, das äußere Perikarp wird abgebaut und zerfällt oder reißt quer auf, ist aber auch dann wegen der zarten dreieckigen Schuppenblätter (ohne Öhrchen!) leicht von *Sulcorebutia* zu unterscheiden.

Abgrenzung zu Weingartia Werd.

Auch *Weingartia* ist als Gattung inhomogen und setzt sich aus mindestens zwei unterschiedlichen Formenkreisen zusammen, einer nördlichen und einer südlichen Artengruppe (Augustin 1998). Die Körper der nördlichen Weingartien (z. B. *Weingartia neocumingii* Backbg.) ähneln in der Jugend denen bestimmter Sulcorebutien [z. B. *Sulcorebutia purpurea* (Donald und Lau) Brederoo und Donald, *Sulcorebutia torotorensis* (Cárd.) Brandt]. Sie bilden, wenn überhaupt, erst in sehr hohem Alter Rippen aus. Die Körper der südlichen Weingartien (z. B. *Weingartia kargliana* Rausch) wachsen sehr bald mit sehr breiten, flachen Rippen. Die Struktur der Höcker ist jener der Sulcorebutien vergleichbar. Die Areolen sind bei allen Weingartien rund bis oval und haben meist derbere Dornen als die Sulcorebutien, die immer längliche bis sehr lang gestreckte Areolen ausbilden.

Knospen, Schuppen- und Blütenblätter sind denen von *Sulcorebutia* sehr ähnlich, also breit herzförmig mit seitlichen Öhrchen. Der Bau des Androeceums von *Weingartia* soll sich von dem der Sulcorebutien unterscheiden (Donald und Brederoo 1972). Durch eigene Beobachtungen konnte dies bisher nicht bestätigt werden. Das Gynoeceum der nördlichen Weingartien zeigt tief greifende Unterschiede gegenüber dem der Sulcorebutien, der wichtigste: Die Funiculi sind mehrfach verzweigt, was auf eine Verwandtschaft mit *Gymnocalycium* hinweist. Der innere und äußere Aufbau von Blüte und Frucht gleicht dagegen dem der Sulcorebutien.

Ein häufig auftretendes, spezielles Merkmal bei den nördlichen Weingartien sind dichasiale Verzweigungen der Blühzone oberhalb der Areolen. Wenn bei Sulcorebutien Verzweigungen der Blühzone auftreten, dann sind diese immer seriell. Dieses Merkmal muss als bedeutsam eingestuft werden, entspricht es doch bei krautigen Pflanzen dem Unterschied zwischen kreuzgegenständiger und wechselständiger Blattstellung.

Die Früchte der nördlichen Weingartien stimmen nur in wenigen Merkmalen mit denen der Sulcorebutien überein, so gleichen sich beispielsweise die Schuppenblätter mit Öhrchen. Die Form der Früchte ist rundlich mit einem kurzen, breiten „Schnabel", der bei Sulcorebutienfrüchten kaum ausgebildet ist. Bei der Reife ist vom äußeren und inneren Perikarp nur noch eine dünne Hautschicht übrig, die sehr leicht zerfällt. Bei der Auflösung der Gewebe werden offenbar zuckerhaltige Stoffe frei, die den Samen eine gewisse Klebrigkeit verleihen. Es könnte sich hierbei um Stoffe handeln, die den Wasserhaushalt im unmittelbaren Umfeld der Samen bei der Keimung regeln, denn *Weingartia*-Samen haben nur eine auf kurze Zeit begrenzte Keimfähigkeit. Sie sind also auf optimale Verhältnisse in einer absehbaren Zeit angewiesen. Es könnte sich bei den während der Auflösung der Gewebe frei werdenden Stoffe auch um ein Ameisenlocksystem handeln, allerdings mit ganz anderen Mitteln als es bei Sulcorebutien und den südlichen Weingartien erfolgt; denn obwohl die nördlichen Weingartien ein ausgeprägtes System von verzweigten Funiculi haben, ist davon zur Reifezeit der Früchte, außer ein paar häutigen Resten, nichts mehr zu erkennen. Die Frucht trocknet und zerfällt sehr schnell.

Die südlichen Weingartien zeigen bezüglich der Fruchtmorphologie und -biologie die gleichen Prinzipien wie *Sulcorebutia*: Die Früchte platzen quer auf und die angeschwollenen Funiculi treten mit den anhängenden Samen aus. Möglicherweise handelt es sich hier um eine Parallelentwicklung, die damit zusammenhängt, dass die südlichen Weingartien vergleichbare Biotope in ähnlichen Höhenlagen besiedeln, während die nördlichen Weingartien meist in den wärmeren Flusstälern anzutreffen sind.

Die Samen der Sulcorebutien und Weingartien sind ähnlich aufgebaut. Die Samen der nördlichen Weingartien sind jedoch deutlich kleiner, als die der südlichen Weingartien und der Sulcorebutien. Dafür wird im Vergleich zu den Sulcorebutien und den südlichen Weingartien pro Frucht eine mehrfache Anzahl Samen ausgebildet.

Schlussfolgerungen

Wenn die hier aufgeführten morphologischen und anatomischen Ähnlichkeiten verwandtschaftliche Beziehungen widerspiegeln, dann sind die nächstverwandten Pflanzen der Sulcorebutien die Weingartien – eine Ansicht, die auch von Donald (1971) zeitweise vertreten wurde. Diese sind wiederum in die Nähe von *Gymnocalycium* zu stellen (Hentzschel 1999b und c), was durch pollenmorphologische Untersuchungen (Leuenberger 1976) erhärtet wird. Buxbaum (Endler und Buxbaum 1974) führt *Sulcorebutia* als fragliche Gattung seiner Tribus *Trichocereae* F. Buxb., Subtribus *Rebutiinae* Donald emend. F. Buxb. In der Anhangnote 59 ordnet er *Sulcorebutia* allerdings der Tribus *Notocacteae* F. Buxb., Subtribus *Gymnocalyciinae* F. Buxb. als Seitenlinie zu. Die vorliegenden Untersuchungen untermauern diese Ansicht. Die Gattung *Sulcorebutia* Backbg. hat mit Sicherheit andere phylogenetische Wurzeln als die *Rebutiinae* Donald emend. F. Buxb. und kann deshalb nicht mit *Rebutia* K. Schum. vereinigt werden.

Die Gattung *Sulcorebutia* ist morphologisch von allen ähnlichen Kakteengattungen eindeutig differenzierbar. Eine Einbeziehung der Gattung durch die „IOS Working Party" unter Federführung von Hunt und Taylor (comp. 1986) zu *Rebutia* ist nicht gerechtfertigt, zumal keine Angaben darüber gemacht wurden, auf welche morphologischen Merkmale sich die „Großgattung" *Rebutia* stützt. Wir behalten deshalb die Gattung *Sulcorebutia* in dem hier dargestellten Umfang bei.

Für die Differenzialdiagnose ergeben sich folgende wichtige Merkmale:
- Die länglichen bis sehr lang gestreckten Areolen stehen sehr deutlich apikal verschoben und etwas eingesenkt auf rhombischen, spiralig angeordneten Höckern. Rippen werden nicht gebildet.
- Die Knospen werden von derben, herzförmigen Schuppenblättern vollständig bedeckt. Wollige Haarbüschel sind in dieser Entwicklungsphase nicht zu erkennen.
- Diese charakteristischen Schuppenblätter bekleiden später den Fruchtknoten und den unteren Teil des Receptaculums der entfalteten Blüte und sind selbst zur Zeit der Fruchtreife noch deutlich sichtbar. In ihren Achseln tragen sie meist Härchen und Borsten, selten dornige Areolen.
- Die Blüten erscheinen immer aus älteren Areolen, oft sogar sehr nahe der Sprossbasis, aber niemals scheitelnah.
- Die Früchte haben ein fleischiges, mehrschichtiges, inneres und äußeres Perikarp. Sie reißen zur Reifezeit etwa äquatorial quer auf, dann wird in diesem Bereich das innere Perikarp etwas aufgelöst, oder sie trocknen lederartig fest, wenn das innere Perikarp nicht teilweise lysiert wird. Das äußere Perikarp zerfällt nicht.
- Die Samenanlagen stehen meist einzeln oder sind nur im basalen Bereich einfach verzweigt.

Mit Hilfe dieser 6 Merkmalsgruppen kann die Gattung *Sulcorebutia* eindeutig von allen anderen uns bekannten Kakteengattungen unterschieden werden.

Bestimmungsschlüssel zur Identifikation der Gattung Sulcorebutia und verwandter Gattungen

1. a) Kurzsäulige oder kugelförmige Pflanzen mit wolligen Knospen und spitz dreieckigen Schuppenblättern ⇒ *Echinopsis, Lobivia* u. a. (diese Gruppe wird in diesem Schlüssel nicht weiter bearbeitet).
1. b) Kurzsäulige oder kugelförmige Pflanzen mit äußerlich kahlen Knospen und derben, herzförmigen Schuppenblättern, am Grunde mit Öhrchen, die die Knospen vollständig bedecken, und apikal verschobenen Areolen ⇒ *Gymnocalycium, Weingartia, Sulcorebutia* ⇒ weiter nach 2.
2. a) Kurzsäulige oder kugelförmige Pflanzen mit Ausbildung deutlicher Rippen, Blüten in Scheitelnähe[11] ⇒ *Gymnocalycium, Weingartia* (südliche Gruppe) ⇒ weiter nach 3.
2. b) Kurzsäulige oder kugelförmige Pflanzen, gegliedert in spiralförmig angeordnete, rhombische Höcker mit apikal verschobenen Areolen ⇒ ***Sulcorebutia, Weingartia*** (nördliche Gruppe) ⇒ weiter nach 4.
3. a) Funiculi mehrfach verzweigt, Früchte meist längs aufreißend ⇒ ***Gymnocalycium***.
3. b) Funiculi einzeln oder teilweise einfach verzweigt, Früchte quer aufreißend ⇒ *Weingartia* (südliche Gruppe = *Weingartia fidaiana, W. neumanniana, W. kargliana*).
4. a) Funiculi mehrfach verzweigt, Früchte bald nach der Reife zerfallend ⇒ *Weingartia* (nördliche Gruppe = *Weingartia neocumingii* und verwandte Arten).
4. b) Funiculi einzeln oder teilweise einfach verzweigt, Früchte quer aufreißend oder lederartig auftrocknend ⇒ ***Sulcorebutia***.

---

[11] Bei *Gymnocalycium mihanovichii* und *G. schickendantzii* erscheinen die Blüten auch lateral oder basal.

Vorkommen

Verbreitungsgebiet

Das Vorkommen der Gattung *Sulcorebutia* beschränkt sich auf einen eng umgrenzten Teil des südamerikanischen Staates Bolivien. Soweit uns bis heute bekannt ist, erstreckt sich das Verbreitungsgebiet der Gattung auf das Gebiet des Berglandes, das dem östlichen Andenhauptkamm, der Cordillera Oriental, vorgelagert ist. In manchen Büchern wird diese Gegend als Valle-Landschaft bezeichnet, weil sie von vielen tief eingeschnittenen Flusstälern durchzogen ist. Das nördlichste bekannte Vorkommen von Sulcorebutien liegt etwas nördlich des 17. Breitengrades der Südhalbkugel. Dieses Vorkommen ist gleichzeitig der westlichste *Sulcorebutia*-Standort, den wir kennen. Er liegt in der Nähe des 67. Längengrades westlich von Greenwich. Nach Süden zu erstrecken sich die *Sulcorebutia*-Vorkommen bis etwa 21 Grad 30 Minuten südlicher Breite und nach Osten bis etwa 64 Grad westlicher Länge. Dies bedeutet, dass wir Sulcorebutien in den bolivianischen Departementen Cochabamba, Santa Cruz, Chuquisaca, Potosi und Tarija finden.

Entsprechend der vertikalen Gliederung des Landes hat sich heute die Unterscheidung von fünf Klimazonen eingebürgert. Ursprünglich unterschieden die spanischen Kolonisatoren nur zwischen Tierra caliente, Tierra templada und Tierra fria. Diese Bezeichnungen wurden später von Humboldt in die wissenschaftliche Literatur übernommen. Erst in der zweiten Hälfte des zwanzigsten Jahrhunderts erweiterte C. Troll (1955) diese Klassifikation um die Begriffe Tierra helada und Tierra nevada. Sulcorebutien kommen an geeigneten Stellen der Tierra templada und der Tierra fria vor.

Wie bereits erwähnt, handelt es sich bei dem Verbreitungsgebiet der Sulcorebutien um die Ausläufer der Ostkordillere, einem riesigen, den Alpen ähnlichen Faltengebirge. Der westlich des eigentlichen *Sulcorebutia*-Gebietes liegende Hauptkamm besteht aus eindrucksvollen Fünf- und Sechstausendern, die sich aus Granit und paläozoischen Schiefern aufbauen, denen mächtige Schotter- und Sedimentablagerungen ein- und vorgelagert sind. Die Land-

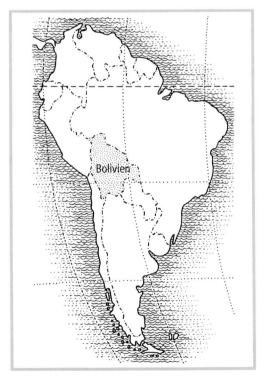

Südamerika.

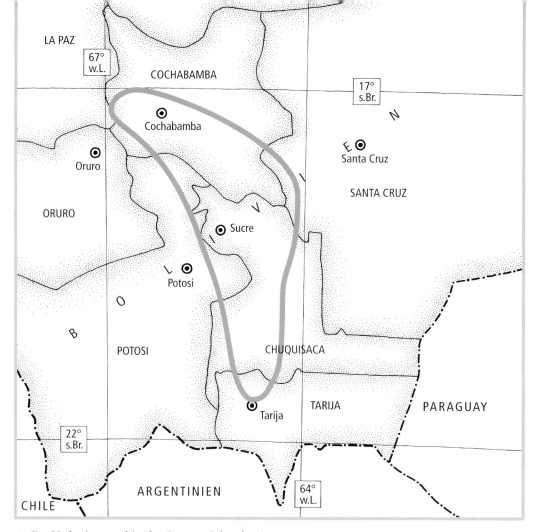

Das Verbreitungsgebiet der Gattung *Sulcorebutia*.

Klimazone	Höhe über NN	Erscheinungsbild
Tierra caliente	bis 1 000 m	heiße Zone mit Durchschnittstemperaturen zwischen 20 und 27 °C
Tierra templada	von 1 000 bis 2 500 m	gemäßigte Zone mit Durchschnittstemperaturen zwischen 15 und 20 °C
Tierra fria	von 2 500 bis 4 000 m	kalte Zone mit Durchschnittstemperaturen zwischen 7 und 15 °C
Tierra helada	von 4 000 bis 4 900 m	eisige Zone mit Durchschnittstemperaturen zwischen 7 und −2 °C
Tierra nevada	über 4 900 m	Zone des ewigen Schnees und Dauerfrostes. Die Schneegrenze liegt in der Cordillera Oriental etwa bei 5 000 m

schaft präsentiert sich äußerst formenreich und vielfältig. Ausgedehnte Hochflächen wechseln mit tiefen, schluchtartig eingeschnittenen Tälern, in denen während der Regenzeit wasserreiche Flüsse zum Amazonas oder zum Rio de La Plata strömen. Ostwärts fällt die Kordillere gegen die Yungas des Rio Mamoré und des Rio Beni steil ab und weiter südlich, wesentlich sanfter, gegen die Trockenwälder des Gran Chaco (Seibert 1996). Diese östlichen, andinen Randzonen stehen klimatisch unter dem Einfluss der Passatwinde, ein Umstand, der in Verbindung mit der Höhenlage und dem Verlauf der Ostkordillere die Voraussetzungen für die dortige Pflanzendecke schafft. Starke Stauregen an den Abhängen des östlichen Berglandes ließen in Höhen zwischen 2 000 und 3 500 m dichten Nebelwald entstehen, den die Eingeborenen treffend als „Ceja de la Montaña", als Augenbraue des Berges, bezeichnen. Im darunter liegenden Tiefland befindet sich dann die unermessliche Weite des tropischen Regenwaldes. Darüber liegt die von Trockengebüsch beherrschte Valle-Landschaft, die u. a. die Heimat der Sulcorebutien ist. Auffallend ist, dass die Grenze zwischen den humiden (feuchten) und den ariden (trockenen) Arealen meist sehr eng gezogen ist. Häufig gibt es keine Übergänge und die Standorte von Baumfarnen, Orchideen und Bromelien sowie die der Kakteen sind nur wenige Meter voneinander entfernt. Das Klima, insbesondere die Niederschläge und der Temperaturverlauf, ist sehr unterschiedlich. Die Intensität der Niederschläge verringert sich von Ost nach West, aber auch von Nord nach Süd mehr oder weniger kontinuierlich. Im Schnitt fallen in dieser Gegend 500 bis 800 mm Niederschlag pro Jahr (Geomundo 1985), wobei regional beträchtliche Abweichungen sowohl nach unten als auch nach oben auftreten können. Die Niederschläge fallen im Wesentlichen in der Zeit von Dezember bis Februar. Vereinzelt regnet es aber auch schon in den Monaten Oktober und November, auch im März und April sind gelegentliche Niederschläge nichts Ungewöhnliches.

Die Temperaturschwankungen im Verlauf eines Jahres sind relativ gering. In Abhängigkeit von der Höhenlage herrschen innerhalb des Verbreitungsgebietes der Gattung *Sulcorebutia* Durchschnittstemperaturen zwischen 14 und 20 °C. Allerdings gibt es starke Unterschiede zwischen den Tages- und den Nachttemperaturen, aber auch zwischen schattigen und sonnigen Stellen, wobei Differenzen von 35 °C keine Seltenheit sind. Für die klimatischen Abläufe spielt die Höhenlage eine sehr große Rolle. Innerhalb der Klimazonen gibt es aus verschiedenen Gründen kleinräumige Untergliederungen mit ausgeprägten Mikroklimaten und entsprechend variabler Flora. Für diese Unterschiede sind lokale Abschirmungen durch die Berge, wie auch unterschiedliche Höhenstufen verantwortlich. Aus diesem Grund gibt es Standorte der Gattung *Sulcorebutia* auf 1 200 m Höhe ebenso wie auf 4 000 m. Die überwiegende Mehrzahl der *Sulcorebutia*-Vorkommen liegt zwischen 2 500 und 3 000 m. Ein weiteres Drittel befindet sich zwischen 3 000 und 3 500 m.

Aus dem gleichen Grund besiedeln Sulcorebutien nie sehr ausgedehnte Flächen. Im Gegenteil, die meisten Populationen sind auf sehr kleine, häufig nur wenige hundert Quadratmeter große Stellen beschränkt. In Ausnahmefällen, z. B. die Standorte von *S. menesesii* und *S. krahnii*, sind diese sogar nur auf wenige Quadratmeter große Trockeninseln begrenzt, die von feuchtem Nebelwald mit Orchideen und Bromelien umgeben sind. Dadurch hat sich eine große Zahl eigenständiger, häufig auch genetisch isolierter Populationen entwickelt, was die ungeheure Formenvielfalt innerhalb der Gattung erklärt. Es ist offenbar unwichtig für das Überleben innerhalb einer Population, ob eine Pflanze gelbe oder schwarze, lange dünne oder kurze dicke Dornen hat oder, was häufig genug zu beobachten ist, alle Merkmale kräftig gemischt vorkommen.

Die Begleitflora von *Sulcorebutia* besteht meist aus Gräsern und kleinbleibenden Gehölzen. Es können jedoch auch *Dyckia-, Puya-* und *Echeveria-*Arten sowie kleinbleibende Kompositen, Zwiebelgewächse, Vertreter der Gattung *Peperomia* und häufig auch Tillandsien vorkommen. Relativ oft wachsen Sulcorebutien in Verbindung mit Flechten und/oder Moosen und Farnen, die als Indikatoren für ein erhöhtes Feuchtigkeitsangebot anzusehen sind. Sulcorebutien sind aber auch oft mit anderen Kakteengattungen vergesellschaftet. So sind mehr oder weniger häufig an *Sulcorebutia-*Standorten auch Lobivien, Echinopsen, Trichocereen, Cleistocacteen, Aylosteren und Parodien zu finden. In tieferen Lagen kommen auch *Pfeiffera* und *Pereskia* vor. Dagegen ist kein Standort bekannt, an dem Sulcorebutien und Weingartien nebeneinander vorkommen. Beide Gattungen besiedeln offensichtlich unterschiedliche ökologische Nischen. Ein Beispiel dafür findet sich in den Bergen rund um Aiquile, wo fast auf jedem Hügel *Sulcorebutia mentosa* wächst. Nur auf einem einzigen Hügel östlich von Aiquile kommt *Weingartia multispina* vor, aber keine *Sulcorebutia mentosa*.

Obwohl *Sulcorebutia* ziemlich häufig mit Lobivien, Echinopsis und Aylostera auf engstem Raum wächst und die Pflanzen gleichzeitig blühen, haben wir nie Hybriden beobachtet. Ritter (1980a und 1981) dagegen berichtet von einer Naturhybride zwischen *Sulcorebutia tarijensis* und *Lobivia hystrix*.

Neben den klimatischen Gegebenheiten ist die Zusammensetzung des Bodens an den Standorten sehr wichtig. Sulcorebutien wachsen meist in humusarmen, sandigen bis sehr steinigen Böden, deren Zusammensetzung von Standort zu Standort unterschiedlich ist. Eine Reihe von Bodenuntersuchungen ergaben aber auch auffällige Gemeinsamkeiten (Zecher 1974, Gertel 1988a und 1990). Die Konzentrationen der frei verfügbaren Hauptnährstoffe (N, P, K) sind im Allgemeinen sehr gering. Ergänzungs- und Spurenelemente (z. B. Mg, Zn, Fe, Cu, Mn, B) sind ausreichend vorhanden. Die Leitfähigkeit der Bodenlösung ist niedrig. Daraus folgt, dass die Konzentration der freien, löslichen Salze gering ist. Eine Ausnahme bilden hier die Schwemmlandböden am Standort von *Sulcorebutia menesesii* **HS210**, an dem größere Mengen von löslichen Kalium-, Eisen- und Mangansalzen und hohe Phosphatkonzentrationen gemessen wurden (Augustin pers. com.)[1].

Die Bodenreaktion der überwiegenden Zahl der Standorte liegt im sauren Bereich, zwischen pH 4 und pH 6. Wenige Standorte weisen basische Böden auf, was auf das Vorhandensein von Erdalkalicarbonaten schließen lässt. Ein einfacher Test zeigte, dass die alkalischen Proben beim Übergießen mit verdünnter Schwefelsäure aufschäumten und Kohlendioxid entwickelten. Besonders interessant ist die Tatsache, dass der Gehalt an Carbonat in der Feinerde bei den beiden genauer untersuchten Bodenproben der Standorte von *Sulcorebutia cylindrica* (**G36** und **G37a**) wesentlich niedriger lag als in den gröberen Bestandteilen der Erde. Leider war es durch die geringen zur Verfügung stehenden Substratmengen nicht möglich, weitergehende Differenzierungen vorzunehmen. Die Struktur und Zusammensetzung der untersuchten Böden bringen es mit sich, dass diese in der Trockenzeit sehr stark aushärten.

Die Standortbedingungen haben für die Ausprägung der Pflanzen weit reichende Konsequenzen. An feuchteren Standorten mit humoseren Böden bilden die Sulcorebutien deutlich geringere Speicherrüben aus, als dies an trockenen Standorten der Fall ist. Die Eigenschaften sind genetisch verankert, wie am Beispiel von *S. tiraquensis* und *S. steinbachii* verdeutlicht werden kann. So wird ein Sämling oder ein bewurzelter Spross von *S. steinbachii* immer eine große keilförmige Rübe entwickeln, während ein Sämling von *S. tiraquensis* nur in den ersten beiden Lebensjahren sukkulente Wurzeln ausbildet und später die Speicherfunktion hauptsächlich in den oberirdischen Sprossteil

---

[1] Detaillierte Analysen wurden dankenswerterweise von der Höheren Bundeslehr- und Versuchsanstalt Wien-Schönbrunn durchgeführt (pers. com.).

verlagert. Auch Sämlinge von *S. cylindrica* zeigen das typische Wurzelsystem und, wie Experimente zeigen, tolerieren sie über Jahre hinweg sehr kalkhaltiges Gießwasser, während andere Sulcorebutien unter diesen Bedingungen einige Jahre kümmern und schließlich eingehen. Im Gegensatz zum Wurzelwachstum verändert sich das Aussehen des oberirdischen Sprossteils in Kultur ganz erheblich. Aufgrund der veränderten Lebensbedingungen (mehr Wasser und Nährstoffe, weniger Licht) werden die Pflanzen größer, die Farbe der Epidermis und die Färbung wie auch die Stärke der Dornen ändern sich, teilweise zu schwächerer, oft aber auch zu wesentlich stärkerer und schönerer Bedornung hin. Diese Veränderungen sind, bedingt durch die unterschiedlichen Kulturbedingungen, äußerst variabel.

Geografische Großräume

Wenn die verwandtschaftliche Zusammengehörigkeit und die Entwicklungslinien innerhalb der Gattung *Sulcorebutia* dargestellt werden sollen, ist es notwendig, dies unter dem Aspekt der geografischen Großräume zu tun. Die Verbreitung der Gattung *Sulcorebutia* folgt in etwa dem Verlauf der Cordillera Oriental, welche sich innerhalb des Verbreitungsgebietes in mehrere Bergketten verzweigt. Dies hat zur Folge, dass sich unterschiedlich große Gruppen von Sulcorebutien herausgebildet haben. Bevor wir auf die einzelnen Arten eingehen, wollen wir diese Großräume kurz beschreiben und die Sulcorebutien benennen, die sie besiedeln. Dabei verwenden wir die Namen, die auch im weiteren Verlauf des Buches benutzt werden. Zum Teil geben wir auch Feldnummern an, deren Zuordnung zu bestimmten Arten nicht ganz eindeutig oder umstritten ist.

Diesen Überlegungen folgend beginnen wir unseren Streifzug durch das Verbreitungsgebiet der Gattung *Sulcorebutia* im Nordwesten, dem so genannten Ayopaya-Gebiet und folgen dem Verlauf der Cordillera de Cochabamba nach Südosten bis in die Gegend um Comarapa. Von dort führt unser Weg nach Süden ins Zentrum des *Sulcorebutia*-Gebietes, in den Raum um Aiquile und Mizque, sowie in das Gebiet entlang des Rio Caine. Es folgt das große Gebiet rund um Sucre, bevor wir ganz im Süden in der weiteren Umgebung von Tarija ankommen, aus der gerade in den letzten Jahren überraschende Entdeckungen gemeldet wurden.

Das Ayopaya-Gebiet

Es ist die am weitesten im Nordwesten gelegene Verbreitungszone der Gattung *Sulcorebutia*, in der auf sehr lokal begrenzten Standorten verschiedene Sulcorebutien auftreten, die fast ausnahmslos gelb blühen. Bekannte Standorte liegen in der Umgebung der Ansiedlungen Sta. Rosa, Khala Sindro, Charahuayto, Kami, Coriri und Choro.

Bisher wurden im Ayopaya-Gebiet folgende Sulcorebutien gefunden:

S. arenacea (Cárdenas) Ritter,
S. candiae (Cárdenas) Buining et Donald var. *candiae*,
S. candiae var. *kamiensis* (Brederoo et Donald) Augustin et Gertel (L974 etc.),
dto. fa. HS188,
dto. fa. HS189 und HS189a,
dto. fa. HS191 und HS191a,
S. glomeriseta (Cárdenas) Ritter,
S. menesesii (Cárdenas) Buining et Donald.

All diese Pflanzen variieren in Körpergröße und Bedornung sehr, in der Blütenfarbe sind sie, wie bereits erwähnt, fast einheitlich gelb. Es sind nur einige wenige Klone mit orangefarbenen bis ziegelroten Blüten bekannt. Die Unterschiede der Höhenlagen, in denen die einzelnen Arten vorkommen, ist nirgendwo so groß wie im Ayopaya-Gebiet. So wächst **HS191** bei Kami auf rund 4 000 m Höhe, während *S. menesesii* in der Nähe von Choro auf 1 200 m gefunden wurde. Zwischen beiden Standorten liegt eine

Distanz von rund 70 km. Wir haben hier auf relativ engem Raum die oberste und unterste Höhengrenze des Verbreitungsgebietes von Sulcorebutien. Die anderen Standorte liegen in Höhen zwischen 1 800 und 3 900 m. Die großen Höhenunterschiede sind bedingt durch den Steilabfall von den Höhen der Anden zum tropischen Tiefland. In diesem Gebiet treten alle Klimazonen von der Tierra helada bis zur Tierra caliente auf. Wegen seiner Unzugänglichkeit ist das Ayopaya-Gebiet jedoch noch nicht gut erforscht. Die wenigen Fundorte von Sulcorebutien liegen weit auseinander. Da es aber zwischen diesen Fundorten fast überall geeignete Höhenlagen gibt, kann davon ausgegangen werden, dass auch dort irgendwann einmal Sulcorebutien gefunden werden.

Das Ayopaya-Gebiet ist gegen die anderen *Sulcorebutia*-Vorkommen ziemlich gut abgegrenzt. Entgegen anders lautenden Meinungen sind wir nicht der Ansicht, dass es eine direkte Verbindung mit der benachbarten Gruppe um *S. steinbachii* gibt. Offensichtlich ist das mächtige Tunari-Massiv eine zu starke Barriere, als dass hier irgendeine Verbindung bestehen könnte.

Das Cochabamba-Becken und das angrenzende Bergland

Südöstlich des Ayopaya-Gebietes liegt eine der gewaltigsten innerandinen Landschaften der Ostkordillere. Allgemein wird immer vom Cochabamba-Becken gesprochen, wobei allerdings übersehen wird, dass es sich um zwei große, von hohen Bergen umgebene Becken handelt. Das nördliche Becken davon, in dessen Zentrum Cochabamba liegt, grenzt im Nordwesten direkt an das Tunari-Massiv und im Norden und Osten an die Cordillera de Cochabamba. Die südliche Begrenzung bildet ein Bergriegel von immerhin bis zu 4 000 m Höhe, an dessen niedrigster Stelle sich der Rio Sulli sein Bett in Richtung Süden zur Laguna Angostura gegraben hat. Durch dieses Flusstal

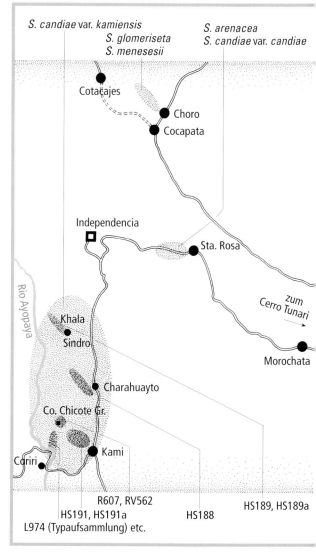

Die Ayopaya-Region mit den Fundgebieten der Gattung *Sulcorebutia*.

verläuft heute die Straße Cochabamba – Sta. Cruz. Die Laguna Angostura liegt bereits in dem südlichen Becken mit den Ortschaften Tarata, Punata und Arani. Beide Becken haben zusammen eine Ost-West-Ausdehnung von rund 50 km und etwa 30 km in Nord-Süd-Richtung. Das Cochabamba-Becken liegt im Durchschnitt

Vorkommen

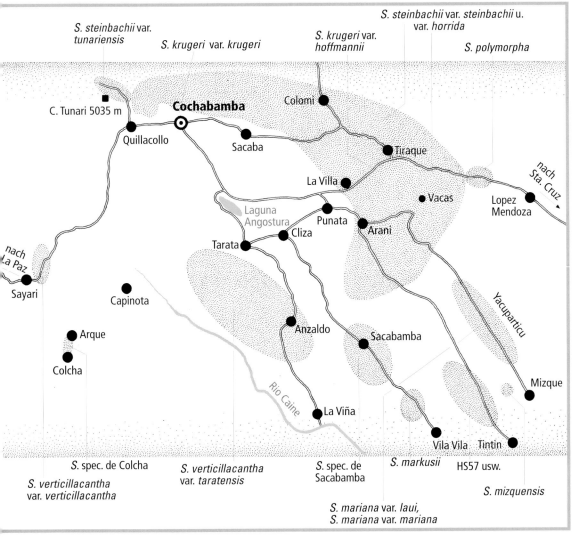

Das Cochabamba-Becken mit den *Sulcorebutia*-Standorten des umgebenden Berglandes.

auf Höhen um 2 600 m. Das dort vorherrschende Klima begünstigt die Landwirtschaft, wodurch auch die Siedlungsdichte größer ist als in anderen Landesteilen. Cochabamba selbst ist die drittgrößte Stadt Boliviens und Hauptstadt des gleichnamigen Departementes.

Die *Sulcorebutia*-Population der Berge um das Cochabamba-Becken ist außerordentlich komplex und nicht so leicht zu bearbeiten wie die des Ayopaya-Gebietes. Aus verschiedenen Gründen erscheint es sinnvoll, das Gebiet in 3 Verbreitungszonen zu unterteilen.

Das Bergland westlich und südlich des Cochabamba-Beckens

Beginnend im Westen von Cochabamba und südlich des Ayopaya-Gebietes liegt ein Bergzug, der sich nach Süden bis zum Rio Caine und im Südosten bis nach Tintin und Mizque zieht.

Dieser Bergzug ist die Heimat einer Gruppe von Sulcorebutien, die sich durch die Arten S. verticillacantha, S. markusii und S. mizquensis charakterisieren lässt. Im Einzelnen sind folgende Arten und/oder Feldnummern aus dieser Gegend bekannt:

- S. markusii Rausch,
- S. mizquensis Rausch,
- S. verticillacantha Ritter var. verticillacantha,
- S. verticillacantha var. taratensis (Cárdenas) Augustin et Gertel,
- S. spec. de Colcha,
- S. spec. de Sacabamba – Sivingani (z. B. HS218, G89),
- S. spec. de Arani – Tintin (z. B. HS57, HS57a und b, G140 bis G144 etc.),
- S. spec. de Arani – Mizque HS219.

Die Pflanzen dieser Gruppe bereiteten in der Vergangenheit immer wieder Schwierigkeiten bei der Zuordnung. Einerseits führte die gute Zugänglichkeit der nördlichen Standorte zu starker Sammeltätigkeit mit den damit verbundenen Nachteilen wie Mehrfachbenennungen und Katalognamen, andererseits blieben die südlichen Populationen wegen des unwirtlichen Geländes und deswegen fehlender Standortkenntnis weitestgehend unbeachtet. Ein großes Problem stellte Ritters Beschreibung von S. verticillacantha und deren Varietät verticosior dar. Ritter gab damals an, die Art käme von Sayari, also südwestlich von Cochabamba und die Varietät sei sowohl zwischen Sucre und Ravelo, als auch in der westlichen Cordillera de Cochabamba beheimatet. Dies hatte zur Folge, dass viele Neufunde aus der Gegend um Sucre als Varietäten von S. verticillacantha beschrieben worden sind. Donald und auch Gertel wiesen bereits 1986 darauf hin, dass diese Zuordnung aus arealgeografischen Gründen nicht haltbar sei und dass die Populationen des so genannten Verticillacantha-Formenkreises neu bearbeitet werden müssen. Es gibt keine Zweifel, dass S. verticillacantha var. verticillacantha sowie ihre Varietät taratensis und die oben aufgeführten, benachbarten Arten zum Formenkreis von Sulcorebutia steinbachii gehören, die allerdings genügend abweichende Merkmale aufweisen, um sie als separate Taxa zu rechtfertigen. Die bei Sucre beheimateten Sulcorebutien gehören nicht hierher, sondern in die Verwandtschaft von S. canigueralii, S. losenickyana und S. tarabucoensis.

Das Verbreitungsgebiet erstreckt sich im Nordwesten von Sayari an der Straße La Paz – Cochabamba nach Südosten bis in den Raum von Mizque. Das nordwestlichste, aber mit 3 900 m auch höchste Vorkommen ist das von S. verticillacantha var. verticillacantha, die etwa zwischen der Estación de Bombeo, 73 Straßenkilometer von Cochabamba entfernt, und Sayari gefunden wurde. Weiter nach Westen steigt die Kordillere über 4 000 m an und die Gegend wird offenbar zu unwirtlich, als dass Sulcorebutien überleben könnten. In südöstlicher Richtung werden die Berge niedriger und die Vorkommen von S. verticillacantha var. taratensis liegen noch auf rund 3 000 m, während S. mizquensis am südöstlichsten Ende des Vorkommens auf einer Höhe von 2 500 m wächst. Besonders interessant sind die Sulcorebutien, die erstmals von Heinz Swoboda an der Straße Arani – Tintin entdeckt wurden (**HS57** etc.), denn sie stellen die Übergänge von S. verticillacantha var. taratensis und S. markusii zu S. mizquensis dar. Eine weitere Population, die erst seit wenigen Jahren bekannt und deshalb leider kaum in den Sammlungen zu finden ist, aber möglicherweise hierher gehört, ist **HS219**, die etwa 10 km nordwestlich von Mizque an der Straße nach Arani wächst.

Die Berge nördlich, östlich und südöstlich des Cochabamba-Beckens

Nördlich von Cochabamba zieht sich ein mächtiger, mehr als 4 000 m hoher Bergzug von Westen nach Osten. In manchen Karten ist er als Cordillera de Cochabamba, in anderen als Cordillera del Tunari bezeichnet. Letztere Bezeichnung hat in der Vergangenheit oft zu

Verwirrung geführt, wenn vom „Tunari" die Rede war. Tatsache ist, dass der eigentliche Cerro Tunari mit mehr als 5 000 m Höhe etwa 25 km nordwestlich von Cochabamba liegt, während die Cordillera del Tunari sich von dort bis etwa nach Colomi zieht. Dieser Bergzug verzweigt sich östlich des Hochtales von Cochabamba und eine Bergkette zieht sich mehr nach Süden. Der gesamte Bergzug ist die Heimat von *S. steinbachii*. Der Typstandort liegt in der Nähe von Colomi, doch die *Sulcorebutia*-Vorkommen beginnen schon am Fuß des Cerro Tunari, wo *S. steinbachii* var. *tunariensis* zu Hause ist. Man kann unterschiedlicher Meinung darüber sein, ob *S. steinbachii* var. *tunariensis* eine eigene Art ist oder nur eine Varietät von *S. steinbachii*, so wie wir es sehen. Zwar ist *Rebutia tunariensis* von Cárdenas als eigenständige Art beschrieben worden, wir meinen aber, dass die Unterschiede zu *S. steinbachii* var. *steinbachii* zu gering sind, um den Artrang aufrecht zu erhalten. Wer von dort nach Osten geht, kommt zu der Population, die Cárdenas *Rebutia glanduliflora* genannt, aber nie beschrieben hat. Je nach Standort ähneln die Pflanzen mehr *S. steinbachii* var. *tunariensis* oder *S. steinbachii* var. *steinbachii*, wie wir sie von **R56** kennen. Um Colomi herum ist schließlich *S. steinbachii* var. *steinbachii* in einer Vielgestaltigkeit und Vielfarbigkeit der Blüte zu finden, wie sie aus unzähligen Aufsammlungen bekannt ist. In der Vergangenheit sind viele dieser Formen als eigene Arten oder Varietäten beschrieben worden, aber jeder, der schon einmal diese Standorte gesehen hat, erkennt sofort, dass es sich nur um eine Gruppe variabler Formen handelt. Aus diesem Grund führen wir auch *S. tuberculato-chrysantha, S. glomerispina, S. steinbachii* var. *gracilior, S. steinbachii* var. *rosiflora* und *S. steinbachii* var. *violaciflora* nur als Synonyme von *S. steinbachii* var. *steinbachii*. Noch etwas weiter in südöstlicher Richtung ist *S. steinbachii* mit ziemlich einheitlich grober Körperstruktur, großen Höckern und wenigen, aber dicken, harten Dornen zu finden. Diese Pflanzen wurden von Rausch als *S. steinbachii* var. *horrida* beschrieben. Die Blütenfarbe ist einheitlich violettrosa. Das Ende dieser Linie bildet schließlich *S. polymorpha*, die bei Kairani vorkommt und bereits durch ihre geringere Höhenlage und den Nebel des Chaparé geprägt wird. Bei diesen Pflanzen fällt es sehr schwer, den Unterschied zu *S. tiraquensis* var. *tiraquensis* festzustellen. Auf dem mehr nach Süden verlaufenden Ast der Bergkette werden die Körper der Pflanzen wieder feiner. Südlich von Vacas und bei Rodeo sind zierliche *Steinbachii*-Formen mit fast einheitlich hellvioletten Blüten zu finden. Auch auf der von Rodeo aus gesehen südwestlichen Seite einer über 4 000 m hohen Bergkette, am Weg von Arani nach Tintin, treten bei Alalay weitere *Steinbachii*-Formen, allerdings wieder mit robusterem Habitus und hellvioletten Blüten, auf.

Zusammenfassend kann gesagt werden, dass es in dem beschriebenen Verbreitungsgebiet folgende, mehr oder weniger nah mit *S. steinbachii* var. *steinbachii* verwandte Taxa gibt:

S. steinbachii (Werdermann) Backeberg var. *steinbachii*,
S. steinbachii var. *tunariensis* (Cárdenas) Augustin et Gertel,
S. steinbachii var. *horrida* Rausch,
S. polymorpha (Cárdenas) Backeberg,
S. steinbachii var. Arani n.n. (z. B. R621, G98, HS18),
S. steinbachii de Alalay (z. B. G133).

Weitere Details zu dieser interessanten Art sind in einem Artikel über *Sulcorebutia steinbachii* von Gertel (1996a) nachzulesen.

Wenn von *S. steinbachii* die Rede ist, dürfen *S. steinbachii* var. *australis* Rausch und *S. mariana* Swoboda sowie *S. vizcarrae* var. *laui* Bred. et Don. nicht vergessen werden, deren Erscheinungsbilder starke Zweifel an der Zugehörigkeit zu *S. steinbachii* aufkommen lassen. Diese Pflanzen besiedeln den südlichen Teil des Bergzuges, der sich von Vacas nach Süden bis nach Mizque zieht. Während im südlichen Teil der Population große, gelbrote Blüten vorherrschen, sind im Norden viel kleinere Blüten von Gelbrot bis Violett zu finden. Bemerkenswert ist, dass drei ganz offensichtlich nah verwandte *Sulcorebutia*-Populationen unter drei verschiedenen Artnamen beschrieben worden sind. So beschäftigt denn auch die Frage, ob diese Pflanzen zu *S. steinbachii* zu zählen sind, ob sie eventuell besser bei *S. purpurea* aufgehoben wären oder ob sie ein südlicher Zweig von *S. tiraquensis* sein könnten, die *Sulcorebutia*-Freunde schon seit etlichen Jahren. Wir sind der Meinung, dass diese Pflanzengruppe doch sehr deutlich von *S. steinbachii* var. *steinbachii* abweicht, in sich aber gut abgegrenzt ist und stellen weiter unten *S. steinbachii* var. *australis* und *S. vizcarrae* var. *laui* zu *S. mariana*. *S. vizcarrae* kommt als Artname nicht in Betracht, weil diese von Cárdenas beschriebene Art vollkommen unbekannt ist und es nach unserem Wissen keinerlei Material davon gibt.

Folgende Taxa bzw. Feldnummern gehören in diese Gruppe:

> *S. mariana* Swoboda var. *mariana*
> *S. mariana* var. *laui* (Brederoo et Donald) Augustin et Gertel,
> *S.* spec. HS81 und HS81a.

Die Randgebiete des Cochabamba-Beckens

Schon immer hatten die Freunde der Sulcorebutien Probleme mit denjenigen Sulcorebutien, die meist in niedrigeren Lagen die Ränder des Cochabamba-Beckens besiedeln. Die extremste dieser Populationen, *S. krugeri* var. *krugeri*, kam direkt vom nördlichen Stadtrand von Cochabamba. Inzwischen muss dieser Satz leider in der Vergangenheitsform verwendet werden, denn nach unseren Informationen existiert der Standort von *S. krugeri* var. *krugeri* nicht mehr, die Pflanzen wurden durch Häuser und gepflasterte Straßen verdrängt. Das ist besonders bedauerlich, weil der Standort auf einer Höhe von nur etwa 2 600 m lag, womit es sich um das niedrigste Vorkommen von Sulcorebutien in dieser Gegend handelte. Weiter nach Osten gibt es noch vereinzelte Standorte, an denen ähnliche Pflanzen wachsen. Ein Beispiel dafür ist die Feldnummer **JD134** aus der Nähe von Sacaba, allerdings mit roten Blüten, oder auch die unbeschriebene *S. seinoiana* n.n. R612 mit gelbroten und violetten Blüten, ebenfalls aus der Nähe von Sacaba. Auch auf der Bergkette, welche die beiden Talbecken trennt, gibt es Sulcorebutien. Während die Pflanzen von Laphia am westlichen Ende dieses Bergzuges relativ problemlos bei *S. steinbachii* var. *steinbachii* eingeordnet werden können, wird es zur Mitte hin schwierig. Rausch hat die Pflanzen, die er nördlich von Cliza fand und zuerst *S. clizensis* n.n. nannte, in der Erstbeschreibung seiner *S. cochabambina* zugeschlagen, führt sie aber in seiner letzten Feldnummernliste als *S. steinbachii* var. *clizensis* n.n. Noch weiter in östlicher Richtung, oberhalb von La Villa, ist schließlich *S. krugeri* var. *hoffmannii* Augustin et Hentzschel zu finden. Noch etwas weiter nach Osten, bei Tiraque, gibt es eine Vielzahl von Standorten mit *S. krugeri* var. *hoffmannii*-ähnlichen Sulcorebutien, die aber meist violett blühen, sonst aber von dieser Varietät nicht zu trennen sind. Dieser Pflanzentyp, der in den meisten Sammlungen als „*Sulcorebutia* spec." und einer Feldnummer oder als „*S. cochabambina*" steht, wächst sowohl an der Straße Arani – Mizque als auch am Weg von Arani nach Tintin.

Neben einigen Formen von *S. steinbachii* können also folgende Sulcorebutien als repräsentativ für dieses Randgebiet betrachtet werden:

> *S. krugeri* (Cárdenas) Ritter var. *krugeri*
> *S. krugeri* var. *hoffmannii* Augustin et Hentzschel

S. cochabambina Rausch ziehen wir weiter unten zu *S. krugeri* var. *hoffmannii* ein.

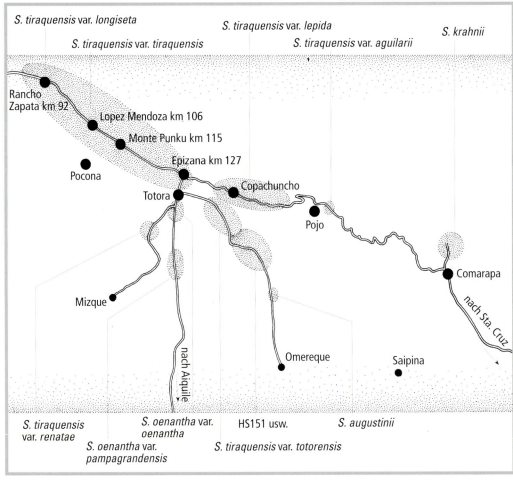

Die östliche Cordillera de Cochabamba

Fährt man von Cochabamba aus entlang der Asphaltstraße in Richtung Santa Cruz, also nach Osten, beginnt sich nach etwa 85 bis 90 km (ungefähr in der Nähe der Ansiedlung Kairani) das Klima zu ändern. Nebelschwaden ziehen häufig von Norden her über die Berge, es wird feuchter und die Vegetation wird grüner. Grund dafür ist neben der geringeren Höhe die Tatsache, dass die Straße, nur durch eine Bergkette getrennt, entlang den Yungas verläuft, einem immergrünen tropischen Regenwaldgebiet, das seine Feuchtigkeit vom riesigen Einzugsgebiet des Amazonas erhält. Es gibt in Bolivien kaum ein anderes Gebiet, wo die Grenzen der Trockenvegetation zum Regenwald so eng gezogen sind. Dem entsprechend faszinierend sind dort auch die Gegensätze. Mit Unterbrechungen reicht dieses Vegetationsbild bis Comarapa, wo mit *S. krahnii* der östlichste Vertreter dieses Verwandtschaftskreises sein Vorkommen hat. Die Verbreitung der Sulcorebutien reicht bis etwa 15 bis 20 km südlich der Asphaltstraße, nach Norden dehnen sich die Vorkommen oft aber nur wenige hundert Meter aus. Es handelt sich hier also um einen relativ schmalen, lang gezogenen Streifen, in welchem die klimatischen Gegebenheiten eine spezifische Sulcorebutien-Vegetation begünstigen. Im Raum Comarapa ändert sich dann der Verlauf der Ostkordillere. Sie knickt nach Süden ab und die Vegetation ändert sich weiter ostwärts vollständig. Viele Säulenkakteen haben hier ihre Heimat und von den Kugelkakteen siedeln hier insbesondere Gymnocalycien, Parodien, Lobivien, Echinopsen und auch Weingartien.

Linke Seite:
◆ Oben: Verbreitungsgebiet von *Sulcorebutia tiraquensis* – Nebelschwaden aus dem tropischen Tiefland wälzen sich über die Berge im Norden.
◆ Unten: Die *Sulcorebutia*-Standorte der östlichen Cordillera de Cochabamba.

Der schmale Streifen entlang des tropischen Regenwaldes ist die Heimat der großen Gruppe um *Sulcorebutia tiraquensis* mit folgenden Taxa bzw. Feldnummern:

> *S. augustinii* Hentzschel,
> *S. krahnii* Rausch,
> *S. oenantha* Rausch var. *oenantha*,
> *S. oenantha* var. *pampagrandensis* (Rausch) Augustin et Gertel,
> *S. tiraquensis* var. *aguilarii* Augustin et Gertel,
> *S. tiraquensis* var. *lepida* (Ritter) Augustin et Gertel,
> *S. tiraquensis* var. *longiseta* (Cárdenas) Donald,
> *S. tiraquensis* var. *renatae* Hentzschel et Beck,
> *S. tiraquensis* (Cárdenas) Ritter var. *tiraquensis*,
> *S. tiraquensis* var. *totorensis* (Cárdenas) Augustin et Gertel,
> *S.* spec. HS151, G115 etc.,
> *S.* spec. G183 und G221.

Der westlichste Vertreter dieser Gruppe ist *S. tiraquensis* var. *longiseta,* die bei Rancho Zapata gefunden wurde. Etwas weiter in Richtung Osten folgt dann, etwa ab Lopez Mendoza, die typische *S. tiraquensis* var. *tiraquensis* in all ihren Ausprägungen. *S. tiraquensis* var. *electracantha* und *S. tiraquensis* var. *bicolorispina* n.n. sind nur ausgelesene Formen der Art und haben keinen Anspruch auf einen eigenen taxonomischen Rang. Erst seit einigen Jahren wissen wir, dass das Verbreitungsgebiet der Typvarietät bis in die Gegend südlich von Pocona reicht. In der Gegend um Epizana gibt es Formen, die sicherlich zu *S. tiraquensis* var. *tiraquensis* gehören, aber auch schon große Ähnlichkeit mit *S. oenantha* var. *oenantha* aufweisen. Sie wurden daher in Feldnummernlisten oft als *S. oenantha* var. Epizana n.n. bezeichnet. Östlich von Epizana, rund um die Ortschaft Copachuncho, werden die Pflanzen dann in der Bedornung zierlicher und feiner.

Der bekannteste Name für diese Populationen ist *S. tiraquensis* var. *lepida*. Diese Varietät scheint auch im Vergleich zu allen Verwandten von *S. tiraquensis* am weitesten nach Süden vorzustoßen, denn bei Huanacuni Chico und in direkter Nachbarschaft zu *S. augustinii* wurden mehrere Pflanzen gefunden (**G183**, **G221** etc.), die wahrscheinlich zu *S. tiraquensis* var. *lepida* gehören. Noch weiter in Richtung Osten, in der Umgebung von Pojo, wächst *S. tiraquensis* var. *aguilarii* und nördlich der Ortschaft Comarapa liegt das Verbreitungsgebiet des östlichsten Vertreters dieser Gruppe, von *S. krahnii*. Südlich der Standorte von *S. tiraquensis* var. *tiraquensis* und *S. tiraquensis* var. *lepida* finden sich noch einige Populationen, die zur weiteren Verwandtschaft von *S. tiraquensis* gehören. Dabei handelt es sich um *S. tiraquensis* var. *totorensis*, die an ihren nördlichen Standorten nur schwer von *S. tiraquensis* var. *tiraquensis* bzw. *S. tiraquensis* var. *lepida* zu unterscheiden ist, weiter südlich aber immer zierlicher wird und nur noch dünne, anliegende Dornen entwickelt. Etwas weiter nach Westen sind dann südlich von Totora *S. oenantha* var. *oenantha*, *S. oenantha* var. *pampagrandensis* und schließlich westlich davon *S. tiraquensis* var. *renatae* sowie eine noch unbeschriebene Form zu finden, für welche die Feldnummern **G186** und **G223** vergeben wurden.

Das Gebiet um Aiquile und entlang des Rio Caine

Im Gebiet westlich von Aiquile, vor allem auch in den Bergen entlang des Rio Caine (dem Oberlauf des Rio Grande), ist eine sehr große Arten- und Formenvielfalt an Sulcorebutien zu finden. Ähnlich wie in anderen Gebieten auch ist das wahre Ausmaß der Formenvielfalt noch gar nicht bekannt. Im Umfeld der Ansiedlung Torotoro beispielsweise beherbergt nahezu jeder Hügel eine andere Form. Zuordnungen werden zusätzlich dadurch erschwert, dass bei manchen Populationen ohne Untersuchung der Früchte und/oder der Blüten kaum zu erkennen ist, ob es sich um Sulcorebutien oder Weingartien der nördlichen Formengruppe handelt. So gibt es Pflanzen, bei denen die Blüten nicht an der Körperbasis, sondern um den Scheitel herum entstehen. In manchen Fällen werden, wie bei den nördlichen Weingartien üblich, nur Faserwurzeln gebildet. Auch das Merkmal der Haarbildung hinter den Perikarpellschuppen hilft hier oft nicht weiter, denn ähnlich aussehende Pflanzen der gleichen Population haben einmal Haare und das andere Mal wieder nicht. Es war also kein Zufall, dass die ersten aus diesem Gebiet bekannt gewordenen Pflanzen als *Weingartia* (*torotorensis* und *purpurea*) beschrieben worden sind. Schwierigkeiten bereiten auch Ähnlichkeiten mit bestimmten Lobivien, wie *Lobivia oligotricha* und *L. pseudocinnabarina*, die sich aber durch ihre Blüten mit einem deutlichen Hymen sowie durch Frucht- und Samenmerkmale unterscheiden. Auch Ritter (1980b) beschäftigte sich eingehend mit diesen Kakteen und kam zu dem Schluss, dass die angesprochenen Pflanzen am besten in einer eigenen Gattung, *Cinnabarinea*, aufgehoben wären. Ritters Ansicht konnte sich jedoch nicht durchsetzen und bei späteren Kombinationen wurde Ritter weitgehend ignoriert. In der Umgebung von Aiquile sind die Pflanzen wieder klar als Sulcorebutien zu erkennen. Östlich der Stadt nimmt die Dichte der *Sulcorebutia*-Populationen drastisch ab. Bedingt durch niedrigere Höhenlagen und ein für Sulcorebutien ungünstigeres Klima, sind nur noch wenige *Sulcorebutia*-Standorte zu finden, dafür aber andere Kakteengattungen und eine teilweise grandiose xerophytische Vegetation. Alle dort vorkommenden Sulcorebutien sind schwer einzuordnen. Sie passen kaum zu den um Aiquile beheimateten Pflanzen. Einige zeigen sogar Merkmale, die auf eine Verwandtschaft zu den weiter nördlich oder auch südlich beheimateten Arten schließen lassen. Schon Hentzschel (1989) weist in der Erstbeschreibung von

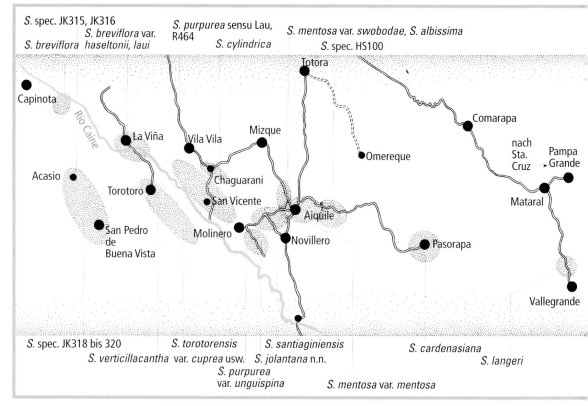

Die bekannten *Sulcorebutia*-Verbreitungsgebiete der Aiquile-Rio Caine-Region.

S. augustinii darauf hin, dass diese eine erstaunliche Ähnlichkeit mit den HS-Funden östlich von Aiquile hat.

In dem beschriebenen Gebiet kommen folgende Sulcorebutien vor:

S. albissima (Brandt) Pilbeam,
S. breviflora Backeberg emend. Diers var. *breviflora*,
S. breviflora var. *haseltonii* (Cárdenas) Diers,
S. breviflora var. *laui* Diers,
S. cardenasiana Vásquez,
S. cylindrica Donald et Lau,
S. langeri Augustin et Hentzschel,
S. mentosa Ritter var. *mentosa*,
S. mentosa var. *swobodae* (Augustin) Augustin,
S. purpurea (Donald et Lau) Brederoo et Donald var. *purpurea*,
S. purpurea var. *unguispina* (Rausch) Augustin et Gertel,
S. santiaginiensis Rausch,
S. torotorensis (Cárdenas) Brandt,
S. verticillacantha var. *cuprea* Rausch,
S. spec. de Torotoro HS140, HS221, HS235, HS264 etc.,
S. spec. de Torotoro – San Pedro HS213,
S. spec. de Acasio JK 315 und JK316,
S. spec. de San Pedro JK318 bis JK320.

Die westlichsten Vertreter dieses Verbreitungsgebietes sind **JK315** und **JK316** sowie **JK318 bis JK320** aus der Gegend zwischen Acasio und San Pedro de Buena Vista. Nur **JK321**, die vermutlich aber nicht mehr in diesen Verwandtschaftskreis gehört, kommt noch weiter westlich, bei Sacani, vor. Es handelt sich um ein weitgehend unerforschtes Gebiet, in dem Pot diese neuen Standorte fand. Die Pflanzen haben eine gewisse Ähnlichkeit mit *S. purpurea* var. *purpurea* und blühen von Standort zu Standort unterschiedlich rot oder violett. Swoboda brachte aus dem Areal zwischen San Pedro und Torotoro ähnliche Pflanzen, die aber gelb bis gelbrot blühen. Auch diese Pflanzen sind wenig bekannt und schwer einzuordnen. Weiter nach Norden zu kommt man zum Rio Caine, in die Gegend von La Viña und Torotoro. Aus der Nähe La Viñas stammen die aus unseren Sammlungen wohl bekannten Formen der *S. breviflora* var. *haseltonii*, wie sie von Rausch, Lau, Swoboda und anderen gefunden wurden, sowie *S. breviflora* var. *laui*. Die Typvarietät soll weiter flussaufwärts, am Loma Sikhimirani vorkommen, wie Fritz (1989b) nachzuweisen versuchte. Bei Torotoro können zwei grundverschiedene *Sulcorebutia*-Typen gefunden werden. Dabei handelt es sich einerseits um einen Formenschwarm, der mehr oder weniger nah mit Rauschs *S. verticillacantha* var. *cuprea* verwandt ist und andererseits um den Komplex der außerordentlich *Weingartia*-ähnlichen *S. torotorensis*. Besonders die *Cuprea*-Formen variieren von Hügel zu Hügel, aber auch *S. torotorensis* kommt in unterschiedlichen Spielarten vor, sodass es sehr schwierig ist, hier irgendwelche Grenzen zu ziehen.

Nordöstlich davon, auf dem anderen Ufer des Rio Caine, liegt das Verbreitungsgebiet der beiden großen Arten *S. mentosa* und *S. purpurea* sowie deren Verwandten. Hierbei handelt es sich einerseits um *S. purpurea* var. *purpurea*, die rund um San Vicente beheimatet ist. In diesen Bereich gehört auch Rauschs **R464**, die vom gleichen Bergzug weiter nordwestlich, Richtung Vila Vila, stammt. Südöstlich davon, rund um Molinero, wachsen die extrem stark bedornten Formen, die am besten mit der unbeschriebenen *S. jolantana* zu umschreiben sind. Ebenfalls aus der Nähe von Molinero kommt die völlig andersartige *S. purpurea* var. *unguispina*. Etwas nordöstlich davon, zwischen Santiago und Aiquile, tritt schließlich *S. santiaginiensis* auf, die häufig zu *S. purpurea* gestellt wird, was allerdings außerordentlich umstritten ist. Noch weiter nördlich bzw. nordwestlich liegt das Verbreitungsgebiet von *S. cylindrica*, die einmal mit den typischen gelben Blüten, aber auch an anderer Stelle mit violetten (seltener weißen) Blüten gefunden worden ist. Die Standorte der gelb- und violettblütigen *S. cylindrica* sind ökologisch gesehen sehr ähnlich, allerdings räumlich klar getrennt. Gemeinsam ist beiden Standorten, dass sie aus sehr kalkhaltigem, rotem Sandstein bestehen.

In den Bergen direkt bei Aiquile und entlang den Straßen nach Mizque und Santiago kommen *S. mentosa* var. *mentosa* und *S. mentosa* var. *swobodae* vor. Im gleichen Gebiet ist auch *S. albissima* beheimatet. Östlich von Aiquile werden die *Sulcorebutia*-Populationen, wie schon oben erwähnt, sehr selten. Nahe der Straße nach Peña Colorado, allerdings noch ganz in der Nähe von Aiquile, wurden neben *S. mentosa* **G171** von Swoboda einige Populationen entdeckt, über welche die Spezialisten streiten, ob sie eher in die Verwandtschaft von *S. albissima* zu stellen sind oder ob sie näher mit *S. augustinii* verwandt sind. Zu erwähnen sind hier die Feldnummern **HS100**, **HS100a**, **HS100b** sowie **HS119**. Weiter östlich ist lediglich bei Pasorapa *S. cardenasiana* gefunden worden und ganz weit im Osten, zwischen Vallegrande und Pampagrande, wächst *S. langeri*. Ob es zwischen Aiquile und Vallegrande weitere Standorte von *Sulcorebutia* gibt, ist nicht bekannt.

Der Großraum Sucre

Parallel mit dem Verlauf der Kordillere in geeigneten Höhen und den damit verbundenen klimatischen Bedingungen findet sich im Großraum Sucre eine Vielzahl besonders formenreicher Sulcorebutien. Unter *Sulcorebutia*-Freunden hat sich für diese Populationen der Name „Sucreños" eingebürgert. Wir kennen Sulcorebutien-Standorte sowohl aus der direk-

Geografische Großräume

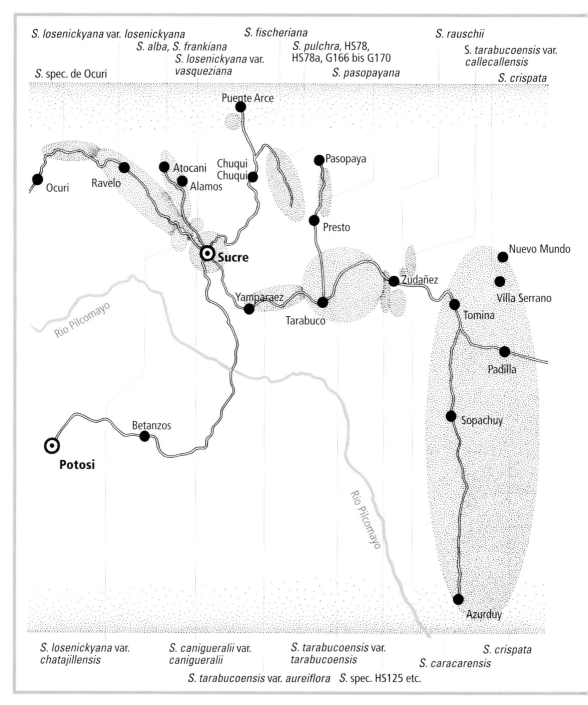

Die *Sulcorebutia*-Standorte des Großraumes Sucre.

ten Umgebung von Sucre als auch in allen 4 Himmelsrichtungen mehr oder weniger weit von der Stadt entfernt. Im Westen erstreckt sich das Verbreitungsgebiet bis fast nach Ocuri, im Norden bis in die Nähe des Rio Caine und Rio Grande, im Osten bis etwa zur Linie Nuevo Mundo, Villa Serrano, Sopachuy und bis Azurduy im Süden. In der Höhe des zuletzt genannten Ortes scheint auch die südliche Verbreitungsgrenze dieser *Sulcorebutia*-Gruppe zu liegen. Allerdings gibt es in den Bergen südlich des Rio Pilcomayo große Lücken, aus denen noch keine Sulcorebutien bekannt sind, obwohl es auch dort geeignete Höhenlagen gibt. Möglicherweise ist es nur eine Frage der Zeit, bis durch bessere Erschließung dieser Gegend auch dort Sulcorebutien gefunden werden.

Die enorme Formenfülle der im Großraum Sucre beheimateten Sulcorebutien führte im Laufe der Jahre zu einer großen Anzahl von Namen, wobei oft Standortformen als Arten oder Varietäten beschrieben wurden. Leider wurden hier viele Pflanzen mit *S. verticillacantha* in Verbindung gebracht, was allein schon aus arealgeografischen Gründen nicht sinnvoll erscheint.

Folgende Sulcorebutien sind uns aus dem Großraum Sucre bekannt:

S. alba Rausch,
S. canigueralii (Cárdenas) Donald,
S. caracarensis (Cárdenas) Donald,
S. crispata Rausch,
S. fischeriana Augustin,
S. frankiana Rausch
S. inflexiseta (Cárdenas) Donald,
S. losenickyana var. *chatajillensis* (Oeser et Brederoo) Augustin et Gertel,
S. losenickyana Rausch var. *losenickyana*,
S. losenickyana var. *vasqueziana* (Rausch) Augustin et Gertel,
S. pasopayana (Brandt) Gertel,
S. pulchra (Cárdenas) Donald,
S. pulchra var./fa. G166 bis G170,
S. pulchra var./fa. HS78a,
S. rauschii Frank,
S. tarabucoensis var. *aureiflora* (Rausch) Augustin et Gertel,
S. tarabucoensis var. *callecallensis* (Brandt) Augustin et Gertel,
S. tarabucoensis Rausch var. *tarabucoensis*,
S. spec. de Zudañez HS125/HS125a etc.

Eine eingehende Beschreibung der Verteilung der verschiedenen Sulcorebutien in diesem Gebiet ist außerordentlich kompliziert, denn einerseits haben wir es hier mit einem Konglomerat an standortbedingten Phänotypen zu tun und andererseits sind die hier beheimateten Arten in ihrer Variabilität kaum zu überbieten.

Beginnen wir unsere Wanderung durch die *Sulcorebutia*-Gebiete des Großraums Sucre im Westen. Östlich von Ocuri, bevor die Berge auf mehr als 4 000 m ansteigen, beginnt das Verbreitungsgebiet von *S. losenickyana* var. *losenickyana*. Das Siedlungsgebiet erstreckt sich im Osten bis fast nach Sucre. Allerdings wählte Rausch eine Extremform als Typ, was die Einordnung anderer Phänotypen der Art enorm erschwert. Während *S. losenickyana* var. *losenickyana* außerordentlich variabel ist, kommen auf dem Cerro Chataquila und in der Nähe der Ansiedlung Barranca recht einheitliche Populationen vor, die von Oeser und Brederoo als *S. verticillacantha* var. *chatajillensis* bzw. von Rausch als *S. vasqueziana* beschrieben worden sind. In beiden Fällen handelt es sich um nahe Verwandte von *S. losenickyana* var. *losenickyana*, weshalb wir sie weiter unten entsprechend umkombinieren.

Nicht weit von Barranca, an der Straße Sucre – Alamos – Atocani, kommen mit *S. alba* und *S. frankiana* zwei weitere Arten vor. Besonders *S. frankiana* lässt sich kaum mit anderen Sulcorebutien aus dieser Gegend in Verbindung bringen. Es sind mehrere Standorte bekannt, an denen sowohl *S. alba* als auch *S. frankiana* wachsen. Südlich von Alamos ist *S. frankiana* immer an den Berghängen zu finden, während *S. alba* die Bergkuppen besiedelt. Nördlich von

Alamos wachsen beide Arten z. T. durcheinander. Es handelt sich hier um die einzigen bekannten Standorte, an denen sich zwei klar unterscheidbare Arten aus verschiedenen Verwandtschaftskreisen einen Standort teilen (Gertel 1987). Allerdings handelt es sich bei beiden Arten um Formen, die etwas vom jeweiligen Typ abweichen. S. alba blüht dort nicht rot, sondern kommt in einer einheitlich hellviolett blühenden Spielart vor und S. frankiana hat eine Riesenform ausgebildet, die bis zu 10 cm im Duchmesser groß wird, während sie normalerweise kaum größer wird als 3 bis 4 cm. Um Sucre selbst sowie in den Bergen nach Norden und Südwesten wächst die am längsten bekannte Art dieses Gebietes, S. canigueralii. Weit nördlich von Sucre, in dem vom Rio Caine und Rio Chico gebildeten Dreieck, wächst einer der jüngsten Sulcorebutia-Funde, die nach Wilhelm Fischer (Oberhausen) benannte S. fischeriana. Der Bergzug auf der östlichen Seite des Rio Chico stellt die Heimat von S. pulchra dar, die dort in großem Formenreichtum vorkommt. Als Beispiel sei hier nur die Population **HS78** erwähnt, bei der fast keine zwei gleichen Pflanzen zu finden sind. Während die nördlichen Vertreter dieser Art alle mehr oder weniger violettrosa blühen, überwiegen im Süden die rotblühenden Formen.

Bei Yamparaez beginnt das Verbreitungsgebiet von S. tarabucoensis. Dort tritt zuerst die sehr zierliche Varietät S. tarabucoensis var. aureiflora mit meist gelben bis orangefarbenen Blüten auf, rings um Tarabuco dann die typische, teilweise grobhöckerige S. tarabucoensis var. tarabucoensis und weiter östlich sind alle möglichen Formen mit unterschiedlichen Blütenfarben zu beobachten, bis hinein in die Cordillera Mandinga, wo in niedrigeren Lagen Pflanzen mit violettrosa Blüten (z. B. **HS125**) wachsen, während in höheren Lagen gelbrote Blüten vorherrschen (z. B. **HS125a**). Aus dem Gebiet nördlich von Presto stammt S. pasopayana, die sehr gut in diesen Komplex passt, aber fast immer einfarbig dunkelrote Blüten

◆ Sulcorebutia spec. de Camargo HJ843.

mit grünem Griffel, ebenso gefärbten Narbenästen und purpurne Staubfäden hat. Östlich von Zudañez wächst S. rauschii, die wohl charakteristischste Art dieses Verbreitungsgebietes. Auf einer Bergkette weiter östlich treten sehr zwergige Formen unter dem Namen S. tarabucoensis var. callecallensis auf, die oft mit der 30 km weiter westlich vorkommenden S. tarabucoensis var. aureiflora verwechselt werden. Folgen wir der Cordillera Mandinga nach Süden bis Azurduy, aber auch in die Gegend von Villa Serrano oder im Norden in Richtung Nuevo Mundo, so befinden wir uns im Verbreitungsgebiet der äußerst vielgestaltigen S. crispata. Es gibt aber auch Berichte, dass man südlich dieses Gebietes in bestimmten Lagen S. tarabucoensis finden kann.

Das südliche Verbreitungsgebiet

Weit entfernt von den ehemals südöstlichen Vorkommen der Gattung Sulcorebutia, in der Provinz Tomina, fand Friedrich Ritter bereits 1962 in der Nähe der Stadt Tarija, in der südlichsten Provinz Boliviens, eine *Sulcorebutia*, die als *S. tarijensis* in die Sammlungen Einzug hielt und später auch so beschrieben wurde. Der Typstandort dieser Art liegt in der Cuesta de Sama, einem Gebirgspass zwischen Iscayachi und Tarija. Mehr als 30 Jahre lang war sie die einzig bekannte *Sulcorebutia* aus dem äußersten Süden des Landes gewesen. Herzog und Hillmann fanden dann 1992 an mehreren Stellen nördlich von San Lorenzo weitere Sulcorebutien. Die Pflanzen einiger dieser Populationen gleichen *S. tarijensis*, die der anderen unterscheiden sich jedoch zum Teil recht deutlich. Seitdem entdeckten auch andere Kakteenfreunde (Augustin, Prantner, Wahl, Pot) in dieser Gegend Sulcorebutien. Andere österreichische Kakteenfreunde wieder fanden weiter westlich von San Lorenzo, nördlich von Iscayachi, eine weitere Population von *Sulcorebutia*, die derzeit noch kaum einzuordnen ist. Schließlich fand der Schweizer Jucker auch nahe Camargo an mehreren Stellen Sulcorebutien, die zum Teil sogar mit *Cintia* spec. vergesellschaftet sind und eher *S. canigueralii* ähneln als *S. tarijensis*. Sicherlich sind alle Neufunde im Gebiet südlich des Rio Pilaya sehr nah mit *S. tarijensis* verwandt, doch erst die Zeit wird zeigen, ob es auch ganz im Süden Boliviens einen Formenschwarm mit großer Variationsbreite gibt oder ob es sogar neue Arten zu beschreiben gilt. Um einen Eindruck zu vermitteln, wie weit die Standorte bei Sucre und die von Tarija doch voneinander entfernt sind, haben wir für diese Standortskizze einen größeren Ausschnitt gewählt und der Übersichtlichkeit halber nur die wichtigsten Orte eingezeichnet.

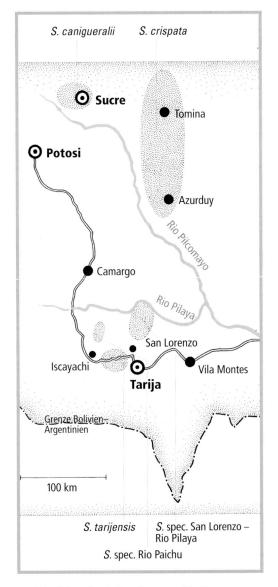

Die *Sulcorebutia*-Fundorte um Tarija.

Kultivierung und Pflege

Die Bedingungen, unter denen Sulcorebutien im Allgemeinen in Kultur gehalten werden können, leiten sich im Wesentlichen von den an ihren natürlichen Standorten herrschenden Klimabedingungen ab (Kapitel „Verbreitungsgebiet"). Dort sind sie, wie andere Kakteen auch, dem Wechselspiel Regenzeit – Trockenzeit ausgesetzt. Als Bewohner meist extremer Hochgebirgslagen sind sie an hohe Sonneneinstrahlung mit starken UV-Anteilen ebenso angepasst wie an raue Witterungsbedingungen und an stark mineralische und häufig sauer reagierende Böden. Berücksichtigt man dann noch die Tatsache, dass doch sehr viele Arten ± stark ausgeprägte Wurzelrüben ausbilden, sind bereits die wesentlichsten Grundlagen der Kultivierungsmaßnahmen aufgelistet.

Aufstellung während der Vegetationszeit

Während der Vegetationszeit, die in unseren mitteleuropäischen Lagen etwa von Anfang April bis Anfang Oktober andauert, ist den Pflanzen jeder nur mögliche Sonnenstrahl zu gönnen. Optimal ist dabei, wenn die Sonne ohne Abschwächung durch Glas oder Kunststoff auf die Pflanzen einwirken kann, d. h., es ist eine Aufstellung im Freien anzustreben. Bei ganzjähriger Gewächshauskultur ist zumindest darauf zu achten, dass keine UV-Filter im Abdeckmaterial enthalten sind. Glas oder Polycarbonateindeckungen sind weniger gut geeignet, weil sie das ultraviolette Licht vollkommen aus dem Sonnenlicht filtern. Hier ist Acrylglas oder Polyethylenmaterial besser geeignet.

Ganz problematisch ist jedoch die Aufstellung im Freien auch nicht. Zum einen erzeugt die Sonne in unseren Breiten auf der Pflanzenoberfläche Temperaturen, die am Standort nie erreicht werden. Das kann unter ungünstigen Bedingungen, z. B. bei eingeschränkter Luftzirkulation, zu schweren Verbrennungen führen. Zwar schützen sich die Pflanzen vor zu hoher Strahlung oder Wärme mit einer dichteren Bedornung oder durch Einlagerung von roten Farbstoffen in den Zellen der Epidermis, Schäden sind aber trotzdem nicht auszuschließen. Zum anderen können auch andauernde Regenfälle, gepaart mit kühlen Temperaturen, zu Fäulnis der Wurzeln und damit zum Verlust der Pflanzen führen. Letzterem kann mit einem sehr durchlässigen Substrat und einem ungehinderten Wasserablauf weitgehend entgegen gewirkt werden.

Trotz gewisser Einschränkungen zeigen langjährige Kulturerfahrungen, dass Sulcorebutien nirgendwo schöner, weil natürlicher, heranwachsen, als bei vollkommen freier Aufstellung.

Wer jedoch gezwungen ist, seine Sulcorebutien unter Glas zu kultivieren, sollte darauf achten, dass die Pflanzen den sonnigsten Platz im Gewächshaus erhalten. Gegen übermäßige Hitze sollten die Pflanzen durch eine gute Luftzirkulation, die durch Kombination von Lüftungsfenstern und Ventilatoren erreicht wird, geschützt werden.

Substrat und Pflanzgefäße

Als Pflanzsubstrat empfiehlt sich ein überwiegend mineralisches, wasserdurchlässiges, grundsätzlich im sauren Bereich liegendes Material. Bewährt haben sich Mischungen aus guten Blumenerden, Bims, Lavagranulat, Perlite, Quarzsande oder ähnliche mineralische Zusätze. Hier sind vor allem persönliche Erfahrung und auch die Beschaffungsmöglichkeit der Grundstoffe ausschlaggebend. Grundsätzlich sollte jedoch beim Substrat (und auch beim Gießwasser) darauf geachtet werden, dass der pH-Wert nicht in den alkalischen Bereich wechselt; pH-Werte zwischen 4,5 und 6,0 scheinen optimal zu sein.

Als Pflanzgefäße empfehlen wir Kunststoffschalen oder Kunststofftöpfe. Es sollte aber auf alle Fälle die Tatsache berücksichtigt werden, dass die meisten Arten ausgeprägte, ± lange Rübenwurzeln besitzen. Es zahlt sich erfahrungsgemäß aus, wenn für Sulcorebutien Pflanzgefäße verwendet werden, die 2 bis 3 cm tiefer als üblich sind. Da Sulcorebutien im Laufe der Jahre ein erstaunlich kräftiges Wurzelwerk entwickeln, sollten sie auch regelmäßig in kürzeren Abständen umgesetzt werden. Das kompakte Wurzelwerk verformt nach längerer Zeit sehr leicht die Pflanzgefäße. Beschädigungen der Wurzeln und damit auch mögliche Totalverluste sind durch das Hantieren beim Umsetzen die Folge.

Gießen und Düngen

Licht, regelmäßige Wassergaben in der Wachstumszeit und gelegentliche Düngergaben bewirken ein gesundes Wachstum und einen reichen Blütenansatz. Nur gesund und hart gezogene Pflanzen sind weitgehend schädlingsfrei und entlohnen die Mühen durch ihre herrlichen Blüten.

Wie bereits beim Substrat erläutert, sollte auch beim Gießwasser darauf geachtet werden, dass es stets leicht sauer und nicht alkalisch reagiert. Zum Bestimmen des pH-Wertes bietet der Handel bereits preiswerte Messgeräte an, es können aber ebenso pH-Messstäbchen verwendet werden. Normales Universalindikatorpapier ist für diesen Zweck weniger gut geeignet, da es zu schnell ausblutet. Trotz chemischer oder technischer Möglichkeiten der Wasseraufbereitung ist Regenwasser noch immer die beste und auch wirtschaftlichste Art und Weise des Gießens unserer Pflanzen.

Hinsichtlich des Düngens haben wir sehr gute Erfahrungen gemacht, wenn im Frühjahr, nicht unbedingt beim erstmaligen Angießen nach der Trockenperiode, ein- bis zweimal mit einem handelsüblichen Kakteendünger behandelt wird und erst später phosphat- und kaliumreichere Dünger eingesetzt werden. Gute Erfahrungswerte gibt es auch mit dem Einsatz entsprechender Blattdünger.

Aufstellung während der kalten Jahreszeit

Gegen Ende der Wachstumszeit, also ab Mitte bis Ende September, sind die Wassergaben zu verringern und schließlich ganz einzustellen. Überwintert wird am besten hell, trocken und sehr kühl. Auf diese Weise aufgestellte Pflanzen ertragen dann ohne Probleme sogar Temperaturen nahe dem Gefrierpunkt, kurzfristig auch noch darunter liegende.

Vermehrung

Obwohl Sulcorebutien, nicht zuletzt wegen ihrer Neigung zur Sprossbildung, recht häufig vegetativ vermehrt werden (Bewurzelung von Sprossen oder auch Pfropfung), bietet gerade die Aussaat ungeahnte Möglichkeiten zum Erhalt der Formenvielfalt.

Sprosse bilden am Höhepunkt der Wachstumszeit, also im Juni/Juli, rasch Wurzeln aus und entwickeln sich auch bald zu schönen Exemplaren. Das Pfropfen hingegen sollte nach Möglichkeit nur zum Erhalt seltener Arten oder zur baldigen Verfügbarkeit von Vermehrungspflanzen angewendet werden. Hierbei versprechen ebenfalls die Sommermonate die besten Ergebnisse. Sulcorebutien sind Lichtkeimer, ihre Samen reifen relativ rasch und keimen am Standort noch in derselben Wachstumsperiode. Die Aussaat verspricht daher den besten Erfolg, wenn nur frischer Samen verwendet wird. Bereits nach einem Jahr nimmt die Keimfähigkeit des Samens deutlich ab. Die günstigste Keimtemperatur liegt bei etwa 20 bis 22 °C.

Schädlinge und Krankheiten

Die verbreitetsten Schädlinge sind wohl auch bei den Sulcorebutien die Rote Spinne (Spinnmilbe) und die Woll- und Wurzelläuse, für deren Bekämpfung der Handel eine Reihe von Mitteln (Insektizide) anbietet. Nicht unterschätzt werden darf die pflanzenschädigende Wirkung der Thripse (Blasenfüße) und Sciarafliegen-Larven (schwarze Fliegen, Trauermücken). Sie sind besonders im feuchten Saat- oder Bewurzelungsbeet aktiv. Sie fressen nicht nur tote organische Substanzen, insbesondere die Larven der Sciarafliege leben auch von frischen Wurzeln und höhlen sogar Sämlinge und Jungpflanzen weichfleischiger Kakteenarten vollständig aus. Mit den handelsüblichen Insektiziden sind sie nur unvollkommen zu bekämpfen, bei geringem Befall sind jedoch Gelbtafeln hilfreich. Außerdem werden inzwischen selektiv gegen die Larven der Sciarafliege wirkende räuberische Nematoden-Stämme als Nützlinge angeboten.

Viele Krankheiten werden jedoch durch Pilzbefall verursacht, hier sind es vor allem Schimmelpilze (an Samen), Welkepilze (an Spross und Wurzelteilen), Grauschimmel (an Blüten und Früchten) und Algenpilze (Aussaatgefäße). Als besonders schädigend haben sich die Sclerotium-Pilze erwiesen, die in kürzester Zeit ganze Sammlungen dahinraffen können (Peiter 1996, Gröner 1998). Auch hier helfen handelsübliche Mittel (Fungizide) weiter. Es gibt jedoch kein Universalfungizid, welches alle Behandlungsmöglichkeiten umfasst.

Allgemeine Ratschläge zur Bekämpfung tierischer Schädlinge und von Pilzkrankheiten bietet die Fachliteratur, aber auch die für den Zierpflanzenbau gültigen Ratschläge helfen weiter. Die wichtigsten Gruppen von Schadpilzen in Kakteensammlungen sowie die Strategie ihrer Bekämpfung werden u. a. auch von Hentzschel (1998, 1999) dargestellt.

Entscheidend bei der Anwendung chemischer Pflanzenschutzmittel ist die Einhaltung der vom Erzeuger (Händler) angegebenen Aufwandmenge und Schutzmaßnahmen.

Der beste Schutz der Pflanzen vor Krankheiten und Schädlingen ist jedoch nach wie vor eine optimale Kultivierung, also sonniger, luftiger und optimale Versorgung mit Wasser und Nährstoffen.

Systematischer Teil

Artenübersicht

Allgemeine Bemerkungen

In der nun folgenden Artenübersicht führen wir alle von uns anerkannten Arten und Varietäten auf. Außerdem gehen wir auf einige Populationen ein, die nur unter einer Feldnummer bekannt geworden sind. Weil nicht davon ausgegangen werden kann, dass dem Leser alle Erstbeschreibungen zur Verfügung stehen, stellen wir die Beschreibung eines typischen Exemplares der entsprechenden Art oder Varietät vor, die sich auf die Erstbeschreibung stützt, aber durch eigene Beobachtungen erweitert wurde und auch die uns bekannte natürliche Variationsbreite mit erfasst. Verständlicherweise basieren diese Beschreibungen auf dem uns zugänglichen Pflanzenmaterial und können in dem einen oder anderen Fall von Pflanzen in anderen Sammlungen abweichen.

Die Vorgehensweise ist folgende: Als erstes führen wir den gültigen Namen auf und fügen eine kurze Erklärung seiner Bedeutung an, wobei wir uns weitgehend auf den „Zander" (Encke et al. 1994) stützen. Danach folgt die genaue Angabe der Literaturstelle der Erstbeschreibung und gegebenenfalls der Umkombination, die das Taxon schließlich in die Gattung *Sulcorebutia* überführt hat, sowie die der homotypischen Synonyme. Diese Literaturstellen tauchen nicht zwangsläufig auch im Literaturverzeichnis noch einmal auf, es sei denn im Zusammenhang mit einer Referenz bei einer anderen Art. Es folgt die Beschreibung mit Angabe des Vorkommens sowie die Aufzählung einiger bekannter Feldnummern. Letztere erhebt keinerlei Anspruch auf Vollständigkeit, da sich die Zahl der Feldnummern in den letzten Jahren ins Unübersehbare gesteigert hat. Leider lässt auch der Raum dieses Buches keinen vollständigen Anhang mit allen Feldnummern zu. Wir verweisen daher auf das „Kompendium der Feldnummern der Gattung Sulcorebutia", das parallel zu diesem Buch im Eigenverlag herausgegeben wird (siehe dazu Info auf Seite 174). Dieses Kompendium enthält alle bekannten Feldnummern für Sulcorebutien. Außerdem findet der interessierte Liebhaber auch nähere Angaben zu den Standorten der zitierten Feldnummern. Schließlich führen wir, soweit vorhanden, Hinweise zu ergänzender Literatur auf, die ab Seite 169 genau zitiert werden. Hierbei berücksichtigen wir nur Artikel, aus denen der Leser zusätzliche Informationen gewinnen kann, nicht aber solche, in denen die Art nur kurz gestreift wird. Wir beschränken uns im Wesentlichen auf deutsche und englischsprachige Literatur. Nur wenn es in diesen Sprachen keine relevanten Veröffentlichungen gibt, führen wir von Fall zu Fall auch interessante anderssprachige Artikel auf. Wir zitieren nicht die vorhandenen Bücher wie z. B. den „Brinkmann" oder das Buch von Pilbeam über die Gattungen *Sulcorebutia* und *Weingartia*, weil davon ausgegangen werden kann, dass in diesen Werken mehr oder weniger alle Sulcorebutien vorgestellt oder erwähnt worden sind, soweit sie zum damaligen Zeitpunkt bekannt waren. Bei der Vorstellung der Sulcorebutien, die bislang lediglich unter Feldnummern vorhanden, also nicht gültig publiziert sind, bringen wir naturgemäß nur unsere eigene Beschreibung der vorhandenen Pflanzen und eventuell die Angabe identischer oder gleichartiger Feldnummern sowie Literaturangaben, falls dazu schon Veröffentlichungen vorliegen.

Wir geben die einzelnen Taxa so wieder, wie sie derzeit gültig sind, ohne deren Berechtigung in allen Einzelfällen zu diskutieren. In den Fällen, in denen wir Veränderungen für nötig halten, kombinieren wir um oder ziehen einzelne Taxa zu beschriebenen Arten oder Varietäten ein. Die eingezogenen Namen werden dann unter dem Punkt „Synonyme" am Ende der jeweiligen Beschreibung erwähnt. Dort führen wir auch andere Synonyme auf, soweit sie uns bekannt sind. Allerdings kann auch hier keine Garantie auf Vollständigkeit gegeben werden.

Um Wiederholungen zu vermeiden, stützen wir uns auf die Gattungsbeschreibung von Hentzschel, wie sie im Kapitel „Allgemeine Beschreibung" wiedergegeben ist, und verzichten weitgehend auf die Wiederholung der für die ganze Gattung gültigen Merkmale, soweit sie in der Beschreibung eindeutig und nicht mit einer „und/oder- bzw. von/bis-Formulierung" umschrieben worden sind. Als besonderes Problem erwiesen sich die in der Literatur recht unterschiedlich gehandhabten Farbbezeichnungen, die ja nicht selten auch zu Missverständnissen geführt hatten. Die von uns verwendeten Farbangaben stützen sich auf das „Taschenlexikon der Farben" (Kornerup und Wünscher 1981), wobei es uns vor allem ein Anliegen war, eine einheitliche Auslegung der Blütenfarbe Violett zu finden, eine Farbe, für die früher entweder die Farbbezeichnung Magenta (Cárdenas, Rausch) oder auch Purpur (Ritter, Backeberg) verwendet wurde. Im Farbatlas von Biesalsky (nach DIN 6164) entspräche dies der Vollfarbe 10 (Rosenprimelrot), zum Teil auch der Vollfarbe 10,5 (Heidenelkenrot), in ihren verschiedenen Helligkeits- und Sättigungsstufen. Eine genauere Einstufung erschien uns nicht sinnvoll, da die Farbtöne innerhalb jeder Population stark streuen und auch von den verschiedensten anderen Faktoren abhängig sind.

Gültig beschriebene Taxa

Sulcorebutia alba Rausch
(lat. albus = weiß; nach der weißen Bedornung)

Rausch, W. (1971): Sulcorebutia alba Rausch spec. nov. – Succulenta 50 (5): 94–96

Körper einzeln bis sprossend, dunkel- bis graugrün, bis 2 cm hoch und 3,5 cm dick, in eine bis zu 15 cm lange Rübenwurzel übergehend. **Areolen** schmal, bis 3 mm lang, 0,5 mm breit. **Dornen** kammförmig anliegend, zum Teil etwas verflochten. **Randdornen** bis 24, bis 5 mm lang, weiß mit bräunlicher Basis. **Mitteldornen** nur selten vorhanden. Betrachtet man die Dornen unter einer Lupe, sehen sie wie gefiedert aus. **Knospen** bräunlich bis rötlich, aus den tieferen, älteren Areolen entstehend. **Blüte** bis 45 mm lang und bis 35 mm Ø, geruchlos. **Äußere Blütenblätter** rot, mit dunklerer Spitze oder hellviolett, **innere Blütenblätter** rot, nach unten hin manchmal gelb, an der Basis violett oder einheitlich hellviolett. **Staubfäden** obere Hälfte gelblich bis rötlich, untere Hälfte violett. **Griffel** lang und dünn, grünlich, an der Basis etwas dunkler, mit 3 bis 4 gelblichen Narbenästen. **Frucht** rötlich braun, ca. 6 mm Ø mit bräunlichen bis rotbraunen Schuppen, hinter den untersten Schuppen feine weiße Haare. **Samen** 1,4 bis 1,5 mm lang und 1,2 mm breit.

Vorkommen: Dept. Chuquisaca, Prov. Oropeza, an der Straße von Sucre nach Alamos (Chiqui Tayoi), 2 900 m, nach unserer Kenntnis an mehreren Stellen entlang dieser Straße auf 2 900 bis 3 000 m. Nördlich von Alamos wachsen sehr ähnliche Pflanzen mit violettrosa Blüten. (Karte S. 47)

Feldnummern: G45, G47, HS74, HS76, KA195, R472 (Typaufsammlung)

Bemerkungen: S. alba zählt wohl zu den markantesten Sulcorebutien aus dem Formenschwarm um Sucre. Interessant ist, dass S. alba meist an Standorten vorkommt, an denen in tieferen Lagen S. frankiana wächst. Oft sind

S. albissima

Pflanzen beider Arten nur wenige Meter voneinander entfernt, sie wurden aber da nie direkt zusammen beobachtet. Die einzige bekannte Ausnahme bildet ein Standort nahe Atocani, wo eine violettblütige Form von *S. alba* (**G47**) wächst, die dort stellenweise mit einer großwüchsigen Form von *S. frankiana* (**G47a**) vergesellschaftet ist. Obwohl beide Arten gleichzeitig blühen und nah beieinander stehen, konnten keine Hybriden entdeckt werden. An allen Standorten südlich von Alamos hat *S. alba* eine relativ einheitlich rote Blüte. Nördlich davon wachsen die erwähnten violettblütigen Formen, die Swoboda provisorisch als *S. pedroensis* (**HS76**) bezeichnete. Aufgrund der recht einheitlichen Pflanzen der ursprünglichen Aufsammlung **R472** war man sich eigentlich einig, dass *S. alba* in die nahe Verwandtschaft von *S. canigueralii* gehört. Neuere Aufsammlungen lassen an dieser These Zweifel aufkommen. Gerade die Variationsbreite von **HS76**, **HS76a** bzw. **G47** sowie einer weiteren Population aus der Umgebung von Atocani (**G103** und **G103a**) legt eine Verwandtschaft mit *S. losenickyana* nahe. Um diese Frage endgültig zu klären, gibt es derzeit weder genügend Standort- noch morphologische Daten.

Literaturhinweise: Spanowsky (1980), Fritz (1981b), Gertel (1987)

Sulcorebutia albissima (F. Brandt) Pilbeam

(lat. albissimus = hell weiß; wegen der reinweißen Bedornung der Typpflanze)

Brandt, F. H. (1980): Weingartia albissima Brandt spec. nov. – Kakt. Orch. Rundsch. 5 (1): 1–4
Pilbeam, J. (1985): Sulcorebutia and Weingartia – A Collector's Guide – Sulcorebutia albissima

Linke Seite:
- Oben: *Sulcorebutia alba* R472 (Typaufsammlung) (links) und HS74 (rechts).
- Mitte: *Sulcorebutia alba* nahe der Straße von Sucre nach Alamos.
- Unten: *Sulcorebutia albissima* KK1567.

Sulcorebutia albissima HS24 – unterschiedliche Dornenfarben.

(Brandt) Pilbeam comb. nov., S. 37–38; Verlag B. T. Batsford LTD, London

Körper einzeln bis sprossend, bräunlich grün bis bläulich grün, bis 3 cm hoch und 6 cm dick, in eine bis zu 15 cm lange Rübenwurzel übergehend, die vom Körper durch eine mehr oder weniger starke Einschnürung abgesetzt ist. **Areolen** länglich, bis 6 mm lang und 2 mm breit. **Randdornen** bis 25, kammförmig angeordnet, etwas spreizend oder auch abstehend, 8 bis 10 mm lang. **Mitteldornen** 0 bis 3, bis 15 mm lang. Alle Dornen weiß, bräunlich bis dunkelbraun, mehr oder weniger rau. **Knospen** bräunlich bis rötlich braun, aus den tieferen, älteren Areolen entstehend. **Blüte** bis 45 mm lang und bis 50 mm Ø, geruchlos. **Äußere Blütenblätter** hellviolett, **innere Blütenblätter** hellviolett, nach unten zu oft heller bis fast weiß, seidig glänzend. **Staubfäden** gelblich. **Griffel** gelblich, mit 3 bis 4 gelblichen Narbenästen. **Frucht** rötlich braun, 5 bis 6 mm Ø mit grünlichen bis bräunlichen Schuppen, hinter den untersten Schuppen feine weiße Haare. **Samen** 1,2 bis 1,4 mm lang und 1,1 bis 1,2 mm breit.

Vorkommen: Dept. Cochabamba, Prov. Mizque, im Umfeld der Stadt Aiquile, 2 400 bis 2 500 m. (Karte S. 45)

Feldnummern: G64, G210, G212, HS13, HS24, HS100 usw., HS106, JD247, JK39, KA169, KK1567

Bemerkungen: *S. albissima* wurde Ende der siebziger, Anfang der achtziger Jahre von Knize unter den Händlernamen *S. albida* **KK1567**, *S. albida* var. *robustispina* **KK1808** und *S. albida* var. *riograndensis* **KK1809** in Umlauf gebracht, bevor sie von Brandt als *Weingartia* beschrieben und später von Pilbeam zu *Sulcorebutia* umkombiniert wurde. Die ersten Pflanzen von Knize waren tatsächlich reinweiß bedornt, was Brandt offensichtlich zu dem Namen „albissima" verleitete. Später kamen dann sowohl von Knize, als auch von anderen Sammlern Pflanzen in die Sammlungen, deren Bedornung von cremefarben bis Dunkelbraun und von anliegend bis abstehend variierte.

Die in der Erstbeschreibung angeführte Herkunft aus der Umgebung von Sucre entbehrt jeder Grundlage. Diesen Pflanzentypus gibt es bei Sucre nicht. Schon frühe Informationen von Knize an einen der Autoren sprachen von der Umgebung von Aiquile als Fundort. Tatsächlich wurden die Pflanzen später auch von anderen Sammlern in der Umgebung von Aiquile entdeckt. Inzwischen ist eine Vielzahl verschiedener Standorte bekannt (**HS13** nördlich, **G64**, **G212**, **HS24** und **HS106** westlich und **HS100**, **100a** und **100b** nordöstlich von Aiquile), die auf engstem Raum eine große Vielfalt unterschiedlicher Formen hervorgebracht haben. Die Vorkommen überschneiden sich z. T. mit denen von *S. mentosa* var. *swobodae*, was nicht bedeutet, dass die verschiedenen Arten direkt zusammen wachsen. Über die Zugehörigkeit von **HS100** usw. zu *S. albissima* besteht unter *Sulcorebutia*-Freunden immer noch Uneinigkeit, wir meinen allerdings, dass diese Pflanzen hierher gehören.

Aufgrund der räumlichen Nähe zur Cuesta de Santiago (westlich von Aiquile) wurden anfänglich die HS-Feldnummern **HS13** und **HS24** provisorisch zu *S. santiaginiensis* gestellt, was aber später korrigiert wurde. Wie bereits erwähnt, entspricht der Bezug des Namens zur weißen Bedornung nicht den tatsächlichen Gegebenheiten, denn wie wir heute wissen, ist die weiße Dornenfarbe eher selten anzutreffen. Viel öfter treten bräunlich bis fuchsrot bedornte Exemplare auf. Speziell bei **HS24**, aber auch bei **G64** haben wir ganz dunkelbraune Formen gesehen. Einheitlich an allen Populationen von *S. albissima* ist die glänzende, hellviolette Blüte, die bei erwachsenen, kräftigen Pflanzen eine beachtliche Größe erreichen kann. Die Blüte entspricht der von *S. mentosa* und in diesen Formenkreis wird *S. albissima* von einigen Autoren auch eingeordnet. Diese Zuordnung ist in den letzten Jahren umstritten, da *S. mentosa* var. *mentosa* und *S. mentosa* var. *swobodae* immer glatte Dornen haben, während alle bekannten Formen von *S. albissima* raue bis sehr raue Dornen aufweisen.

Literaturhinweise: Gertel und Fritz (1981), Gröner und Krahn (1985)

Sulcorebutia arenacea (Cárdenas) Ritter

(lat. arenaceus = sandig; weil die Dornen in der Vergrößerung aussehen, als seien sie mit Sand bestreut)

Cárdenas, M. (1951): New Bolivian Cacti II – Rebutia arenacea sp. nov. – The Cactus and Succulent Journal (U. S.) 23 (3): 94–95

Ritter, F. (1961): Sulcorebutia (Backeberg) – Sulcorebutia arenacea (Cárdenas) Ritter nov. comb. – The National Cactus and Succulent Journal (GB) 16 (4): 81

Körper kugelig bis flachkugelig, einzeln, selten sprossend, dunkel- bis graugrün, bis 10 cm hoch und bis 13 cm dick, in eine vom Körper etwas abgeschnürte, meist geteilte, bis zu 10 cm lange Rübenwurzel übergehend. **Areolen** länglich, bis 5 mm lang und 1 bis 2 mm breit. **Dornen** 14 bis 16, kammförmig anliegend, pfriemlich-borstig, 4 bis 20 mm lang, weißlich bis bräunlich, rau (sandig wirkend). Keine **Mitteldornen**. **Knospen** rötlich bis rötlich braun, aus den tieferen, älteren Areolen entstehend. **Blüten** bis 50 mm lang und bis 40 mm Ø, stark muffig riechend. **Äußere Blütenblätter** goldgelb, Spitzen etwas dunkler, Basis grünlich oder rötlich, **innere Blütenblätter** goldgelb, nach unten zu etwas heller. **Staubfäden** gelb. **Griffel** gelblich, an der Basis oft grünlich, mit 5 bis 6 gelblichen bis weißlichen Narbenästen. **Frucht** rot bis rötlich braun, 5 bis 6 mm Ø mit braunen Schuppen, hinter den untersten Schuppen einige feine weiße Haare. **Samen** 1,1 bis 1,3 mm lang und 0,9 bis 1,0 mm breit.

Vorkommen: Dept. Cochabamba, Prov. Ayopaya, zwischen Sta. Rosa und Tiquirpaya, 1 800 m. (Karte S. 37)

Feldnummern: Cárd.4400 (Typaufsammlung), HS30, R460

Bemerkungen: Die Art wurde von E. Rocha im Juni 1949 entdeckt und ist damit eine der ersten bekannten Sulcorebutien. *S. arenacea* wächst am selben Berghang wie *S. candiae*, jedoch dort an den tiefsten Stellen, beiderseits des Rio Sta. Rosa, fast ausschließlich in reinem Schotter. Begleitvegetation ist nur spärlich vorhanden, wenige Gräser und kleinere Sträucher ergänzen diese Kakteenpopulation. Trotz der kargen Standortbedingungen erreicht *S. arenacea* die beachtliche Größe von fast 15 cm im Durchmesser und ist damit am Standort prächtig anzusehen. Aufgrund des engen, tiefen Taleinschnittes liegen dort die Temperaturen im Durchschnitt um gut 10 Grad höher als bei der um 1 000 m höher wachsenden *S. candiae*. Während die meisten Pflanzen, die auf Cárdenas-Material zurückgehen, sehr kurze, anliegende Dornen haben, gibt es von Rausch und Swoboda Klone mit recht langen, wirren Dornen, die den Pflanzenkörper völlig verdecken und die sehr an *S. menesesii* erinnern.

Literaturhinweise: Köhler (1973), Fritz (1984a), Augustin (1985), Brederoo (1985a)

Sulcorebutia augustinii Hentzschel

(nach dem Entdecker, Karl Augustin, langjähriger Präsident der „Gesellschaft Österreichischer Kakteenfreunde")

Hentzschel, G. (1989): Sulcorebutia augustinii species nova – Een nieuwe soort uit de Boliviaanse provincie Campero – Succulenta 68 (7/8): 147–153

Körper sprossend, dunkelbraun, 1,5 bis 3,0 cm hoch, 2 bis 4 cm dick, in eine bis zu 15 cm lange Rübenwurzel übergehend. **Areolen** schmal, bis 3 mm lang, 0,5 bis 0,8 mm breit. **Dornen** kammförmig und meist symmetrisch angeordnet. **Randdornen** bis 30, davon jeweils bis 13 nach rechts und links weisend, je 1 bis 2 nach oben bzw. unten ausgerichtet, 0,8 bis 2,0 mm lang, weiß, bräunlich bis braun, an der Basis verdickt, sehr rau. Keine **Mitteldornen**. **Knospen** braun bis dunkelbraun, aus den tieferen, älteren Areolen entstehend. **Blüte** 20 bis 35 mm lang und ebensolcher Ø, geruchlos bis leicht muffig riechend. **Äußere Blütenblätter** violett, spitz zulaufend, Basis und Mittelnerv etwas verdickt, **innere Blütenblätter** violett, nach unten zu manchmal etwas heller. **Staubfäden** weißlich bis gelblich, manchmal auch rötlich. **Griffel** weißlich bis gelblich, mit 4 bis 6 weißlichen bis gelblichen Narbenästen. **Frucht** braun, ca. 5 mm Ø mit olivgrünen bis dunkelbraunen Schuppen, hinter den untersten Schuppen feine weiße Haare. **Samen** 1,2 bis 1,3 mm lang und 1,1 bis 1,2 mm breit.

Vorkommen: Dept. Cochabamba, Prov. Campero, zwischen Totora und Omereque, in der Nähe der Ansiedlung Huanacuni Chico, 2 500 m. (Karte S. 42)

Feldnummern: G184, HS152 (Typaufsammlung), KA25, LH08

Bemerkungen: *S. augustinii* wächst auf einem flachen, leicht gegen Norden abfallenden Hügel zwischen Buschwerk und Felsen. Teilweise bilden die Pflanzen riesige Gruppen mit bis zu 40 cm Durchmesser und 80 bis 100 Einzelköpfchen. Nur selten sind Einzelexemplare zu finden, die dann allerdings größer werden. Zwischenzeitlich wurden weiter nördlich andere Populationen gefunden (**G115**, **G220**), die offensichtlich eine Verbindung zu der noch

S. augustinii

Linke Seite:
- Oben links: *Sulcorebutia albissima* an der Straße von Aiquile nach Santiago.
- Oben rechts: *Sulcorebutia arenacea* Cárd.4400 (Typaufsammlung).
- Unten: *Sulcorebutia arenacea* HS30.

- Oben links: *Sulcorebutia arenacea* HS30 in den Uferbänken des Rio Santa Rosa.
- Oben rechts: *Sulcorebutia augustinii* HS152 (Typaufsammlung) – Originalabbildung aus der Erstbeschreibung.
- Unten links: *Sulcorebutia augustinii* KA25 bei Huanacuni Chico an der Straße Totora – Omereque.
- Unten rechts: *Sulcorebutia augustinii* G184 mit sehr heller Blüte.

weiter nördlich wachsenden **HS151** darstellen, welche wiederum zu *S. tiraquensis* var. *totorensis* überleitet (Gertel 1996b). Andererseits ist eine erstaunliche Ähnlichkeit mit den aus der Gegend zwischen Aiquile und Pasorapa stammenden Pflanzen mit den Feldnummern **HS100**, **HS100a+b** und **HS119** festzustellen, eine Tatsache, die auch Hentzschel in der Einleitung zur Erstbeschreibung erwähnt. Große morphologische Ähnlichkeit besteht auch mit der viel weiter im Osten wachsenden *S. langeri*, die allerdings immer gelb blüht. Leider gibt es bis heute noch keine Erkenntnisse darüber, ob es Verbindungsglieder und/oder Übergangsformen gibt. Die Dornenfarbe von *S. augustinii* variiert von Weiß über Braun bis fast Schwarz. Neben hellvioletten Blüten gibt es auch Exemplare mit hellrosa bis fast weißen Blüten. Gelegentlich wurde beobachtet, dass der Fruchtknoten bei den Blüten von *S. augustinii* regelrecht bedornt ist. Interessant ist, dass an mehreren Stellen in der direkten Umgebung von *S. augustinii* Sulcorebutien gefunden wurden, die offensichtlich *S. tiraquensis* var. *lepida* zuzuordnen sind. Diese wachsen allerdings im Gegensatz zu *S. augustinii* in nach Norden zu abfallenden Steilhängen mit vielen Flechten und Moosen.

Literaturhinweise: Pilbeam (1993), Augustin (1994b), Gertel (1996b)

Sulcorebutia breviflora Backeberg emend. Diers var. breviflora

(lat. breviflorus = kurzblütig; wegen der kurzröhrigen Blüte)

Cárdenas, M. (1965): Neue und interessante Kakteen aus Bolivien – Rebutia brachyantha Cárdenas spec. nov. – Kakteen und andere Sukkulenten 16 (4): 74–75
Backeberg, C. (1966): Sulcorebutia breviflora Backbg. nom. nov. – Das Kakteenlexikon, S. 414
Diers, L. (1991): Zur Taxonomie der Sulcorebutien aus dem Rio Caine-Gebiet – Sulcorebutia breviflora (Cárdenas) Backbg. emend. Diers – Kakteen und andere Sukkulenten 42 (3): 74–77

Körper einzeln bis stark sprossend, im Alter zylindrisch bis keulenförmig, grün bis rotbräunlich, bis 10 cm hoch, bis 5,5 cm dick (Cárdenas gibt an: 15 mm hoch und 30 bis 35 mm breit), in eine bis zu 15 cm lange Rübenwurzel übergehend, Scheitel genabelt, im Alter gelegentlich bandförmig. **Areolen** länglich, 3 bis 6 mm lang, 1 bis 2 mm breit. **Dornen** borstig, gerade bis gebogen, Basis verdickt, weißlich bis bräunlich, häufig mit dunklerer Spitze. **Randdornen** 10 bis 16, kammförmig angeordnet, anliegend bis abspreizend, 2 bis 15 mm lang. **Mitteldornen** 0 bis 4, 3 bis 10 mm lang, abstehend. **Knospen** bräunlich, rötlich oder grünlich, aus den tieferen, älteren Areolen, bei größeren Exemplaren auch seitlich oder am oberen Sprossteil entstehend. **Blüte** 20 bis 30 mm lang und ebensolcher Ø, geruchlos bis stark muffig riechend. **Äußere Blütenblätter** gelb mit rötlicher Basis und bräunlichen Spitzen, **innere Blütenblätter** hell- bis dunkelgelb. Die Blütenblätter stehen oft in mehreren Reihen, sodass die Blüte fast wie gefüllt wirkt. **Staubfäden** zahlreich, bis auf Höhe des Griffels oder diesen nur wenig überragend, gelb bis gelblich. **Griffel** gelblich, mit 4 bis 7 gelblichen Narbenästen. **Frucht** grünlich bis rötlich, 4 bis 5 mm Ø mit bräunlichen bis rötlichen Schuppen, hinter den untersten Schuppen feine weiße Haare. **Samen** 1,2 bis 1,4 mm lang und 1,1 bis 1,2 mm breit.

Vorkommen: Dept. Cochabamba, Prov. Capinota, an den Uferbänken des Rio Caine, etwa 10 km südöstlich von Capinota, 2 000 m. (Karte S. 45)

Feldnummern: Cárd.6140 (Typaufsammlung), WK382 (vermutlich identisch mit der Typaufsammlung)

Bemerkungen: Cárdenas' Artname „*brachyantha*" erwies sich als Homonym der älteren *Rebutia brachyantha* (Wessner) Buining et Donald (1963). Backeberg ersetzte ihn durch den nahezu sinngleichen Namen „*breviflora*". Unserer Meinung nach wäre das neue Epithet nicht erforderlich gewesen, da „*brachyantha*" in der Gattung *Sulcorebutia* ohnedies gültig gewesen wäre. Ob die Größenangaben von Cárdenas oder die von Diers richtig sind, lässt sich ohne Standortkenntnis nicht sicher beurteilen. Tatsache ist, dass sich in Kultur befindliche gleich alte Pflanzen von *Sulcorebutia breviflora* in der Größe kaum von anderen Formen dieser Gruppe unterscheiden. Von daher gesehen dürften die Angaben von Diers eher zutreffen als die von Cárdenas.

Bei **WK382** handelt es sich um Originalmaterial von Cárdenas, das Krahn von dem bolivianischen Botaniker selbst erhalten hat. In unseren Sammlungen befinden sich aber auch einige weitere Klone, die ebenfalls von Cárdenas stammen, die aber auf anderen Wegen zu uns kamen.

Zusammenfassende Bemerkungen zum Komplex von Sulcorebutia breviflora

In früheren Jahren ging man davon aus, dass *S. breviflora*, *S. caineana* und *S. haseltonii*, alle von Cárdenas als neue Arten beschrieben, die gleiche Spezies darstellen. Niemand hatte bemerkt, dass sich die Standortangabe in der Erstbeschreibung von *Rebutia brachyantha* deutlich von denen der beiden anderen Arten unterschied. Erst Fritz (1989b) machte darauf aufmerksam, dass *R. brachyantha* aus der Provinz Capinota stamme, während La Viña, woher alle anderen damit in Verbindung gebrachten Pflanzen kommen, in der benachbarten Provinz Arce, an der Grenze zur Provinz Mizque, liege. Durch einen Hinweis von Krahn (pers. com.) war bekannt geworden, dass der Typstandort von Cárdenas „Sikhimirani" heißen soll. Ein so genannter Bergzug wurde auf sehr genauen Karten von Fritz tatsächlich etwa 10 km südöstlich der Ortschaft Capinota, am Südufer des Rio Caine, gefunden. Leider ist es bis heute noch niemandem gelungen, diese Angaben nachzuprüfen. Allerdings deuten morphologische Unterschiede gegenüber den anderen „*brevifloras*", wie oftmals mehrfache Reihen von Blütenblättern und hohe Staubblattzahl, darauf hin, dass *S. breviflora* tatsächlich von den Sulcorebutien bei La Viña zu unterscheiden sind. Diers (1991) brachte schließlich Ordnung in diesen Komplex, indem er *S. breviflora* klar abtrennte, die anderen Taxa dieser Gruppe systematisch richtig einordnete und *S. caineana* zur Varietät *haseltonii* einzog.

Im Gegensatz zu *S. breviflora* var. *breviflora* wissen wir ziemlich genau, wo *S. breviflora* var. *haseltonii* herkommt. Alle bei dieser Varietät aufgelisteten Feldnummern, mit Ausnahme von **L315**, deren Standort uns unbekannt ist, stammen von einem Bergrücken unmittelbar westlich der Ansiedlung La Viña. Die Angaben von Cárdenas in den Erstbeschreibungen von *Rebutia haseltonii* und *R. caineana* sind nicht ganz korrekt, denn eine Provinz Tarata gibt es nicht. Von Anzaldo im Norden aus verläuft die Grenze zwischen den Provinzen Mizque im Osten und Arce im Westen entlang des Rio Jaya Mayu, der östlich von La Viña in den Rio Caine mündet. Folglich liegt auch der Standort von *S. breviflora* var. *haseltonii* in der Provinz Arce. Dort sind in den steilen Felswänden auf engstem Raum sowohl kleinbleibende, sprossende, wie auch sehr groß werdende Einzelpflanzen zu finden.

Einen Hinweis darauf, dass die Einbeziehung von *S. caineana* zu *S. breviflora* var. *haseltonii* durch Diers berechtigt ist, erhielten wir durch die Aussage von Rausch und Markus (1989), die berichteten, dass Cárdenas die Typpflanzen von *Rebutia caineana* und *R. haseltonii* von ihnen erhalten hätte. Es handle sich um zwei extreme Typen der Aufsammlung **R198**, die ebenfalls von dem oben beschriebenen Berg stammt. Im Grunde genommen können dort all die Formen von *S. breviflora* im weitesten Sinn gefunden werden, mit Ausnahme des Lau-Fundes **314**. Die Bedornung, die Farbe der Knospen, wie auch die Blüte und die Blütengröße umfasst das ganze Spektrum, wie es in den Beschreibungen von *Rebutia brachyantha*, *R. caineana* und *R. haseltonii* formuliert worden ist. Wir folgen hier dem Konzept von Diers und anerkennen *S. breviflora* var. *breviflora*

◆ Oben: Standort von *Sulcorebutia breviflora* var. *haseltonii* HS144 hoch über dem Rio Caine.
◆ Mitte rechts: *Sulcorebutia breviflora* var. *haseltonii* HS144a – große, wild bedornte Einzelpflanze.
◆ Unten links: *Sulcorebutia breviflora* var. *breviflora* Cárd.6140 (Typaufsammlung).

◆ Unten rechts: *Sulcorebutia breviflora* var. *haseltonii* L313 mit ihren typischen grünen Knospen.

wegen des (wahrscheinlich) anderen Standortes und der weiter oben erwähnten morphologischen Unterschiede sowie *S. breviflora* var. *haseltonii* und *S. breviflora* var. *laui*. Diers beschrieb zusätzlich noch eine *S. breviflora* var. *breviflora* subvar. *viridior* wegen ihrer hellgrünen Körperfarbe, der hellgrünen Knospen und des ebenso gefärbten Fruchtknotens mit den grünen Schuppen. Wenn überhaupt, wäre es richtig gewesen, diese Pflanzen als Subvarietät von *S. breviflora* var. *haseltonii* zu beschreiben. Sie unterscheiden sich von dieser allerdings nur so wenig, dass wir sie dorthin einziehen. Wir haben es hier mit einem ähnlich gelagerten Fall zu tun wie bei *S. candiae* und Backebergs *S. xanthoantha*, die lediglich wegen ihrer grünen Knospen als eigene Art beschrieben worden ist.

Literaturhinweise: Lau (1981), Oeser (1984a), Fritz (1989b), Markus (1989)

Sulcorebutia breviflora Backeberg emend. Diers var. haseltonii (Cárdenas) Diers

(nach Scott Haselton, USA, dem langjährigen Redakteur des Cactus and Succulent Journal of America)

> Cárdenas, M. (1966): New Bolivian Cactaceae (XI) – Rebutia haseltonii Cárd. – The Cactus and Succulent Journal (U. S.) 38 (4): 143
> Donald, J. D. (1971): In defense of Sulcorebutia Backeberg – Sulcorebutia haseltonii (Cárd.) Donald – The Cactus and Succulent Journal (U. S.) 43 (1): 38
> Diers, L. (1991): Zur Taxonomie der Sulcorebutien aus dem Rio Caine-Gebiet – Sulcorebutia breviflora var. haseltonii (Cárd.) Diers comb. nov. – Kakteen und andere Sukkulenten 42 (4): 98

Unterscheidet sich von *S. breviflora* var. *breviflora* durch (Angaben von Diers): **Körper** bis 17 cm hoch und bis 6,5 cm dick, Rippen bis 23, bis 25 mm lange **Randdornen**, bis 40 mm lange **Mitteldornen**, zum Teil weit größere **Blüten**, 3,5 bis 4,0 cm lang und bis 4 cm Ø, im Schlund häufig purpurrötlich, gelegentlich schmaleres und längeres Nektarium.

Sulcorebutia breviflora var. *haseltonii* RV372.

Vorkommen: Dept. Cochabamba, Prov. Arce, westlich der Ansiedlung La Viña, 2 800 m. (Karte S. 45)

Feldnummern: Cárd.6222, Cárd.6223[1], HS144, HS144a, KA217, KA217a, L315, R198, RV372, WK167

Synonyme:
Rebutia caineana Cárdenas – The Cactus and Succulent Journal (U. S.) 38 (4): 143–144, 1966 (Rebutia haseltonii wurde im gleichen Artikel vorher beschrieben)
Sulcorebutia breviflora var. breviflora subvar. viridior Diers – Kakteen und andere Sukkulenten 42 (4): 101, 1991

Sulcorebutia breviflora Backeberg emend. Diers var. laui Diers

(nach dem Entdecker, Alfred Lau, Mexiko)

> Diers, L. (1991): Zur Taxonomie der Sulcorebutien aus dem Rio Caine-Gebiet – Kakteen und andere Sukkulenten 42 (4): 100–101

S. breviflora var. *laui* unterscheidet sich von der Typvarietät in erster Linie durch die variable Blütenfarbe. Diese reicht von Reinweiß über

---

[1] Die Angaben im Rahmen der Erstbeschreibungen (**Cárd.2622** und **2623**) beruhen wahrscheinlich auf einem Druckfehler.

◆ *Sulcorebutia breviflora* var. *laui* L314 mit gelben Blüten (Typaufsammlung).
◆ *Sulcorebutia breviflora* var. *laui* L314 mit rosa Blüten (Typaufsammlung).

Cremeweiß, Hellgelb, Gelborange, Orangerot, Zinnoberrot, Karminrot, Violett und purpurfarben bis zu zweifarbigen Blüten. In allen übrigen Merkmalen wie Körpergröße, Bedornung, Blütengröße, Frucht und Samen fällt die Varietät *laui* ganz in die Schwankungsbreite der var. *haseltonii*.

Bezüglich des Vorkommens von **L314**, aber auch der anderen zu diesem Komplex gehörenden Lau-Nummern, gibt es eine ganze Menge, teilweise widersprüchliche Angaben. Lau selbst schreibt in seiner Artikelserie „South American Cactus Log", dass er flussabwärts von La Viña, bei Calahuata *Lobivia caineana* **L311** gefunden habe. Calahuata liegt nördlich von Torotoro am südlichen Ufer des Rio Caine, rund 15 km Luftlinie südöstlich von La Viña. Einen Absatz später erwähnt er, dass man durch den Rio Caine waten könne und erwähnt die „schiefen Tafelberge", die man in südöstlicher Richtung sehe. Wieder einen Absatz weiter berichtet er vom Auffinden von 3 Populationen von *S. breviflora* mit den Nummern **L313**, **L314** und **L315**, die er im Abstand von jeweils 5 Meilen (rund 8 km) gefunden habe. Weiter oben schreibt er schon über **L980**, die er einige Meilen nördlich von La Viña zusammen mit *Parodia taratensis* gefunden habe. Fritz gibt an, dass **L314** 24 km südöstlich von La Viña vorkomme. Diese Entfernungsangabe basiert auf einer brieflichen Mitteilung von Lau an Fritz, dürfte aber kaum zutreffend sein, denn 24 km von La Viña flussabwärts ist man fast schon bei der Mine Asientos und ganz bestimmt nicht mehr in der Provinz Bilbao. Diers hingegen schreibt, **L314** käme 10 km südöstlich von La Viña vor. Ebenso wie Fritz gibt er das südliche Ufer des Rio Caine als Fundort an. Höhenangaben gibt es nicht. Nur in Lau's neuester Feldnummernliste (Lau 1994) liest man „Südseite des Rio Caine, Bilbao, Potosi, 2 400 bis 2 500 m". Leider ist diese Population nicht wieder entdeckt worden und wir sind nicht in der Lage zu sagen, was falsch oder richtig ist. Kein Zweifel hingegen kann an der Aussage aufkommen, dass es sich bei **L314** um die schönste und interessanteste Aufsammlung aus dem Komplex um *S. breviflora* handelt.

Feldnummer: L314 (Typaufsammlung)

Sulcorebutia candiae (Cárdenas) Buining et Donald var. candiae

(nach dem Entdecker, dem bolivianischen Ingenieur Daniel Candia)

Cárdenas, M. (1961): New Bolivian Cacti (VII) – Rebutia candiae Cárd. sp. nov. – The Cactus and Succulent Journal (U. S.) 33 (4): 112–113

◆ *Sulcorebutia breviflora* var. *laui* L314 mit weißer Blüte (Typaufsammlung).

◆ *Sulcorebutia breviflora* var. *laui* L314 mit roter Blüte (Typaufsammlung).

Buining, A. F. H. und Donald, J. D. (1963): Die Gattung Rebutia K. Schumann – Sulcorebutia candiae (Cárd.) Buining et Donald comb. nov. – Sukkulentenkunde 7/8: 104

Körper flachkugelig, einzeln bis wenig sprossend, dunkelgrün bis oliv, bis 3 cm hoch und bis 5 cm dick, in eine bis zu 18 cm lange, durch eine Verengung vom Körper abgeschnürte Rübenwurzel übergehend. **Areolen** länglich, bis 5 mm lang, bis 1,5 mm breit. **Randdornen** 8 bis 20, kammförmig, anliegend, zum Teil auch etwas abstehend. **Mitteldornen** selten. Alle Dornen 7 bis 12 mm, gelegentlich bis 25 mm lang, dünn, kaum stechend, gelblich bis bräunlich, manchmal weißlich. **Knospen** rötlich braun, bräunlich oder grünlich, aus den tieferen, älteren Areolen entstehend. **Blüte** bis 35 mm lang und ebensolcher Ø, muffig riechend. **Äußere Blütenblätter** gelb bis goldgelb, mit grünlicher oder bräunlicher Spitze, **innere Blütenblätter** gelb bis goldgelb. **Staubfäden** gelblich. **Griffel** gelblich, Basis grünlich, mit

◆ *Sulcorebutia candiae* var. *candiae* Cárd.5531 (Typaufsammlung).

S. candiae

◆ *Sulcorebutia candiae* var. *candiae* mit sehr hellen Dornen.

◆ *Sulcorebutia candiae* var. *candiae* am Standort bei Santa Rosa.

4 weißlichen Narbenästen. **Frucht** rötlich braun bis grünlich braun, ca. 6 mm Ø mit gleichfarbigen Schuppen. Bei manchen Pflanzen kommen auch hellgrüne Früchte vor. Unter den untersten Schuppen findet man meist einige feine weiße Haare. **Samen** 1,0 bis 1,3 mm lang und bis 1,0 mm breit.

Vorkommen: Dept. Cochabamba, Prov. Ayopaya, zwischen Sta. Rosa und Tiquirpaya, 2 800 m. (Karte S. 37)

Feldnummern: Cárd.5531, FR774, G128, G129, HS29, L963, R245.

Bemerkungen: Morphologische Abweichungen wie z. B. Größe der Pflanzen, Länge der Dornen oder Farbabstufungen bei Epidermis, Dornen, Knospen und Blüten sind in der ganzen Population zu beobachten. Die von Backeberg (1966) als *S. xanthoantha* abgetrennte Form mit grünen Knospen hat keinerlei Berechtigung und ist als Synonym von *S. candiae* var. *candiae* anzusehen.

S. candiae var. *candiae* ist eine der sog. Ayopaya-Sulcos. Sie wächst am gleichen Bergzug wie *S. arenacea*. Während *S. candiae* var. *candiae* die Höhenlagen zwischen 2 700 m und 2 800 m besiedelt, wächst *S. arenacea*, die ja mit *S. candiae* verwandt ist, 1 000 m tiefer, auf den Uferbänken des Rio Sta. Rosa. Inzwischen sind auch noch andere *Sulcorebutia*-Populationen in der Ayopaya-Region gefunden worden und es kann so eine klare Verwandtschaft von *S. candiae* var. *candiae* mit der ursprünglich als *S. menesesii* var. *kamiensis* Brederoo et Donald beschriebenen **L974** festgestellt werden, wobei morphologische Ähnlichkeiten und auch arealgeografische Überlegungen klar für eine sehr nahe Verbindung zu *S. candiae* var. *candiae*, nicht aber zu *S. menesesii* sprechen. Dies wird besonders in den von Augustin und Swoboda gefundenen Populationen **HS188** und **HS189** deutlich, bei denen Pflanzen zu finden sind, die wie *S. candiae* var. *candiae* aussehen und andere, die problemlos bei *S. menesesii* var. *kamiensis* eingeordnet werden können. Folglich kombinieren wir diese Pflanzen weiter unten zu *S. candiae* var. *kamiensis* um.

Synonym:
Sulcorebutia xanthoantha Backeberg – Das Kakteenlexikon, S. 418, 1966

Literaturhinweise: Gusman (1965), Lau (1981), Fritz (1984a), Augustin (1985), Ullmann (1988)

Sulcorebutia candiae (Cárdenas) Buining et Donald **var. kamiensis** (Brederoo et Donald) Augustin et Gertel comb. nov.
Basionym: Sulcorebutia menesesii (Cárdenas) Buining et Donald var. kamiensis Brederoo et Donald
(nach dem Fundort in der Umgebung von Kami, Prov. Ayopaya)

> Brederoo, A. J. und Donald, J. D. (1986): Sulcorebutia menesesii var. kamiensis var. nov. – Succulenta 65 (8): 155–158

Unterscheidet sich von S. candiae var. candiae durch: **Körper** deutlich größer, bis 10 cm hoch und 6 cm dick. **Dornen** selten mehr als 8 bis 10, je nach Population kurz, 3 bis 5 mm lang oder bis 40 mm lang. Niemals **Mitteldornen**. Alle Dornen meist bernsteinfarben bis braun.

Vorkommen: Dept. Cochabamba, Prov. Ayopaya, in der Gegend um Kami und Coriri, aber auch nördlich von Kami in Richtung Independencia auf 3 200 bis 4 000 m. (Karte S. 37)

Feldnummern: G130, HS188, HS189, HS189a, HS191, HS191a, KA229 – KA232, L974 (Typaufsammlung), R607, RV562

Bemerkungen: Wie schon bei S. candiae var. candiae kurz erwähnt, ist die Zuordnung der Sulcorebutien aus dem Gebiet von Kami zu S. menesesii unzutreffend. Zum einen wäre S. menesesii var. kamiensis, als die am höchsten wachsende Sulcorebutia aus diesem Gebiet, die Varietät jener Art, die den tiefsten bekannten Standort aller Sulcorebutien überhaupt hat. Die beiden Pflanzengruppen wachsen außerdem in absolut unterschiedlichen Klimagebieten. Entscheidend aber ist, dass S. menesesii ebenso wie S. glomeriseta die mit Abstand kleinsten Samen haben, die bei Sulcorebutia be-

➤ Oben: Sulcorebutia candiae var. kamiensis G130 am Standort nahe Coriri.
➤ Mitte: Sulcorebutia candiae var. kamiensis KA229 (HS191).
➤ Unten: Sulcorebutia candiae var. kamiensis L974 (Typaufsammlung) mit orangefarbenen Blüten.

obachtet wurden. Die Samen von *S. candiae* var. *candiae* und var. *kamiensis* sind deutlich größer und nicht voneinander zu unterscheiden. Weiterhin kennen wir inzwischen Populationen, die eindeutige Verbindungsglieder zwischen *S. candiae* var. *candiae* und var. *kamiensis* darstellen (z. B. **HS188**, **HS189**). Übergänge zu *S. menesesii* sind nicht bekannt. Wir kombinieren *S. menesesii* var. *kamiensis* Brederoo et Donald daher um.

Im Gegensatz zu *S. candiae* var. *candiae*, die sich ziemlich einheitlich präsentiert, ist *S. candiae* var. *kamiensis* extrem variabel. Während nördlich von Kami die oben erwähnten Übergangsformen zu *S. candiae* var. *candiae* zu finden sind, gibt es bei Kami, selbst bis in Höhen von 4 000 m, sehr kurzdornige Vertreter dieser Varietät (**KA229/HS191**). Westlich von Kami, in der weiteren Umgebung von Coriri, in der Nähe des Typstandortes, wachsen dann große, locker bedornte Pflanzen, die im Alter umfangreiche Polster bilden. Hierzu gehört auch die von Vásquez beschriebene *S. muschii* vom

◆ *Sulcorebutia canigueralii* Cárd.5554 (Typaufsammlung).

Cerro Chicote Grande, der kaum 5 km nördlich des Typstandortes von *S. candiae* var. *kamiensis* liegt. Die Pflanzen aus der Umgebung von Coriri und *S. muschii* sind kaum zu unterscheiden. Wir ziehen *S. muschii* daher hier ein.

Synonym:
Sulcorebutia muschii Vásquez – Succulenta 53 (3): 43–44

Literaturhinweise: Augustin (1991), Fritz (1993b)

Sulcorebutia canigueralii (Cárdenas) Buining et Donald
(nach dem Entdecker, Pater Juan Cañigueral, Bolivien)

Cárdenas, M. (1964): New Bolivian Cacti Part VIII-C – Rebutia canigueralii Cárd. nov. sp. –

S. canigueralii

The Cactus and Succulent Journal (U. S.) 36 (1): 26–27
Buining, A. F. H. und Donald, J. D. (1965): Revision of the Genus Rebutia (III) – Sulcorebutia canigueralii (Cárd.) Buin. et Donald comb. nov. – The Cactus and Succulent Journal (GB) 27 (3): 57

Körper sprossend, dunkel- bis graugrün, bis 2,5 cm hoch und bis 3 cm dick, in eine bis zu 15 cm lange, meist mehrteilige Rübenwurzel übergehend. **Areolen** schmal, bis 5 mm lang, bis 1 mm breit. **Dornen** kammförmig anliegend. **Randdornen** 11 bis 14, 1,5 bis 3,0 mm lang, weißlich, an der Basis bräunlich. **Mitteldornen** nur selten, 1 bis 2, abstehend, weißlich bis bräunlich, Basis dunkler. **Knospen** grünlich, bräunlich bis rötlich, aus den tieferen, älteren Areolen entstehend. **Blüten** bis 40 mm lang und bis 50 mm Ø, geruchlos bis leicht muffig riechend. **Äußere Blütenblätter** rot, an den Spitzen mehr bräunlich oder hellviolett, **innere Blütenblätter** rot, nach unten zu mehr oder weniger stark orange bis gelb oder einheitlich hellviolett. Gelegentlich kommen auch reinrote oder orangefarbene bis reingelbe Blüten vor. **Staubfäden** gelblich, Basis rötlich. **Griffel** gelblich, mit 5 bis 6 gelblichen Narbenästen. **Frucht** rötlich braun, ca. 6 mm Ø mit braunen Schuppen. Unter den untersten Schuppen findet man immer einige feine weiße Haare. **Samen** 1,2 bis 1,4 mm lang und 1,0 bis 1,2 mm breit.

Vorkommen: Dept. Chuquisaca, Prov. Oropeza, am südöstlichen Stadtrand von Sucre, auf dem Cerro Churuquella, 2 800 m (Typstandort), aber auch in der weiteren Umgebung rund um Sucre. (Karte S. 47)

◆ Oben: *Sulcorebutia canigueralii* am Typstandort auf dem Cerro Churuquella, inmitten von Eucalyptusblättern.
◆ Mitte: *Sulcorebutia canigueralii* HS71 – verschiedene Formen aus der Umgebung der Zementfabrik, nördlich von Sucre.
◆ Unten: *Sulcorebutia canigueralii* WK217 vom Typstandort.

Feldnummern: vom Typstandort: Cárd.5554 (Typaufsammlung), G20, WK217; von sonstigen Standorten: G23, HS71, HS96, KA66, R281, WK217a

Bemerkungen: *S. canigueralii* zählt sicherlich zu den am häufigsten in den Sammlungen anzutreffenden Arten der Gattung. Nach unseren Beobachtungen ist die Population am Typstandort leider stark gefährdet, einmal durch die räumliche Nähe zur Stadt, vor allem jedoch durch den immer dichter werdenden Eukalyptuswald, der den Standort überzieht. Schon mehrfach wurde gemeldet, es gäbe dort keine Sulcorebutien mehr. Diese Nachrichten erwiesen sich zum Glück immer als falsch und konnten damit erklärt werden, dass die Pflanzen außerhalb der Blütezeit durch Gras und Eucalyptusblätter bedeckt und so kaum zu finden sind.

S. canigueralii ist die älteste aus dieser Gegend beschriebene *Sulcorebutia* und gilt daher als Leitart für die Gruppe der Sulcorebutien um Sucre. So sind dann auch verwandtschaftliche Beziehungen zu fast allen anderen im Großraum Sucre beheimateten Sulcorebutien leicht festzustellen. Besonders auffallend ist die morphologische Übereinstimmung mit einer nur wenige Kilometer Luftlinie entfernten, am nordöstlichen Stadtrand in der Nähe der Zementfabrik gelegenen Population. Die Pflanzen dort unterscheiden sich praktisch nur durch die violetten Blüten von *S. canigueralii*. Sie wurden von Donald und Krahn (1980) als *S. verticillacantha* var. *applanata* beschrieben. Wir betrachten sie nur als Form von *S. canigueralii* und ziehen sie deshalb zu dieser ein. Weiterhin gehen wir davon aus, dass die durch Cárdenas als *Aylostera* beschriebene und von Backeberg zu *Sulcorebutia* kombinierte *S. zavaletae* ebenfalls hierher gehört, obwohl sie als „aus dem Rio Grande-Becken, Prov. Zudañez auf 2 000 m vorkommend" beschrieben worden ist, und ziehen sie auch ein. Die gelegentlich in älterer Literatur und in früheren Feldnummernlisten von Rausch anzutreffende Bezeichnung von **R590** als *S. zavaletae* ist falsch. Diese Pflanzen gehören nicht hierher, sondern zu *S. tarabucoensis* var. *tarabucoensis*. Auch die von Brandt als *Weingartia perplexiflora* beschriebene Rausch-Nummer **599** ist Teil der *S. canigueralii*-Population aus der Umgebung der Zementfabrik von Sucre. Leider sind gerade diese Pflanzen sehr mit **R593** vermischt worden, eine Tatsache, die in der Vergangenheit oft zu Konfusionen geführt hat (Gertel 1985 und 1991). Zu der Verwandtschaft von *S. canigueralii* muss auch der nicht allzu weit nordöstlich von Sucre vorkommende Formenschwarm um **HS78** gezählt werden, der heute allgemein als *S. pulchra* angesehen wird. Gleiches gilt auch für die nordwestlich der Stadt wachsenden Sulcorebutien. Allerdings unterscheiden sich diese so stark von *S. canigueralii*, dass wir sie nicht zu *S. canigueralii* einziehen. In den letzten Jahren wurden in den Bergen südöstlich von Sucre mehrere bisher kaum bekannte *Sulcorebutia*-Populationen gefunden, z. B. **G205** am Cerro Obispo, **G205b** am Cerro Roco Roco und **G206** zwischen Sucre und Quilla Quilla. **G205** ist möglicherweise identisch mit Rauschs Nummer **475**, die von Brandt als *Weingartia brevispina* beschrieben worden ist. Da auch hier kaum Unterschiede zu den Pflanzen vom Cerro Churuquella festzustellen sind, betrachten wir sie als zu *S. canigueralii* gehörig.

Synonyme:
Sulcorebutia verticillacantha forma brevispina (F. Brandt) Pilbeam ex Rausch, in Pilbeam „Sulcorebutia und Weingartia – A Collector's Guide", S. 97 (Basionym: Weingartia brevispina F. Brandt)
Sulcorebutia perplexiflora (F. Brandt) Gertel (Basionym: Weingartia perplexiflora F. Brandt) – Kakteen und andere Sukkulenten 36 (3): 50, 1985
Sulcorebutia verticillacantha var. applanata Donald et Krahn – The Cactus and Succulent Journal (GB) 42 (2): 37–38, 1980
Sulcorebutia zavaletae (Cárdenas) Backeberg (Basionym: Aylostera zavaletae Cárd.) – Das

Kakteenlexikon (Nachtrag), S. 460, 1966

Literaturhinweise: Gertel (1986b), Fritz (1993a), Gertel (1984), Gröner und Krahn (1970)

Sulcorebutia caracarensis (Cárdenas) Donald
(nach ihrem Fundort, den Cara Cara-Bergen, Bolivien, Prov. Zudañez)

Cárdenas, M. (1970): New Bolivian Cactaceae Part XII – Rebutia caracarensis Cárd. sp. nov. – The Cactus and Succulent Journal (U. S.) 42 (1): 30–39

Donald, J. D. (1971): In defense of Sulcorebutia Backeberg – Sulcorebutia caracarensis (Cárd.) Don. nov. comb. – The Cactus and Succulent Journal (U. S.) 43 (1): 36–40

Körper einzeln bis sprossend, dunkel- bis graugrün, 1,0 bis 1,5 cm hoch und bis zu 2,5 cm dick, in eine bis zu 12 cm lange Rübenwurzel übergehend. **Areolen** schmal, bis 5 mm lang und 1 mm breit. **Dornen** kammförmig anliegend, teilweise verflochten. **Randdornen** 11 bis 12, bis 4 mm lang, strohgelb, Basis verdickt, bräunlich bis schwärzlich. Keine **Mitteldornen**. Alle Dornen rau. **Knospen** bräunlich bis olivgrün, aus tieferen, älteren Areolen entstehend. **Blüte** 20 bis 30 mm lang und ebensolcher Ø, geruchlos bis ganz leicht muffig riechend. **Äußere Blütenblätter** hell- bis dunkler violett, Basis heller, oft auch grünlich, bräunlich bis rötlich violett, **innere Blütenblätter** hellviolett, nach unten zu heller bis fast weiß. **Staubfäden** hellviolett, an der Basis etwas dunkler. **Griffel** ca. 15 mm lang, gelblich bis grünlich, mit 5 gelblichen bis grünlichen Narbenästen. **Frucht** rötlich braun, ca. 6 mm Ø mit rötlichen bis olivgrünen Schuppen, hinter den untersten Schuppen feine weiße Haare. **Samen** 1,2 bis 1,5 mm lang und 1,0 bis 1,3 mm Ø.

Vorkommen: Dept. Chuquisaca, Prov. Zudañez, in den Cara Cara-Bergen, 2 400 m. (Karte S. 47)

Feldnummer: Cárd.6309

◆ *Sulcorebutia caracarensis* Cárd.6309 – Originalmaterial von Cárdenas via Prof. Diers.
◆ *Sulcorebutia* spec. G204 vom Cerro Cara Cara bei Zudañez.

Bemerkungen: Diese Art war schon immer Gegenstand vieler Spekulationen, u. a. weil bis vor wenigen Jahren kein zuverlässiges Pflanzenmaterial bekannt war und keine verlässlichen Standortinformationen zur Verfügung standen. Auch die Angaben Gertels (1986a) sind eher zweifelhaft, denn inzwischen hat sich herausgestellt, dass es in der Umgebung von Zudañez, Tarabuco und Presto mehrere Bergzüge mit dem Namen „Cara Cara" gibt. Der

Sulcorebutia cardenasiana HS41a.

Sulcorebutia cardenasiana R609 vom Typstandort.

Name bedeutet etwa soviel wie „kahler Berg", was in Bolivien für unzählige Berge gilt. Für Verwirrung sorgt auch die Anmerkung von Cárdenas bei der Erstbeschreibung, dass sich *Rebutia caracarensis* von *R. inflexiseta* nur durch die anliegenden Dornen, die kleineren Blüten und die größere Anzahl von Blütenblättern unterscheidet. Aus dieser Information wurde geschlussfolgert, dass beide Arten, trotz unterschiedlicher Standortangaben, Pflanzen aus der gleichen Population seien. Diese Annahme ist als reine Spekulation anzusehen und durch nichts zu beweisen.

In der Zwischenzeit sind Nachzuchten von Prof. Diers bekannt, die teilweise violett, teilweise auch rot blühen. Aus der gleichen Quelle existieren auch einige Klone von *S. inflexiseta*, die sich deutlich von ersterer unterscheiden. Möglicherweise hat Gertel zufällig den Standort von *S. caracarensis* wenige Kilometer südlich von Zudañez entdeckt. Der Berg heißt laut Angaben von Campesinos „Cerro Cara Cara" und die Pflanzen ähneln sehr den Vermehrungen von Diers. Eine abschließende Beurteilung der verwandtschaftlichen Zusammenhänge ist wegen der geringen Anzahl authentischer Pflanzen sehr schwierig. Allein aufgrund des Verbreitungsgebietes und des Vergleiches mit den anderen aus der Provinz Zudañez bekannten Sulcorebutien (*S. crispata, S. pulchra, S. rauschii, S. tarabucoensis* und auch *S. tarabucoensis* var. *callecallensis*) lassen sich kaum zuverlässige Bewertungen rechtfertigen.

Literaturhinweise: Gertel (1986a), Fritz (1986)

Sulcorebutia cardenasiana Vásquez
(nach Prof. Martín Cárdenas, dem bekannten bolivianischen Biologen und Kenner der heimischen Kakteen)

Vásquez, R. (1975): Sulcorebutia cardenasiana Vásquez spec. nov. – Kakteen und andere Sukkulenten 26 (3): 49
Navarro, G. (1996): Catálogo ecológico preliminar de las cactáceas de Bolivia – Rebutia cardenasiana (R.Vásquez) G. Navarro – Lazaroa No. 17

Körper einzeln, dunkel- bis olivgrün, bis 5 cm hoch, bis 8 cm dick, in eine bis etwa 14 cm lange Rübenwurzel übergehend. **Areolen** länglich, 5 bis 6 mm lang, 1,2 bis 1,5 mm breit. **Dornen** kammförmig anliegend bis leicht abstehend. **Randdornen** 16 bis 18, leicht gebogen, 5 bis 10 mm lang, gelblich bis bräunlich, Basis etwas heller. **Mitteldornen** fehlen, bei manchen älteren Pflanzen 1 oder 2, aus dem oberen Ende der Areole, bis 10 mm lang, gelblich bis bräunlich, Basis heller. Alle Dornen sehr rau. **Knospen** bräunlich, aus den tieferen, zum Teil auch unter der Erdberührungslinie liegenden, älteren Areolen entstehend. **Blüten** 35 bis 45 mm lang und 30 bis 35 mm Ø, geruchlos bis leicht muffig riechend. **Äußere Blütenblätter** gelb mit bräunlicher Spitze, an der Außenseite mehr oder weniger rotbraun, **innere Blütenblätter** gelb, manchmal mit rötlichen Rändern. **Staubfäden** gelb. **Griffel** gelb, mit 6 bis 8 gelblichen Narbenästen. **Frucht** grünlich bis grünlich braun, 5 bis 6 mm Ø mit bräunlichen Schuppen, hinter den untersten Schuppen feine weiße Haare. **Samen** 1,2 bis 1,3 mm lang und 1,0 bis 1,1 mm breit.

Vorkommen: Dept. Cochabamba, Prov. Campero, rund um Pasorapa, 2 350 bis 2 550 m. (Karte S. 45)

Feldnummern: G173, G174, HS41, HS41a, R609, RV544 (Typaufsammlung)

Bemerkungen: Das Vorkommen von *S. cardenasiana* liegt etwas abseits von den üblichen *Sulcorebutia*-Standorten im südöstlichen Bereich der Provinz Campero in der Umgebung von Pasorapa. Mit der gelben Blütenfarbe und der olivgrünen Epidermis unterscheiden sich diese Pflanzen sehr von den westlich von Pasorapa in Richtung Aiquile vorkommenden Pflanzen um *S. mentosa*, die durchweg violett blühen. In den Sammlungen werden hauptsächlich Vermehrungen der von Rausch stammenden **R609** gepflegt, die mit dem Vásquez-Fund identisch ist, von dem wahrscheinlich nur ein Klon unter **RV544** bekannt ist. Swoboda fand im Jahr 1982 westlich von Pasorapa etwas andere Formen (**HS41** und **HS41a**), die sich in erster Linie durch eine etwas hellere, eng anliegende Bedornung von den Rausch/Vásquez-Pflanzen unterscheiden. Dies trifft auch für alle späteren Aufsammlungen zu. Die Blüten der Pflanzen beider Standorte sind identisch. Nach unserer Auffassung handelt es sich bei all diesen Funden um Standortformen, die sich innerhalb der natürlichen Variationsbreite von *S. cardenasiana* bewegen. Leider ist die Gegend um Pasorapa ziemlich unzugänglich und auch sehr abgelegen. Daher ist dieser Teil des *Sulcorebutia*-Verbreitungsgebietes relativ wenig erforscht. Der Rausch/Vásquez-Standort liegt einige Kilometer nördlich von Pasorapa, während alle anderen Pflanzen rund 5 km westlich der kleinen Ansiedlung gefunden wurden. Früher gab es einmal eine Straße, die von Pasorapa in nördlicher Richtung bis nach Perez im Tal des Rio Mizque führte. Diese Straße existiert heute nicht mehr und so ist der Zugang zu den Bergen dort nur noch zu Fuß möglich. Eine nach Süden führende Straße ist ebenso wenig bekannt wie eine, die nach Osten führen würde. Letztere wäre besonders interessant unter der Fragestellung, ob es vielleicht einen Zusammenhang zwischen *S. cardenasiana* und *S. langeri* gibt.

Literaturhinweis: Augustin und Hentzschel (1999)

Sulcorebutia crispata Rausch
(lat. crispatus = gekräuselt, nach den gekräuselten Dornen)

> Rausch, W. (1979): Neue Arten der Gattung Sulcorebutia Backeb. – Sulcorebutia crispata Rausch spec. nov. – Kakteen und andere Sukkulenten 21 (6): 103
> Hunt, D. R. (1997): Rebutia canigueralii ssp. crispata (Rausch) Donald ex D. R. Hunt – Cact. Consensus Init. No. 3: 6

Körper einzeln bis sprossend, grün, dunkelgrün, graugrün, braun bis braunrot, 2 bis 3 cm hoch, bis 3,5 cm dick, in eine bis zu 12 cm lange, meist mehrfache Rübenwurzel übergehend. **Areolen** schmal, bis 4 mm lang und 1 mm breit. **Dornen** kammförmig, zum Körper gebogen und oft spinnenartig verflochten. **Randdornen** bis 24, bis 12 mm lang, weiß bis bräunlich, Basis verdickt, heller. Keine **Mitteldornen**. Alle Dornen rau. **Knospen** bräunlich bis rötlich, aus den tieferen, zum Teil auch unter der Erdberührungslinie liegenden, älteren Areolen entstehend. **Blüten** bis 45 mm lang und 40 mm Ø, geruchlos. **Äußere Blütenblätter** violett mit bräunlicher Spitze und Basis, **innere Blüten-**

blätter hell- bis dunkelviolett, Basis häufig heller. **Staubfäden** rosa bis hellviolett. **Griffel** weißlich bis gelblich, an der Basis oft rosa bis violett, mit meist 4 gelblichen bis weißlichen Narbenästen. **Frucht** rötlich braun, 5 bis 6 mm Ø mit bräunlichen bis rotbraunen Schuppen, hinter den untersten Schuppen feine weiße Haare, gelegentlich bis zu 12 mm lang, die Schuppen überragend. **Samen** 1,2 bis 1,4 mm lang und bis 1,1 bis 1,3 mm breit.

Vorkommen: Dept. Chuquisaca, Prov. Tomina, zwischen Tomina und Padilla, 2 400 m, sowie nach Norden bis Nuevo Mundo, Prov. Zudañez und im Süden bis nach Azurduy in der gleichnamigen Provinz. (Karte S. 47)

Feldnummern: siehe unter „Bemerkungen"

Bemerkungen: S. crispata besiedelt mit vielen verschiedenen Populationen den südöstlichen Bereich des Verbreitungsgebietes der Gattung. Dabei handelt es sich bereits um die zum Chaco abfallenden Andenketten in den Provinzen Zudañez, Tomina, B. Boeto und Azurduy. Alle bekannten Standorte liegen zwischen 2 200 bis 2 700 m. Interessant ist vor allem, dass sich in diesem Gebiet die Vorkommen von *S. crispata* und jenes von *S. tarabucoensis* sehr nahe kommen. Über die Verbindung sind sich die Experten allerdings nicht einig. So ist nach wie vor offen, ob z. B. **HS125** und **HS125a** zu *S. tarabucoensis* zu zählen sind oder ob evtl. **HS125** bereits eine Form von *S. crispata* ist. Beim Anblick mancher Pflanzen dieser Population ist dieser Schluss nicht einmal so abwegig. Gegen diese Annahme sprechen allerdings die mehr oder weniger glatten Dornen von **HS125** und der grüne Griffel gepaart mit den tiefvioletten Staubfäden, eine Merkmalkombination, die von *S. crispata* bisher nicht bekannt ist. Wir

◆ Oben: Verschiedene Formen von *Sulcorebutia crispata*.
◆ Mitte: *Sulcorebutia crispata* am Standort zwischen Tomina und Padilla.
◆ Unten: *Sulcorebutia crispata* HS256 vom Standort südlich von Villa Serrano.

kennen aus folgenden Gebieten Standorte von *S. crispata* (beginnend im Norden):
- Raum Nuevo Mundo (z. B. **HS251**, **RH1630**)
- zwischen Nuevo Mundo und Villa Serrano (z. B. **HS253**, **HS255**, **RH1628**)
- zwischen Villa Serrano und Padilla (z. B. **HS256**, **HS258**, **R595**)
- Streckenabschnitt Tomina – Padilla (z. B. **G52**, **HR27**, **HS260**, **L394**, **R288** (Typaufsammlung), **RV587**
- Raum Sopachuy (z. B. **L390**, **L391**).

Darüber hinaus wurden in den letzten Jahren auch südlich von Sopachuy Populationen von *Sulcorebutia* entdeckt. Die Vorkommen liegen in den Bergen östlich des Rio Pilcomayo, der dort von Norden nach Süden fließt, und reichen bis in die Gegend südlich von Azurduy. Nach bisherigen Feldbeobachtungen handelt es sich sowohl um Vorkommen von *S. crispata* als auch von *S. tarabucoensis*. Zu diesem Komplex lässt sich allerdings erst dann mehr sagen, wenn es die Möglichkeit gibt, diese Pflanzen näher zu beobachten. Leider wird das Gelände noch weiter südlich so unzugänglich, dass nicht gesagt werden kann, wie weit diese Sulcorebutien nach Süden vorgedrungen sind. Außerdem ist es nicht möglich, den Rio Pilcomayo zu überqueren und in das Gebiet zwischen dem Pilcomayo und dem Rio Pilaya im Süden vorzudringen. Dies wäre allerdings notwendig, um festzustellen, ob zwischen den Sulcorebutien bei Azurduy und denen von Tarija eine direkte Verbindung besteht. Wir sind zwar fest von einer solchen Verbindung überzeugt, der Beweis ist allerdings noch zu erbringen.

Trotz ihrer weiten Verbreitung streut *S. crispata* in morphologischem Sinn nicht allzu stark. Die violette Blütenfarbe ist mit gewissen Helligkeitsabstufungen bei allen Populationen zu finden. Es sind nur wenige Standorte bekannt, an denen auch rote Blüten vorkommen. Im Habitus ist *S. crispata* eigentlich so charakteristisch, dass sie fast immer auf den ersten Blick als solche zu erkennen ist. Während im Norden recht kurzdornige Typen mit anliegender Bedornung vorherrschen, sind weiter südlich die Formen zu finden, die zu dem Artnamen geführt haben, nämlich solche mit längeren, teilweise krausen Dornen. Daher sind auch die Namen, die im Laufe der Jahre im Umfeld von *S. crispata* entstanden sind, vollkommen unnötig und wir verweisen die folgenden drei Taxa in die Synonymie.

Synonyme:
Weingartia albaoides F. Brandt – De Lëtzebuerger Cactéefrënn 4 (8): 1–8, 1983 (KK1266)
Weingartia albaoides var. subfuscata F. Brandt – De Lëtzebuerger Cactéefrënn 4 (11): 1–7, 1983 (KK1265)
Sulcorebutia caniguerallii var. atropurpurea Rausch n.n. (R595)

Literaturhinweise: Köhler (1975), Fritz und Gertel (1985), Lau (1989)

Sulcorebutia cylindrica Donald et Lau
(lat. cylindricus = walzenförmig, nach dem zylindrischen Wuchs)

Donald, J. D. (1974): Sulcorebutia cylindrica – A New Species from Bolivia – Ashingtonia 1(5): 55–57
Donald, J. D. (1987): Rebutia cylindrica (Donald et Lau) Donald – Bradleya 5/1987, S. 93

Körper einzeln, mehr oder weniger säulig, dunkel- bis graugrün, bis 15 cm hoch und bis 6 cm dick, in ein Halsrübenwurzelsystem mit meist 2 bis 8, bis zu 50 cm langen, sukkulenten Wurzelsträngen übergehend. **Areolen** länglich bis leicht oval, bis 6 mm lang und 2 mm breit. **Dornen** steif, abstehend, stechend, etwas rau, zum Teil den Körper sehr dicht bedeckend. **Randdornen** 10 bis 12, bis 15 mm lang, weißlich, gelblich bis dunkelbraun, mit verdickter Basis und dunklerer Spitze. **Mitteldornen** bis 6, bis 20 mm lang, meist etwas derber als die Randdornen. **Knospen** oliv bis rötlich braun, aus tieferen, älteren, aber auch aus seitlichen, jüngeren Areolen entstehend. **Blüte** bis 30 mm lang und bis 35 mm Ø (die Blüte der violettblütigen Form ist etwas größer), teils geruchlos,

◆ Verbreitungsgebiet von *Sulcorebutia cylindrica*.
◆ *Sulcorebutia cylindrica* L335 (Typaufsammlung).

teilweise aber auch (intensiv) nach Gewürznelken duftend. **Äußere Blütenblätter** gelb, manchmal mit rötlicher Spitze oder aber hellviolett, außen manchmal grünlich, **innere Blütenblätter** gelb, an der Basis gelegentlich rötlich oder aber hellviolett bis rosa. **Staubfäden** gelb, an der Basis rötlich bis violett. **Griffel** gelblich, mit 6 gelblichen Narbenästen. **Frucht** rötlich braun oder olivfarben, ca. 5 mm Ø mit bräunlichen Schuppen, hinter den untersten Schuppen geringe bis sehr starke Haarbildung. **Samen** 1,0 bis 1,4 mm lang und 0,8 bis 1,2 mm breit.

Vorkommen: Dept. Cochabamba, Prov. Mizque, in der Umgebung der Bahnstation Pajcha (gelegentlich auch Paycha oder Puccha geschrieben), einer winzigen Ansiedlung zwischen Villa Viscarra (Vila Vila) und der Bahnstation Chaguarani (Cruce). Die Pflanzen wachsen hier in den untersten Hangabschnitten der aus rotem Sandstein bestehenden Tafelberge, 2 500 m. (Karte S. 45)

Feldnummern: (gelbe Blüten) G36, HS65, KA179, L335 (Typaufsammlung), RV604; (violette bzw. weiße Blüten) G37, G91, G92, HS44, HS44a, HS45, HS46, KA177, KA178, L337.

Bemerkungen: *S. cylindrica* besiedelt mit mehreren Populationen ein relativ eng begrenztes Verbreitungsgebiet zwischen Tintin, Vila Vila, Cauta und dem Rio Caine. Am Typstandort und seiner direkten Umgebung blüht *S. cylindrica* ausschließlich gelb. Etwas weiter östlich, im Bereich der Bahnstation Chaguarani und weiter nach Osten und Südosten in Richtung Cauta gibt es eine Vielzahl von Standorten mit ganz ähnlichen Pflanzen, die aber violett bis rosa, manchmal sogar weiß blühen (**HS44a**). Teilweise bleiben diese Pflanzen etwas kleiner, sie wachsen auch gedrungener, sprossen sogar gelegentlich und das Wurzelwerk ist nicht ganz so dünn und lang wie bei der Typform. Auch hier ist der Duft nach Gewürznelken bemerkenswert. Teilweise treten diese Pflanzen in den Sammlungen unter der provisorischen Bezeichnung *S. cylindrica* var. *crucensis* n.n. auf. Als erster Vertreter dieser schönen Variante von *S. cylindrica* kam **L337** von „Cruce", wie Lau die Ortschaft Chaguarani nannte, in unsere Sammlungen. Völlig zu Unrecht wurden diese Pflanzen zeitweise mit *S. vizcarrae* in Verbindung gebracht.

Analysen von Bodenproben mehrerer Standorte von *S. cylindrica* zeigten (Gertel 1988a, 1990), dass die Pflanzen dieses Formenkreises, im Gegensatz zu allen anderen Sulcorebutien, in stark kalkhaltigen Böden wachsen, die einen pH-Wert von 8 und teilweise noch darüber aufweisen (vgl. Kapitel „Vorkommen").

Ein besonderes Merkmal dieser Art ist das Wurzelsystem, welches bei der Typform besonders extrem ausgebildet ist. Dabei geht der rundliche bis längliche Körper in mehrere dünne Wurzelstränge über, die oft nur mit einem 1 bis 2 mm starken dünnen Hals mit dem Körper verbunden sind. Die einzelnen Wurzelstränge können bis zu 50 cm lang werden

◆ *Sulcorebutia cylindrica* KA177 bei Chaguarani mit weißen Blüten.
◆ *Sulcorebutia cylindrica* KA177 bei Chaguarani mit rosa Blüten.

und nicht selten kommt es vor, dass irgendwo im Verlauf eines solchen Wurzelstranges ein neuer Körper gebildet wird. Dies geschieht fast immer, wenn der ursprüngliche Kopf abgebrochen wird. Es ist anzunehmen, dass dies eine Spezialisierung der Population auf die beson-

S. fischeriana

◆ *Sulcorebutia fischeriana* HS79 (Typaufsammlung).

ders steilen, losen Sandsteinhänge ist, an denen Steinschlag und Erdrutsche zur Tagesordnung gehören. Dabei werden die Köpfe der Pflanzen abgebrochen, die sich irgendwo wieder bewurzeln. Die im Boden verbleibenden Wurzeln bilden ihrerseits neue Köpfe. Offensichtlich hat hier die Natur eine eigene Form der vegetativen Vermehrung gefunden, die vom Prinzip her auch in Kultur angewendet werden kann. So ist es also kein Problem, beim Umtopfen bewusst oder versehentlich abgebrochene Wurzelstränge zur Ausbildung eines neuen Kopfes zu bewegen.

Bisher wurde S. cylindrica immer als gut definierte, völlig isolierte Spezies angesehen. Sogar Hunt und Taylor führen sie als eigene Art. Dieser Auffassung sind wir nicht ganz, denn hinsichtlich ihrer Körpermorphologie und der Blüte sind deutliche Ähnlichkeiten mit dem Komplex von *S. breviflora*, der 30 km in westlicher Richtung wächst, zu erkennen. Leider wissen wir, wie in vielen anderen Fällen, auch hier kaum etwas über eventuelle Zwischenformen. Die weiß bedornten, violettblütigen Populationen aus der Umgebung von Cauta suggerieren Verwandtschaften mit der weiter östlich wachsenden *S. albissima*, die in Habitus und Blüte kaum von manchen dieser Formen von S. cylindrica zu unterscheiden ist. Interessanterweise haben beide Arten sehr raue Dornen. Um in dieser Hinsicht allerdings gesicherte Aussagen treffen zu können, müssen noch viele Untersuchungen durchgeführt werden. Auch über die Verbreitung der betreffenden Arten werden noch mehr Informationen benötigt.

Literaturhinweise: Fritz (1981a), Herzog (1981), Augustin (1986a)

Sulcorebutia fischeriana Augustin
(nach Willi Fischer, deutscher *Sulcorebutia*-Freund aus Oberhausen)

Augustin, K. (1987): Sulcorebutia fischeriana Augustin – Eine neue Art aus der Provinz Oropeza, Bolivien – Kakteen und andere Sukkulenten 38 (9): 210–216

Körper sprossend, hellgrün, 1,5 bis 2,8 cm, seltener bis 3,5 cm hoch, 2 bis 3 cm dick, in eine bis zu 10 cm lange Rübenwurzel übergehend. **Areolen** schmal, 3 bis 5 mm lang und etwa 0,5 bis 1 mm breit. **Dornen** dünn, kammförmig anliegend, gerade bis gebogen, niemals stechend, durchscheinend. **Randdornen** 12 bis 18, 2 bis 5 mm lang, weiß, Basis strohfarbig, zwiebelförmig verdickt. **Mitteldornen** nur ganz selten, wie die Randdornen gefärbt. **Knospen** aus den tieferen, älteren Areolen entstehend. **Blüte** 30 bis 35 mm lang und 25 bis 30 mm Ø, geruchlos bis leicht fruchtig duftend. **Äußere Blütenblätter** rot, außen z. T. olivgrün, **innere Blütenblätter** rot, nach unten zu gelblich. **Staubfäden** gelblich. **Griffel** weißlich, mit 6 weißen bis gelblichen Narbenästen. **Frucht** rötlich braun, 3,5 bis 5 mm Ø mit braunen bis olivgrünen Schuppen, hinter den untersten Schuppen feine durchscheinende Haare. **Samen** 1,4 bis 1,6 mm lang und 1,1 bis 1,4 mm breit.

Vorkommen: Dept. Chuquisaca, Prov. Oropeza, Cerro Khaspi Cancha, wenige Kilometer südlich der Ansiedlung Copavillque, 2 800 m. (Karte S. 47)

Feldnummern: HS79 (Typaufsammlung), KA252

Bemerkungen: *S. fischeriana* besiedelt nach unserer heutigen Kenntnis ein ziemlich isoliertes Gebiet etwa 40 km nördlich von Sucre. Der Standort selbst ist ein gewaltiger, nach Nordosten weisender Schotterkegel am Cerro Khaspi Cancha, in der Nähe der Ansiedlung Copavillque (Copa Willkhi). Das Erscheinungsbild der kleinen, oft sprossenden, hellgrünen und weiß bedornten Pflanzen weist auf eine Verwandtschaft mit den um Sucre wachsenden Sulcorebutien hin. Es wurde aber auch schon vermutet, dass *S. fischeriana* ein Verbindungsglied zu den weiter nordwestlich in den Uferbergen des Rio Caine vorkommenden Populationen um *S. verticillacantha* var. *cuprea* sein könnte. Die am nächsten gelegenen Sulcorebutien sind die zwischen Chuquichuqui und Presto wachsenden Pflanzen des Formenkreises um *S. pulchra*, die nur rund 15 km Luftlinie entfernt sind. Allerdings fällt es hier schwer, morphologisch eine Verbindung herzustellen. Eher vorstellbar wäre eine Anbindung an die Populationen entlang der alten und der neuen Straße zwischen Sucre und Ravelo (*S. losenickyana* und ihre Varietäten).

Die Begleitvegetation beschränkt sich auf einige Büsche, Gras, Moos und Flechten. Ende Oktober, zum Zeitpunkt ihrer Entdeckung, standen nur wenige Pflanzen in Blüte. Die meisten steckten noch tief im lockeren, schiefrigen Gestein und waren mit Laub, Sand und kleinen Steinen bedeckt.

Literaturhinweis: Fritz (1989a)

Sulcorebutia frankiana Rausch
(nach dem österreichischen Kakteenfreund Dr. Gerhart Frank)

> Rausch, W. (1970): Neue Arten der Gattung Sulcorebutia Backeb. – Sulcorebutia frankiana Rausch spec. nov. – Kakteen und andere Sukkulenten 21 (6): 104–105

Körper einzeln bis sprossend, zum Teil auch größere Gruppen bildend, hell- bis dunkelgrün, 2 bis 3 cm hoch und bis zu 5 cm dick, in eine bis zu 12 cm lange Rübenwurzel übergehend. **Areolen** länglich, 3 bis 4 mm lang, 1 mm breit. **Dornen** zum Körper gebogen, bei manchen Populationen aber auch abstehend, zum Teil etwas verflochten. **Randdornen** 12 bis 18, bis 15 mm lang, braun bis rötlich braun, seltener schwarz oder gelb. Keine, manchmal aber 1 bis 3 **Mitteldornen** von gleicher Farbe wie die Randdornen. **Knospen** bräunlich bis rotbraun, seltener grünlich, aus den tieferen, älteren Areolen entstehend. **Blüten** 25 bis 50 mm lang und bis 60 mm Ø, geruchlos bis schwach muffig riechend. **Äußere Blütenblätter** violett mit olivgrünen Mittelstreifen und dunklerer Spitze, violett mit weißem Rand oder auch rot mit dunklerem Mittelstreifen, **innere Blütenblätter** violett mit hellerer Basis, rot oder rot mit gelbem Grund. **Staubfäden** gelblich mit rötlicher oder hellvioletter Basis. **Griffel** grünlich, nach unten zu gelblich, mit 4 bis 6 grünlichen bis gelblichen Narbenästen. **Frucht** grünlich bis bräunlich, 5 bis 7 mm Ø mit bräunlichen oder olivgrünen Schuppen, hinter den untersten Schuppen keine bis wenige feine weiße Haare. **Samen** 1,3 bis 1,5 mm lang und 1,2 bis 1,3 mm breit.

Vorkommen: Dept. Chuquisaca, Prov. Oropeza, nordwestlich von Sucre, an der Fahrstraße nach Los Alamos und darüber hinaus bis Atocani, 2 700 bis 2 750 m. (Karte S. 47)

Feldnummern: G28, G44, G46, G47a, HS75, HS75a, KA196, KA196a, R290 (Typaufsammlung), R473

Bemerkungen: Diese Art ist durch einige bemerkenswerte Faktoren gekennzeichnet. So teilt sie sich nicht selten kleinste Biotope mit *S. alba*, ohne sich mit dieser zu kreuzen. An manchen Plätzen wächst sie durchweg sprossend, an anderen wieder solitär. Auch die Körpergröße variiert von Standort zu Standort, ebenso wie die Blütenfarbe, die von Rot, Rotgelb bis Violett reicht. Häufig ist die Blütenfarbe standortspezifisch einheitlich. So gibt es am nördlichsten bekannten Standort nahe Ato-

S. frankiana

◆ *Sulcorebutia frankiana* HS75.
◆ *Sulcorebutia frankiana* G47a am Standort bei Atocani.
◆ *Sulcorebutia frankiana* R473 mit gelben Dornen.

cani eine Population mit teilweise riesigen Pflanzen, die bis 10 cm Ø erreichen und immer rot oder rot mit etwas gelb blühen. Dies ist auch der einzige bekannte Standort, an dem *S. frankiana* mit einer violettblütigen Form von *S. alba* (**G47**) Kopf an Kopf wächst und gleichzeitig blüht. Aber auch hier ist keine Spur von Hybriden zu finden. Nur wenige Kilometer weiter nach Süden wächst die zierlichste aller bekannten Populationen von *S. frankiana*. Es handelt sich um stark sprossende Pflanzen, deren Einzelköpfe kaum größer als 2 bis 3 cm werden mit einheitlich hellvioletten Blüten und außergewöhnlich kleinen, dicht stehenden Höckern. Von diesem Standort sind auch einige gelb bedornte Klone bekannt. Südlich von Alamos nimmt die Vielfalt der Blütenfarben zu, sodass an einem Standort violette Blüten neben roten, gelbroten bis hin zu fast reingelben Blüten zu finden sind.

S. frankiana ist, im Gegensatz zu allen anderen Sulcorebutien aus dem Großraum Sucre, kaum oder nur schwer mit *S. canigueralii* oder *S. losenickyana* in Verbindung zu bringen. Bei allen anderen Sulcorebutien dieser Gegend kennen wir Zwischen- und Übergangsformen, die an Nachbarpopulationen anknüpfen. Solche Formen sind in der Umgebung von *S. frankiana* nicht zu finden. *S. frankiana* ist immer charakteristisch und mit keiner anderen Art aus der Umgebung von Sucre zu verwechseln.

Die durch Rausch vorgenommene Abtrennung einer Varietät *aureispina* war stets umstritten, zumal auch innerhalb anderer Populationen gelbdornige Exemplare vorkommen und bis heute im Verbreitungsgebiet keine reine Population mit den von Rausch angeführten Merkmalen aufgefunden wurde. Wir erachten dieses Taxon für überflüssig und ziehen es hiermit zur Art ein, was Gertel bereits 1987 beabsichtigte, aber aus Platzgründen nicht gedruckt wurde.

Synonyme:
Sulcorebutia frankiana var. aureiflora Rausch – Succulenta 52 (1): 2–3 und Titelbild, 1974
Weingartia aureispina F. Brandt – Frankf. Kakteenfreund 7 (1): 113–115, 1980

Literaturhinweise: Köhler (1974), Gertel (1987)

Sulcorebutia glomeriseta (Cárdenas) Ritter

(lat. glomerisetus = mit gehäuften Borsten; nach den zahlreichen, borstigen Dornen)

Cárdenas, M. (1951): New Bolivian Cacti (II) – Rebutia glomeriseta sp. nov. – The Cactus and Succulent Journal (U. S.) 23 (3): 95
Ritter, F. (1961): Sulcorebutia Backeberg – Sulcorebutia glomeriseta (Cárdenas) Ritter comb. nov. – The National Cactus and Succulent Journal (GB) 16 (4): 79–81

Sulcorebutia glomeriseta Cárd.4399 (Typaufsammlung).

Körper einzeln, selten sprossend, graugrün, bis 6 cm hoch und dick, in eine gering ausgebildete Rübenwurzel bzw. eine Vielzahl von Faserwurzeln übergehend. **Areolen** oval bis rundlich, bis 3 mm lang und 2 mm breit. **Dornen** bis 38, dünn, kaum stechend, borstenartig abstehend, zum Teil auch um den Körper verflochten, bis 25 mm lang, weiß mit hellbrauner Spitze. **Rand-** und **Mitteldornen** nicht unterscheidbar, glatt. **Knospen** bräunlich bis rötlich, meist aus den tieferen, älteren, seltener aus seitlichen, jüngeren Areolen entstehend. **Blüte** 20 bis 30 mm lang und ebensolcher Ø, stark müffig riechend. **Äußere Blütenblätter** gelb bis goldgelb, zum Teil mit rotbrauner Spitze, **innere Blütenblätter** gelb bis goldgelb. **Staubfäden** nicht sehr zahlreich, hellgelb bis gelblich. **Griffel** gelb bis weißlich, zum Teil an der Basis bis zu 7 mm in die Röhre eingepresst, nicht verwachsen, mit 4 gelblichen bis weißlichen Narbenästen. **Frucht** bräunlich, 3 bis 4 mm Ø mit braunen bis rotbraunen Schuppen. Oft mit einer Vielzahl feiner weißer Haare hinter den untersten Schuppen. **Samen** 0,8 bis 1,0 mm lang und 0,7 bis 0,8 mm breit.

Herkunft: Dept. Cochabamba, Prov. Ayopaya, in der Nähe von Naranjito (Hacienda Choro), am Weg zum Rio Cotacajes, 1 600 m. (Karte S. 37)

Feldnummer: Cárd.4399 (Typaufsammlung)

Bemerkungen: Die Art wurde von E. Rocha im April 1949 entdeckt (Cárdenas 1972), an Prof. Cárdenas übergeben und seitdem nicht mehr wiedergefunden. Demnach gehen alle in den Sammlungen anzutreffenden Pflanzen auf diese erste Aufsammlung zurück. Widersprüchliche Angaben in der späteren Literatur, allesamt auf Vermutungen oder Irrtümern basierend, brachten eher Verwirrung als Aufklärung. So wird der Standort von *S. glomeriseta* immer wieder auf die Hacienda Ressini in der Umgebung von Sucre verlegt, was nicht haltbar ist. Auch Donalds Angabe der Hacienda Choro zwischen Kami und Independencia (Brederoo und Donald 1986a) ist falsch. Die Pflanzen kommen viel weiter nördlich vor, nämlich in der Nähe des Rio Cotacajes, 60 km nördlich von Kami und 30 km nördlich von Independencia, wo es ebenfalls eine Hacienda Choro gibt. Dies geht aus der oben zitierten Literaturstelle eindeutig hervor. Bedingt durch die falschen Standortangaben kam es dann auch immer wieder zu unzutreffenden Vermutungen bezüglich der Verwandtschaftsverhältnisse. Die abwegigste dieser Vermutungen stammt von Backeberg, der *S. glomeriseta* in die Nähe von *Rebutia fiebrigii* rückte. Aber auch die Verbindung zu *S. arenacea* und *S. candiae*, die Donald zu sehen glaubte, erscheint uns nicht richtig. Sein Irrtum erklärt sich allerdings aus der fälschlichen Annahme, *S. glomeriseta* käme zwischen Kami und Independencia vor. Als nächste Verwandte muss ohne Zweifel *S. menesesii* angesehen werden. Morphologische Gemeinsamkeiten und das vermutlich gleiche Siedlungsgebiet legen diesen Schluss nahe. Cárdenas hatte jedoch zum Zeitpunkt der Erstbeschreibung von *S. glomeriseta* keine direkte Vergleichsmöglichkeit, denn *S. menesesii* wurde von E. Meneses erst im Mai 1958 entdeckt. Im Gegensatz zu *S. glomeriseta* ist uns heute die Lage der Fundstelle von *S. menesesii* gut bekannt. Besonders die Höhe der Fundstelle ist mit 1 200 m über NN verlässlich dokumentiert.

Cárdenas lehnte bekanntlich die Gattung *Sulcorebutia* zeitlebens ab und beschrieb diese Pflanzen seiner Konzeption entsprechend als *Rebutia glomeriseta*. Erst später erkannte Ritter, dass die vorliegenden Pflanzen weit mehr Gemeinsamkeiten mit der nunmehr schon umfangreicheren Gattung *Sulcorebutia* aufwiesen als mit *Rebutia*, weshalb er sie 1961 umkombinierte. Ohne Zweifel ist *S. glomeriseta* einer der eigenartigsten Vertreter der Gattung *Sulcorebutia*. Neben dem Vorkommen in sehr geringen Höhen an der Nordgrenze des Verbreitungsgebietes gibt es auch einige morphologische Besonderheiten. Im Gegensatz zu den meisten anderen Sulcorebutien bildet *S. glomeriseta* keine Rübenwurzel aus, die Blüte enthält auffallend wenige Staubfäden und die Samen sind die kleinsten der Gattung, wenngleich es sich eindeutig um *Sulcorebutia*-Samen handelt.

Auch wegen dieser morphologischen Besonderheiten war *S. glomeriseta* Gegenstand mancher Spekulationen. Die einen sahen in dieser Art einen Vertreter von *Rebutia* im Sinne von Schumann, andere eine *Weingartia* im Sinne Werdermanns. Tatsache ist jedoch, dass andere Merkmale zu *Sulcorebutia* weisen und dort sollte sie auch belassen werden, zumindest solange nicht Standortuntersuchungen etwas anderes beweisen.

Literturhinweise: Cárdenas (1972), Fritz (1982b)

Sulcorebutia inflexiseta (Cárdenas) Donald

(lat. inflexisetus = mit gebogenen Borsten; nach den gebogenen, borstenartigen Dornen)

> Cárdenas, M. (1970): New Bolivian Cactaceae XII – Rebutia inflexiseta Cárd. spec. nov. – The Cactus and Succulent Journal (U. S.) 42 (1): 36–37
> Donald, J. D. (1971): In defense of Sulcorebutia – Sulcorebutia inflexiseta (Cárd.) Don. nov. comb. – The Cactus and Succulent Journal (U. S.) 43 (1): 38

In Ermangelung gesicherten Pflanzenmaterials geben wir hier die Übersetzung der Erstbeschreibung von Dieter Szemjonneck aus Brinkmann, „Die Gattung Sulcorebutia" wieder (mit freundlicher Genehmigung des Buchautors Karlheinz Brinkmann).

Körper einzeln oder sprossend, flach wurzelnd in erdgefüllten Steinspalten. Einige Pflanzen mit mehreren Köpfen auf einer einzigen Wurzel. Körper kugelförmig, 1,0 bis 2,5 cm lang und 2,0 bis 3,5 cm breit, hellgrün. Scheitel eingesenkt. Rippen 14 bis 17, spiralig, gehöckert. Höcker rundlich gedrückt, 4 bis 5 mm Ø. **Areolen** 3 bis 4 mm voneinander entfernt, 2 bis 4 mm lang mit wenig grauem oder weißlichem Filz. **Dornen** 14 bis 18, pektinat angeordnet, steif bis biegsam, angedrückt oder spreizend, ineinander verwoben, weißlich gelb, am Grunde schwärzlich und verdickt, 5 bis 10 mm (laut lateinischer Übersetzung) / 5 bis 19 mm (laut englischem Text) lang. **Blüten** trichterförmig, an der Basis entspringend, 3 cm lang, 2 cm breit, magenta. Fruchtknoten 4 mm lang, lattichgrün, mit stumpfen und breiten Schuppen besetzt. Blütenröhre ungefähr 1 cm lang mit 3 × 2 mm großen, hellgrünen Schuppen besetzt, **äußere Perianthblätter** spatelförmig, 20 × 4 mm, magentalila, **innere Perianthblätter** weniger zahlreich als die äußeren, lanzettförmig, 16 × 3 mm groß, oben magenta, unten weißlich. **Staubgefäße** vom Grunde der Röhre bis zum Beginn der Petalen angesetzt, 5 mm lang. Staubfäden dunkelmagenta, Staubbeutel ganz hellgelb. **Griffel** 16 mm lang, hellgrün. Narbenäste sehr kurz, ungefähr 7, smaragdgrün.

Vorkommen: Dept. Chuquisaca, Prov. Zudañez, in der Umgebung von Presto, 2 400 m.

Feldnummer: Cárd.6308 (Typaufsammlung)

Bemerkungen: Ähnlich wie bei einigen anderen Beschreibungen von Cárdenas besteht auch bei dieser Art große Unsicherheit bezüglich ihrer Identifizierung. Die Angaben zum Fundort stammen vom Entdecker E. Meneses, der die Pflanzen im Mai 1969 fand und Cárdenas zur Bearbeitung übergab. Es existiert unseres Wissens kein Herbarmaterial. In unseren Sammlungen sind zwei unterschiedliche Formen anzutreffen, wovon die eine Form durchaus aus der Umgebung von Presto stammen könnte, aber in kaum einem Merkmal mit der Erstbeschreibung in Übereinstimmung zu bringen ist. Sie hat ähnlich S. pasopayana dunkelrote Blüten mit grünen Narbenästen und purpurnen Staubfäden, während in der Beschreibung von „magentalila" die Rede ist. Habituell gibt es keine Übereinstimmung mit den bekannten Populationen dieser Gegend. Die andere Form (Herkunft Diers) entspricht schon eher der von Cárdenas beschriebenen Pflanze, aber auch sie hat rote Blüten. Verschiedentlich wurde auch schon der Verdacht geäußert, dass Cárdenas unterschiedliche Formen derselben Population als S. caracarensis, inflexiseta und S. pulchra beschrieben habe, wie er das angeblich auch in anderen Fällen getan hat (siehe „Zusammenfassende Bemerkungen zum Komplex von Sulcorebutia breviflora"). Tatsache ist, dass alle drei Arten vom gleichen Sammler stammen, dass sie mehr oder weniger gleichzeitig an Cárdenas übergeben wurden (Mai/Juni 1969) und dass sie im gleichen Artikel nacheinander publiziert worden sind. Leider sind die Standortangaben so diffus, dass sie keinerlei Schlussfolgerungen erlauben. Der Verdacht, dass zwei oder gar alle drei der oben erwähnten „Arten" aus der gleichen Aufsammlung entstammen, wird noch stärker, wenn berücksichtigt wird, dass es nur wenige Kilometer von der Population entfernt, die wir heute als S. pulchra ansehen, Pflanzen gibt, die durchaus mit den damals beschriebenen Pflanzen übereinstimmen könnten. Die Schwierigkeit besteht darin, dass wir einerseits kaum gesichertes Material von S. inflexiseta besitzen, und andererseits auch nicht ganz sicher wissen, was Rebutia pulchra sensu Cárdenas ist. Die von Cárdenas angeführten Unterschiede zu „anderen Arten der Gattung", wie die biegsamen, längeren oberen Dornen und die wenigen Blütenblätter, lassen weder eine Abtrennung von S. pulchra zu, noch von irgendwelchen anderen Sulcorebutien. Ob die Pflanze, die Gertel von John Donald als Isotyp, Herkunft UCBG, erhalten hat, tatsächlich authentisches Material darstellt, wird heute stark angezweifelt. Von S. caracarensis (siehe dort) haben wir inzwischen gutes Vergleichsmaterial und glauben hier auch schon etwas mehr zu wissen.

Literaturhinweise: Übersetzung der Erstbeschreibung (Reischütz 1972), Gertel (1989b)

Sulcorebutia krahnii Rausch
(nach dem Entdecker, dem deutschen Kakteenfreund Wolfgang Krahn)

> Rausch, W. (1970): Neue Arten der Gattung Sulcorebutia Backeb. – Sulcorebutia krahnii Rausch spec. nov. – Kakteen und andere Sukkulenten 21 (6): 104

S. krahnii

◆ Oben: *Sulcorebutia inflexiseta* – Rausch-Klon.
◆ Unten: *Sulcorebutia krahnii* HS33.

seltener aus den tieferen, alten Areolen entstehend. **Blüte** 2,5 bis 3,5 cm lang und ebensolcher Ø, geruchlos, manchmal fruchtig oder muffig, gelegentlich nach Zitronenmelisse und auch (laut Krahn) nach Jasmin duftend. **Äußere Blütenblätter** schuppenartig angeordnet, gelb mit zum Teil dunklerer, rötlich brauner Spitze, **innere Blütenblätter** gelb, an der Basis hellgelb bis weiß. **Staubfäden** gelb bis gelblich. **Griffel** weißlich bis gelblich, mit 5 bis 6 weißlichen bis gelblichen Narbenästen. **Frucht** bräunlich, 5 mm Ø mit gleichfarbigen Schuppen, hinter den untersten Schuppen wenige weiße Haare, oft kaum zu entdecken. **Samen** 1,2 bis 1,3 mm lang und 1,1 bis 1,2 mm breit.

Vorkommen: Dept. Sta. Cruz, Prov. Caballero, in der Umgebung von Comarapa, Cerro Tukiphalla, 2 300 bis 2 480 m. (Karte S. 42)

Feldnummern: G175, G175a, HS33, HS33a, L340, R269 (Typaufsammlung), RV325 WK279

Körper einzeln, dunkel- bis olivgrün, bis 10 cm hoch und bis 7 cm dick, in eine kleine, bis 7 cm lange und stark verästelte Rübenwurzel übergehend. Bei großen Pflanzen ist die Wurzelrübe kaum noch zu erkennen. **Areolen** rundlich bis oval, 3 bis 4 mm lang, 2 bis 3 mm breit. **Dornen** 20 bis 30, strahlig abstehend, zum Teil etwas verflochten, borstig. **Rand-** und **Mitteldornen** schwer zu unterscheiden, bis 14 mm lang, gelb bis fast schwarz, mit hellerer oder dunklerer, leicht verdickter Basis. **Knospen** bräunlich, meist aus seitlichen, mehrjährigen,

Bemerkungen: Aufgrund des häufig auch scheitelnahen Blütenansatzes, der gelben Blütenfarbe und der nicht sehr ausgeprägten Rübenwurzel wurde S. krahnii anfänglich mit *Weingartia* in Verbindung gebracht. Der ursprüngliche, provisorische Name *S. weingartioides* drückt dies aus. Tatsächlich ist *S. krahnii* der östlichste Vertreter jener Gruppe, die sich den Umständen der nordöstlichen Verbreitungsgrenze am Rand des Chaparé angepasst hat. Neben *S. krahnii* gehören *S. tiraquensis* var. *tiraquensis* und *S. tiraquensis* var. *lepida* hierher. Schon Wilhelm Simon (1969) wies auf diese Zusammenhänge hin. Allerdings bringt er Namen und Pflanzen etwas durcheinander, denn er überschreibt den kurzen Absatz mit „*Sulcorebutia weingartioides* Ritter sp. nov.", beschreibt aber eindeutig *S. weingartioides* Krahn n.n., die spätere *S. krahnii*, ein Umstand, der immer wieder zu Verwirrung führte. *S. weingartioides* Ritter n.n. **FR944** ist inzwischen als *S. oenantha* var. *pampagrandensis* identifiziert (Fritz 1984b).

Wir kennen *S. krahnii* von Standorten, die alle in den Bergen nördlich von Comarapa gelegen sind. All diese Habitate sind sehr klein und befinden sich auf Lichtungen mitten im Nebelwald. Auffallend ist der starke Bewuchs mit Farnen, Moosen und Flechten, auch Bromeliengewächse und Orchideen sind in der direkten Umgebung von *S. krahnii* zu finden, was klar auf ein humides Umfeld hinweist. So ist dann auch die ganze Gegend, in der *S. krahnii* vorkommt, selbst in der Trockenzeit viel grüner, als dies an anderen *Sulcorebutia*-Standorten gewöhnlich der Fall ist.

Die Variationsbreite von *S. krahnii* ist relativ gering. Lediglich in der Färbung der Dornen, die von honiggelben bis braunen oder graubraunen Tönen reicht, gibt es Unterschiede. Die Blüten sind relativ klein und immer gelb. Das ist eigentlich das einzige Merkmal, welches *S. krahnii* vom Rest der *Tiraquensis*-Sippe unterscheidet.

Literaturhinweise: Fritz (1980), Krahn (1971), Gertel (1996b)

Sulcorebutia krugeri (Cárdenas) Ritter var. krugeri
(nach der Entdeckerin, der Deutsch-Bolivianerin Anna Maria Krüger)

> Cárdenas, M. (1957): Nouvelles Cactées Boliviennes (V) – Aylostera krugeri Cárdenas nov. sp. – Cactus (F) 12 (57): 260–261
> Ritter, F. (1961): Sulcorebutia Backeberg – Sulcorebutia kruegeri (Cárdenas) Ritter nov. comb. – The National Cactus and Succulent Journal (GB) 16 (4): 81
> Hunt, D. R. (1997): Rebutia steinbachii ssp. kruegeri (Cárdenas) D. R. Hunt – Cact. Consensus Init. No. 3: 6

Körper sprossend, hell- bis dunkelgrün, bis 2 cm hoch und 3 cm dick, in eine bis zu 15 cm lange Rübenwurzel übergehend. **Areolen** schmal, 2 bis 3 mm lang, 1 mm breit. **Dornen**

◆ Oben: *Sulcorebutia krugeri* var. *krugeri* HS130 am Standort nördlich von Cochabamba.
◆ Mitte: *Sulcorebutia krugeri* var. *krugeri* Cárd. 5495 (Typaufsammlung).
◆ Unten: *Sulcorebutia* spec. JD134 vom Standort nahe der Straße Cochabamba – Colomi.

kammförmig anliegend, etwas verflochten. **Randdornen** 16 bis 20, 2 bis 3 mm lang, weißlich mit bräunlicher Basis bis ganz bräunlich, im Scheitel oft borstig und leicht rosa. Jeweils zwei bis drei Dornen nach unten, ein Dorn nach oben weisend. Keine **Mitteldornen**. **Knospen** bräunlich, aus den tieferen, älteren Areolen entstehend. **Blüten** 20 bis 30 mm lang und ebensolcher Ø, geruchlos bis stark muffig duftend. **Äußere Blütenblätter** gelb bis bräunlich, zum Teil auch rötlich, an der Basis etwas dunkler, **innere Blütenblätter** gelb bis hellorange. **Staubfäden** gelblich. **Griffel** gelblich, mit 4 bis 5 gelblichen Narbenästen. **Frucht** bräunlich, 5 mm Ø mit bräunlichen bis rotbraunen Schuppen, hinter den untersten Schuppen sehr viele feine weiße Haare. **Samen** 1,1 bis 1,3 mm lang und 1,0 bis 1,2 mm breit.

Vorkommen: Dept. Cochabamba, Prov. Cercado, am nordöstlichen Stadtrand von Cochabamba, 2 600 m. (Karte S. 38)

Feldnummern: Cárd.5495 (Typaufsammlung), HS130, KA222, R250, RV105, WK177, ohne Feldnummer von Riesener

Bemerkungen: Der Artname wird bereits in der Erstbeschreibung unterschiedlich geschrieben – im Titel und bei der lateinischen Diagnose als „krugerii", in einer Bildunterschrift als „krügerii". Backeberg nannte die Pflanze später „kruegeri" und auch Ritter verwendete im Zuge seiner Umkombination „kruegeri". Sicherlich wäre „kruegeri" richtig, denn die Pflanzen wurden zu Ehren von Frau Anna Maria Krüger benannt, die Regeln des ICBN verlangen aber, dass der Name der Erstbeschreibung beibehalten werden muss, auch wenn er nicht ganz korrekt ist. Ziemlich unverständlich ist allerdings, dass Cárdenas diese Art als *Aylostera* beschrieben hat. Alle anderen Sulcorebutien, mit Ausnahme von *Aylostera zavaletae*, hat er als *Rebutia* publiziert. Mit den Pflanzen der Gattung *Aylostera* hat *S. krugeri* var. *krugeri* so gut wie keine Ähnlichkeit. Besonders offensichtlich wird das beim Vergleich des Blütenschnittes einer *Aylostera* mit dem einer *S. krugeri* var. *krugeri*.

Der Standort von *S. krugeri* var. *krugeri*, der ursprünglich nur etwa 2 000 bis 3 000 m² Ausdehnung hatte und keine 2 Kilometer Luftlinie vom Botanischen Garten „Martín Cárdenas" entfernt lag, ist durch die Ausdehnung der Stadt Cochabamba zerstört worden. Noch in den 70er und 80er Jahren wurde *S. krugeri* von Paul Riesener und Heinz Swoboda am nördlichen Stadtrand gefunden. Der mit den wirtschaftlichen Verbesserungen einhergehende Bauboom der späten 80er und der 90er Jahre fegte diesen Standort leider von der Landkarte und es ist heute davon auszugehen, dass der Typstandort von *S. krugeri* var. *krugeri* nicht mehr existiert. Ob es in der Nähe von Cochabamba andere Standorte gibt, ist nicht bekannt.

S. krugeri var. *krugeri* ist zweifelsohne ein Bestandteil des Formenkreises von *S. steinbachii*. Allerdings ist sie so weit verschieden, dass sie ein eigenständiges Taxon bleiben muss. Nächste Verwandte sind *S. krugeri* var. *hoffmannii* und einige Populationen, die häufig noch als *S. cochabambina* Rausch in den Sammlungen stehen und nach unserer Ansicht zu *S. krugeri* var. *hoffmannii* zu stellen sind. *S. krugeri* var. *krugeri* ist ziemlich einheitlich. Alle Pflanzen in unseren Sammlungen sind mehr oder weniger weißlich bis bräunlich und anliegend bedornt. Die Variationsbreite der Blütenfarbe reicht von Gelb bis Gelborange. Bestimmt hatte Donald recht, als er behauptete, in **JD134** eine Form oder zumindest eine nahe Verwandte von *S. krugeri* var. *krugeri* gefunden zu haben. Die kleinen, gruppenbildenden Pflänzchen sind sehr auffällig und in jeder Sammlung sofort zu erkennen. Im Gegensatz zu *S. krugeri* var. *krugeri* haben sie rot gefärbte Blüten. Obwohl wir von Donald ziemlich genaue Angaben haben, nämlich Kilometer 22 an der Straße Cochabamba – Colomi, hat seit der Huntington-Expedition 1984, welcher Donald angehörte, niemand mehr diese interessanten Pflänzchen gefunden. Die Frage, ob **JD134** eine

Varietät von *S. krugeri* var. *krugeri* ist oder ob sie besser an anderer Stelle einzuordnen ist, sollte im Rahmen einer größeren Studie des gesamten Komplexes von *S. krugeri* geklärt werden.

Literaturhinweise: Frank (1962), Milkuhn und Spanowsky (1977), Augustin (1989b)

Sulcorebutia krugeri (Cárdenas) Ritter var. hoffmannii Augustin et Hentzschel var. nov.

(nach dem Entdecker, Dr. Werner Hoffmann, Deutschland)

A typo differt: **Corpore** solitario, interdum et proliferanti, olivaceo ad perviridi, ad 40 mm alto et 45 mm diametienti; superficie tuberculis spiraliter dispositis, 8 mm longis, 5 mm latis et 2–3 mm altis obtecta; **areolis** oblongis, 5 mm longis et 1,5 mm latis; **spinis** 18–24 validioribus, quarum marginales 16–20, pectinate dispositae, ad 8 mm longae, albescentes ad brunnescentes, basi paulo crassata et atriore sunt; centrales 2–4, brunneae ad atrobrunneae basi clariore, ad 14 mm longae et marginalibus crassiores rigide distant; **gemmis** perviridibus ad rubrobrunneis; **flore** 35 ad 50 mm longo et 30 ad 40 mm diametienti, inodorato ad valde situm redolenti, foliis perianthii exterioribus rubris basi flava, interioribus flavis basi violacea, partim acuminibus rubris.

Habitat: Bolivia, departmento Cochabamba, provinciis Arani et Punata, ad 50–65 km in orientem urbis Cochabamba in montibus in orientem et inter ortum solis et meridiem oppidi La Villa in altitudine 3 100–3 200 m.
Nominata ab inventore Dr. Werner Hoffmann, Germania.

Typus **Rausch 254**, depositus in herbario collectionis succulentarum municipalis tiguriensis. (ZSS, Holotypus) Bolivia, Cochabamba, Prov. Punata, prope La Villa, 3 100 – 3 200 m.

Unterscheidet sich von *S. krugeri* var. *krugeri* durch: **Körper** einzeln, zum Teil auch sprossend, dunkel- bis olivgrün, bis 4 cm hoch und 4,5 cm dick. Körperoberfläche in spiralig angeordnete, 8 mm lange, 5 mm breite und 2 bis 3 mm hohe Höcker gegliedert. **Areolen** länglich, 5 mm lang und 1,5 mm breit. **Dornen** 18 bis 24, kräftiger als bei *S. krugeri* var. *krugeri*. **Randdornen** 16 bis 20, kammförmig anliegend, bis 8 mm lang, weißlich bis bräunlich, mit etwas verdickter, dunklerer Basis. **Mitteldornen** 2 bis 4, starr abstehend, braun bis dunkelbraun mit heller Basis, bis 14 mm lang, dicker als die Randdornen. **Knospen** dunkelgrün bis rötlich braun. **Blüten** 35 bis 50 mm lang und 30 bis 40 mm Ø, geruchlos bis stark muffig riechend. **Äußere Blütenblätter** rot mit gelber Basis, **innere Blütenblätter** gelb zum Teil mit roten Spitzen, Basis violett. An verschiedenen Standorten kommen Populationen mit rein hellvioletten Blüten vor.

Vorkommen: Dept. Cochabamba, Prov. Arani und Punata, 50 bis 65 km östlich von Cochabamba, in den Bergen östlich und südöstlich der Ansiedlung La Villa, 3 100 bis 3 200 m. (Karte S. 38)

Feldnummern: G85, G194, G195, HS90, HS90a, KA33, KK1213, R254 (Typaufsammlung), **R275** (pro parte)

Bemerkungen: *S. krugeri* var. *hoffmannii* wurde von Werner Hoffmann auf einer seiner Bolivienreisen gefunden und später von Backeberg in Cactaeae, Band III (1959) zu Ehren des Entdeckers als *Lobivia hoffmanniana* beschrieben. Die Beschreibung beschränkte sich auf habituelle Merkmale. Außerdem wurde kein Typmaterial hinterlegt. Aus diesen Gründen war die Erstbeschreibung ebenso ungültig wie alle auf ihr basierenden Umkombinationen, einschließlich der Kombination zu *Sulcorebutia*. Auch die von John Donald (1986) vorgenommene Umkombination zu *S. kruegeri* var. *hoffmanniana* kann wegen des ungültigen Basionyms keine Anerkennung finden. Aus diesem Grund haben wir uns entschlossen, diese Varietät unter Beibehaltung ihres ursprünglichen Namens neu zu beschreiben. Da

► Oben: *Sulcorebutia krugeri* var. *hoffmannii*, links KK1213, rechts R254 (Typaufsammlung).
► Mitte: *Sulcorebutia krugeri* var. *hoffmannii* G194.
► Unten: *Sulcorebutia krugeri* var. *hoffmannii* KK1213 mit schwarzen Dornen und sehr dunkler Epidermis.

allerdings der Entdecker der neuen Art geehrt wird, sollte der Name „*hoffmannii*" lauten.

In der ungültigen Erstbeschreibung von *Lobivia hoffmanniana* wird „Obrajes" in der Provinz Oruro als Standort angegeben, eine Angabe, die von allen mit den Gegebenheiten vertrauten Sammlern, bezweifelt wurde und immer noch wird. Uns erscheint dieser Standort sehr unwahrscheinlich, denn bisher wurden auf der Westseite der Cordillera Oriental keinerlei Sulcorebutien gefunden. Andererseits wurden von Walter Rausch über 100 km weiter östlich bei La Villa, also mitten im Verbreitungsgebiet der Gattung *Sulcorebutia*, Pflanzen entdeckt (**R254**), die von denen Hoffmanns nicht zu unterscheiden sind. So schreibt Rausch dann auch in „Lobivia 85": „Der Fundort dieser Population (*Lobivia oligotricha* – die Autoren) ist ... Cuchu Punata (50 km östlich von Cochabamba). Auch Hoffmann sammelte diese Pflanzen am gleichen Ort, die später Backeberg als *Lobivia neocinnabarina* beschrieben hatte (zusammen mit seiner *Parodia schwebsiana* var. *applanata* und *Sulcorebutia hoffmanniana*)." Auch Ritter vermerkt in seinem Lebenswerk „Kakteen in Südamerika" in Band 2, Seite 436, im Zusammenhang mit *Lobivia microthelis*, die wohl mit *Lobivia oligotricha* identisch ist: „Sie wurde auch von W. Hoffmann gefunden, unabhängig von mir, an der gleichen Verkehrsstraße." (Straße Cochabamba – Sta. Cruz – die Autoren). Er erwähnt zwar keine *Sulcorebutia*, der Satz ist aber zumindest ein Hinweis, dass Ritter offensichtlich wusste, dass Hoffmann bei La Villa gesammelt hatte. Da allerdings letzte Zweifel nicht auszuräumen sind, verwenden wir als Holotyp für *S. krugeri* var. *hoffmannii* Augustin et Hentzschel nicht das vorhandene Originalmaterial von Hoffmann, sondern ein Exemplar von **R254**, deren Standort bei La Villa uns wohl bekannt ist.

S. krugeri var. *hoffmannii* ist eine nicht sehr einheitliche Varietät, die über den ganzen Ostrand der beiden Becken von Cochabamba und Tarata/Arani verbreitet ist. Neben dem für die Erstbeschreibung verwendeten Pflanzentyp, der seine kräftige Bedornung allerdings erst im Alter entwickelt, gibt es bei *S. krugeri* var. *hoffmannii* auch Pflanzen, die immer im Jugendstadium verharren und kaum je Mitteldornen ausbilden. Ein Beispiel dafür ist die abgebildete „schwarze Form", deren Bedornung im Laufe der Zeit zwar etwas gröber wird, die aber je nach Aufstellung höchstens gelegentlich einmal einen Mitteldorn bildet. Die meisten der violettblütigen Formen bilden nie Mitteldornen. Wir betrachten folgende Populationen als zu *S. krugeri* var. *hoffmannii* gehörig:
- Südlich der Straße Cochabamba – Sta. Cruz, auf den nach Süden verlaufenden Höhenrücken. Hier kommen sowohl rot und gelb, wie auch violett blühende Formen vor. Insgesamt gesehen sind dort die Pflanzen etwas zierlicher (**KA33**, **HS90**). Vielfach steht dieser Pflanzentyp unter dem Namen *S. cochabambina* in den Sammlungen.

Sulcorebutia langeri – Aufsammlung Köhres vom Typstandort.

- Nördlich der Straße Cochabamba – Sta. Cruz, auf den nach Tiraque und Aguirre ausgerichteten Höhenrücken. Hier wurden bisher, von ganz wenigen Ausnahmen abgesehen, nur rotgelb blühende Formen beobachtet (**HS90a**, **G184**). Dazu gehört auch der Typstandort auf einem Hügel direkt nördlich von La Villa. Von dort stammen sowohl **R254**, als auch die Aufsammlung von Riesener, die vor vielen Jahren als *S. spec. de La Villa* nach Deutschland kam, und die weit verbreitete *S. vanbaelii* Knize n.n. **KK1213**. Vermutlich stammen auch die Pflanzen Hoffmanns von dort.
- Östlich dieses Vorkommens, entlang der Straße und um die Ansiedlung Tiraque wächst eine Population, die ebenfalls in vielen Sammlungen als *S. cochabambina* geführt wird.

Rausch hatte mit der Beschreibung von *S. cochabambina* ein von Anfang an heftig umstrittenes Taxon kreiert, was vor allen Dingen damit zusammenhing, dass er schon bei der Erstbeschreibung Populationen zu der neuen

Art stellte, die ganz offensichtlich nichts miteinander zu tun haben. So war schon sehr früh klar, dass beispielsweise *S. pojoniensis* Rausch n.n. (**R671**) nicht sehr viel mit den anderen zu *S. cochabambina* gestellten Populationen gemein hat. Selbst Rausch bezeichnete die Pflanzen als „*Sulcorebutia taratensis* var. *minima* nahestehend"[2]. Auch **R611** (*S. cochabambina* de Tolata bzw. *S. clizensis* n.n.) sowie die als Typform ausgewiesene Feldnummer **R275** passen nicht zusammen und sind in sich sehr heterogen. Ein Teil der bekannten Pflanzen kann sofort als *S. steinbachii* identifiziert werden, andere passen besser zu *S. krugeri* var. *hoffmannii*. Auch die meisten der später mehr oder weniger wahllos zu *S. cochabambina* gestellten Funde gehören zweifelsohne zu *S. krugeri* var. *hoffmannii*. Genau genommen unterscheiden sich diese Pflanzen von den feinbedornten Formen von *S. krugeri* var. *hoffmannii* nur durch die hellviolette Blüte. Wir sind der Ansicht, dass *S. cochabambina* als eigenes Taxon keine Existenzberechtigung hat und ziehen sie dementsprechend zu *S. krugeri* var. *hoffmannii* ein, wohl wissend, dass ein Teil der in den Sammlungen befindlichen Pflanzen zu *S. steinbachii* zu zählen ist.

Sehr oft sind in der unmittelbaren Nachbarschaft dieser Standorte, meist in höheren Lagen, auch die unterschiedlichsten Formen von *S. steinbachii* var. *steinbachii* zu finden. Auch in der Cordillera de Cochabamba, unterhalb altbekannter Standorte von *S. steinbachii* var. *steinbachii*, gibt es Pflanzen, die vermutlich zu *S. krugeri* var. *hoffmannii* zu stellen sind. Sie stehen in den Sammlungen meist als *S. seinoiana* n.n. und kommen aus den Bergen nördlich von Sacaba. Auch oberhalb des ehemaligen Standortes von *S. krugeri* var. *krugeri* wächst *S. steinbachii* var. *steinbachii*. Vermutlich stellt der Komplex von *S. krugeri* eine an tiefere Lagen angepasste Variante von *S. steinbachii* dar, eine Vermutung, die auch Rausch bereits geäußert hat. Um diese Hypothese zu überprüfen, müssen aber noch viele Daten gesammelt und Vergleiche angestellt werden, bevor eine fundierte Aussage gemacht werden kann.

Synonym:
Sulcorebutia cochabambina Rausch – Succulenta 64 (7–8): 152–153, 1985

Literaturhinweis: Backeberg (1959)

Sulcorebutia langeri Augustin et Hentzschel
(nach dem Entdecker, dem deutschen Dominikanerpater Andreas M. Langer, Bolivien)

Augustin, K. und Hentzschel, G. (1999): Sulcorebutia langeri spec. nov. – Eine neue Sulcorebutia aus dem Osten Boliviens – Kakteen und andere Sukkulenten 50 (8): 199–204

Körper sprossend, im Alter große Gruppen mit bis zu 60 Einzelköpfen bildend, rötlich braun, 1,5 bis 3,0 cm hoch, 1,0 bis 2,5 cm dick, in eine mehrfach geteilte, bis 12 cm lange Rübenwurzel übergehend. **Areolen** strichförmig, 1,5 bis 3,0 mm lang, 0,7 bis 0,9 mm breit. **Dornen** 20 bis 25, 1 bis 2 mm lang, kammförmig angeordnet, etwas krallenartig, teilweise miteinander verflochten, an der Basis verdickt, weiß, sehr rau. Keine **Mitteldornen**. **Knospen** grünlich bis bräunlich, aus basisnahen, älteren Areolen entstehend. **Blüten** 25 bis 35 mm lang und ebensolcher Ø, geruchlos bis muffig riechend. **Äußere Blütenblätter** gelb bis bräunlich mit rötlich braunen Spitzen, Basis etwas heller, **innere Blütenblätter** gelb, zum Teil mit rotbraunen Spitzen. **Staubfäden** den Griffel überragend, gelblich. **Griffel** gelblich, mit 4 bis 6 weißen Narbenästen. **Frucht** grün bis bräunlich, 5 bis 6 mm Ø, mit etwas dunkleren, spatelförmigen Schuppen, hinter den untersten Schuppen feine weiße Haare. **Samen** 1,1 bis 1,2 mm lang und 0,8 bis 0,9 mm breit.

Vorkommen: Dept. Sta. Cruz, Prov. Vallegrande, wenige Kilometer nördlich von Vallegrande, 2 100 m. (Karte S. 45)

---

[2] *S. taratensis* var. *minima* wird von uns zu *S. verticillacantha* var. *taratensis* eingezogen.

Feldnummern: HS240 (Typaufsammlung), RH1639; ohne Feldnummer von Pater Langer, Köhres und anderen gesammelt

Bemerkungen: *S. langeri* wurde 1978 von dem deutschstämmigen Pater Andreas Langer aus Comarapa, nur wenige Kilometer nördlich von Vallegrande, in einer für Sulcorebutien recht ungewöhnlichen Region und Landschaft entdeckt. Einige Pflanzen gelangten zu Jürgen Falkenberg nach Deutschland, welcher den Fund gemeinsam mit Klaus Neumann (1981) in verschiedenen Fachzeitschriften vorstellte, und sie provisorisch nach dem Entdecker benannte. Nur wenig später fand auch Gerhard Köhres diese neue Art. Nach der ersten Aufregung wurde es leider ziemlich ruhig um *S. langeri*. Es hieß zwar immer wieder, sie solle beschrieben werden, aber lange Zeit ist das nicht geschehen. Erst jetzt, im Zusammenhang mit den Vorarbeiten zu diesem Buch, beschlossen die Autoren, diese schöne Art zu legalisieren. Unser Dank gilt Herrn Klaus Neumann aus Berlin, der das vorhandene Material zur Verfügung stellte.

S. langeri ist die östlichste bisher bekannte *Sulcorebutia* überhaupt. Ihr isoliertes Vorkommen am Rand des Verbreitungsgebietes, der nahezu vollkommen einheitliche Habitus, die durchweg gelbe Blütenfarbe und die sehr dunkle Epidermis machen sie zu einem der interessantesten Funde der letzten Jahrzehnte. Trotzdem wurde sie eigentlich nur von den Liebhabern wahrgenommen, denn in taxonomischen Arbeiten der letzten Jahre wurde sie vollkommen ignoriert. Normalerweise wären in der schon zum Chaco gehörenden Gegend um Vallegrande keine Sulcorebutien mehr zu erwarten, denn Sulcorebutien sind allgemein als Bewohner der Bergwelt Boliviens bekannt. Andererseits wissen wir inzwischen, dass Sulcorebutien durchaus in der Lage sind, sich auch relativ niedrigen Höhenlagen anzupassen. Von daher ist die geringe Höhe des Vorkommens von nur 2 000 m nicht so überraschend. Die nächsten Verwandten von *S. langeri* können nur vermutet werden, denn Übergänge zu anderen Sulcorebutien sind nicht bekannt. Der nächstgelegene Nachbar und auch morphologisch gesehen sehr nahestehend ist *S. cardenasiana*. Beide Arten haben ähnliche Blüten und auch hinsichtlich des gesamten Habitus sind Ähnlichkeiten zwischen *S. langeri* und den westlich von Pasorapa vorkommenden Formen von *S. cardenasiana* (**HS41**, **G173**) zu erkennen. Besonders interessant ist in diesem Zusammenhang, dass beide Arten sehr raue, fast könnte man sagen, gefiederte Dornen haben. Da dieses Merkmal auch bei *S. augustinii* zu finden ist, wurde diese gelegentlich schon mit *S. langeri* in Verbindung gebracht (pers. com.).

Literaturhinweise: Falkenberg und Neumann (1981a und b), Neumann (1981)

Sulcorebutia losenickyana Rausch var. losenickyana

(nach Egon Losenicky, Österreich, einem Freund Walter Rauschs)

> Rausch, W. (1974): Sulcorebutia losenickyana Rausch spec. nov. – Kakteen und andere Sukkulenten 25 (3): 49–50

Körper einzeln bis sprossend, hell- bis dunkelgrün, 2 bis 6 cm hoch und auch dick, in eine 15 cm lange, manchmal noch wesentlich längere, dann vielfach geteilte, dünne Rübenwurzel übergehend. **Areolen** länglich, 4 bis 6 mm lang, 1,0 bis 1,5 mm breit. **Randdornen** 14 bis 16, strahlend abstehend, aber auch pektinat, anliegend und verflochten, bis 15 mm lang, gelblich, bräunlich bis dunkelbraun, zum Teil mit verdickter, dunklerer Basis, manchmal aber auch mit heller Basis und dunklerer Spitze. **Mitteldornen** 0 oder 1 bis 3, bis 25 mm lang, Farbe wie die Randdornen. **Knospen** bräunlich bis rötlich braun, aus den tieferen, älteren Areolen entstehend. **Blüten** bis 35 mm lang und ebensolcher Ø, geruchlos bis leicht muffig riechend. **Äußere Blütenblätter** rot mit bräunlicher Basis oder mehr oder weniger hellviolett, **innere Blütenblätter** rot mit zum Teil

◆ *Sulcorebutia langeri* am Standort nördlich von Vallegrande.

gelber oder violetter, manchmal auch hellerer bis weißer Basis. **Staubfäden** weißlich bis hellgelb, Basis manchmal auch rötlich oder violett. **Griffel** gelblich bis grünlich, unten manchmal auch rötlich oder violett, mit 4 bis 5 gelblichen bis leicht grünlichen Narbenästen. **Frucht** rötlich braun, 5 bis 6 mm Ø mit braunen oder olivgrünen Schuppen, bei roten Blüten kommen häufig auch grüne Früchte vor, hinter den untersten Schuppen feine weiße Haare. **Samen** 1,3 bis 1,5 mm lang und 1,1 bis 1,3 mm breit.

Vorkommen: Dept. Chuquisaca, Prov. Oropeza, wenige Kilometer nordwestlich von Sucre beginnend, an der Straße Sucre – Ravelo, 3 200 bis 3 300 m. (Karte S. 47)

Feldnummern: FR946a, G25, G26, HS1–12, KA84, R64 (pro parte), R477 (Typaufsammlung)

Bemerkungen: Rausch merkt in der Erstbeschreibung an, dass trotz intensiver Suche damals nur vier Pflanzen gefunden wurden, was vermutlich mitentscheidend für die Beschreibung einer neuen Spezies war. Tatsächlich aber kommen solche Pflanzen entlang der angeführten Straße immer wieder und zum Teil auch recht häufig vor. Ungünstig ist, dass die großen, derb bedornten Pflanzen, wie sie Rausch beschreibt, recht selten sind. Kaum eine der Populationen präsentiert sich mit einer einheitlichen Blütenfarbe, denn in der Regel blühen die Pflanzen von Rot, Rotgelb bis Violett. Wir betrachten *S. losenickyana* var. *losenickyana* als gültiges Taxon für den gesamten Formenschwarm jener Sulcorebutien, die von Sucre bis Ravelo, und wie wir heute wissen, sogar bis in den Raum Ocuri immer wieder zu beobachten sind. Rausch hat diese Gegend einmal treffend als „den Misthaufen von Sucre" bezeichnet, womit er ausdrücken wollte, dass dort alles gefunden werden kann, was unter einer *Sulcorebutia* aus der Umgebung von Sucre vorstellbar ist. Entspechend groß ist die Variationsbreite von *S. losenickyana* var. *losenickyana*. Oeser (1984a) kombinierte *S. losenickyana* zur Varietät von *S. verticillacantha* um, eine Zuordnung, der wir uns nicht anschließen können. Ebenso wie *S. losenickyana* var. *chatajillensis* gehört auch *S. losenickyana* var. *losenickyana* selbst in die weitere Verwandtschaft von *S. canigueralii*. Wir verzichten aber auf eine Umkombination, da wir der Ansicht sind, dass beide Spezies unterschiedlich genug sind, um als eigene Arten bestehen zu bleiben. Allerdings sollten die dubiosen Art- und Varietätsnamen wie *Weingartia ritteri* F. Brandt, *S. verticillacantha* var. *verticosior* Rit-

◆ Oben: *Sulcorebutia losenickyana* var. *losenickyana* R477 – Typklon.
◆ Mitte: *Sulcorebutia losenickyana* var. *losenickyana* HS3.
◆ Unten: *Sulcorebutia losenickyana* var. *chatajillensis* G42.

ter, *S. sucrensis* n.n.[3] endgültig beseitigt und nicht mehr verwendet werden, denn das gesamte sich dahinter befindliche Pflanzenmaterial ist Bestandteil des hier besprochenen Komplexes und sollte nach dem heutigen Stand der Dinge als *S. losenickyana* var. *losenickyana* angesprochen werden. Im Hinblick auf *S. verticillacantha* var. *verticosior* bezieht sich diese Aussage nur auf die Pflanzen, die von der Straße Sucre – Ravelo kommen. (Mehr zu dieser Varietät unter *S. verticillacantha* später in diesem Kapitel.) Eine gute und auch nach heutigem Kenntnisstand noch weitgehend zutreffende Analyse der Pflanzengruppe um *S. losenickyana* veröffentlichte Brinkmann (1980) im Frankfurter Kakteenfreund.

Synonyme:
Sulcorebutia verticillacantha var. ritteri (F. Brandt) Donald et Krahn – The Cactus and Succulent Journal (GB) 42 (2): 39, 1980 – Basionym: Weingartia ritteri F. Brandt – Kakt. Orch. Rundsch. 3 (3): 75–77, 1978

Literaturhinweise: Ritter (1980a), Ritter (1981), Donald (1986)

Sulcorebutia losenickyana Rausch var. chatajillensis (Oeser et Brederoo) Augustin et Gertel comb. nov.
Basionym: Sulcorebutia verticillacantha var. chatajillensis Oeser et Brederoo
(nach dem Fundort Cerro Chataquila)[4]

Oeser, R. (1984): Eine neue Varietät: Sulcorebutia verticillacantha Ritter var. chatajillensis Oeser et Brederoo – Kakteen und andere Sukkulenten 35 (10): 216–223, 1984

[3] Bei der von Brandt umkombinierten *S. sucrensis* (Ritter) Brandt handelt es sich um *Weingartia sucrensis* Ritter.
[4] Aufgrund falscher Karteninformationen als Cerro Chatajilla bezeichnet.

Unterscheidet sich von *S. losenickyana* var. *losenickyana* durch: **Körper** zierlicher, 2 bis 3 cm hoch und meist nur 1,0 bis 1,5 cm dick. **Dornen** sehr fein, bis 16, bis 8 mm lang, im Scheitel verflochten, weißgrau mit verdickter bräunlicher Basis. Keine **Mitteldornen**.

Vorkommen: Dept. Chuquisaca, Prov. Oropeza, etwa 15 km nordwestlich der Stadt Sucre, im Bereich des Cerro Chataquila, 3 600 m. (Karte S. 47)

Feldnummern: G42, G42a, FK72, WF18, Typaufsammlung durch Domdey ohne Feldnummer

Bemerkungen: Rolf Oeser erhielt im März 1973 von Herrn Domdey, einem Lehrer an einer deutschsprachigen Schule in Sucre, einige Pflänzchen dieser Sulcorebutien, die anfänglich weder vom Fundort her, noch nach ihrem Aussehen zugeordnet werden konnten. Vergleiche mit den aus dem Raum Sucre bereits bekannten Sulcorebutien zeigten, dass hier ähnliche, aber doch gut unterscheidbare Formen vorlagen. Damals bestand, wie schon mehrfach erwähnt, die Ansicht, dass die vielen hier vorkommenden Populationen entweder eigenständige Arten darstellen oder aber bei *S. verticillacantha* unterzubringen seien. Einige Beschreibungen aus dieser Zeit dokumentieren dies, wie z. B. *S. verticillacantha* var. *applanata* Donald et Krahn, die wir zu *S. canigueralii* einziehen, oder auch die von Rausch vorgestellte *S. verticillacantha* var. *aureiflora* von Tarabuco, die zum Formenkreis von *S. tarabucoensis* gehört. Wir sehen die damaligen Kombinationen als falsch an und korrigieren dies sowohl hier, als auch in einigen anderen Fällen (siehe Bemerkungen bei den entsprechenden Beschreibungen).

In den letzten Jahren wurde eine Reihe von *Sulcorebutia*-Populationen entlang der Fahrstraße Sucre – Ravelo entdeckt, teilweise sogar noch etwas weiter westlich, bis in die Gegend von Ocuri, aber auch von Ravelo aus nach Süden und Norden. Manche dieser Pflanzen können auf den ersten Blick *S. losenickyana* var. *losenickyana* zugeordnet werden. Es gibt aber auch immer wieder Formen, die jenen vom Cerro Chataquila ähneln. Zwischen beiden Extremformen sind alle möglichen Übergänge zu finden. Allein auf dem Cerro Chataquila hat sich eine ziemlich einheitliche Population entwickelt, die einen eigenen Namen und taxonomischen Rang verdient. Dabei ist es interessant zu wissen, dass schon in 100 m Luftlinie Entfernung vom Chataquila-Pass, dem Typstandort, eine Population äußerlich recht unterschiedlicher Pflanzen (**G145**) gefunden wurde, bei denen unter der viel offeneren Bedornung die braunrote bis fast schwarze Epidermis zu sehen ist. Auch die gesamte Westflanke des Cerro Chataquila ist von Sulcorebutien (**G146–G149**) bewachsen, die je nach Höhenlage des Vorkommens ziemlich unterschiedlich sind, aber kaum Ähnlichkeit mit *S. losenickyana* var. *chatajillensis* haben. Mit ihrer offeneren, teilweise auch kräftigeren Bedornung stellen sie wohl Übergangsformen zu *S. losenickyana* var. *losenickyana* dar.

Der von Oeser und Brederoo publizierte Name ist eigentlich falsch, denn nach Angaben des Instituto Geografico Militar in Sucre lautet die korrekte Bezeichnung des Berges von dem diese Pflanzen kommen „Cerro Chataquila". Die alte, von den Autoren dieser Varietät benutzte Schreibweise beruht wahrscheinlich auf einem Übertragungsfehler. Dementsprechend ist der Name „chatajillensis" zwar orthografisch nicht richtig, er darf aber aus nomenklatorischen Gründen nicht geändert werden.

Die Pflanzen vom Pass des Cerro Chataquila sind sehr kleinbleibende, willig blühende Sulcorebutien, die am Standort selten größer werden als 1,5 cm im Durchmesser. Sie ziehen sich dort in der Trockenzeit vollständig in die Erde zurück. Wird dieser Standort gegen Ende der Trockenzeit besucht, so sind auf den ersten Blick oft nur Löcher im Boden zu sehen, aus denen Knospen oder gar schon offene Blüten ragen. In Kultur benötigt *S. losenickyana* var. *chatajillensis* sehr viel Sonne, aber keine über-

◆ Oben: Der Cerro Chataquila von Osten gesehen.
◆ Unten links: *Sulcorebutia losenickyana* var. *chatajillensis* auf dem Pass des Cerro Chataquila.
◆ Mitte rechts: *Sulcorebutia losenickyana* var. *vasqueziana* G27.
◆ Unten rechts: *Sulcorebutia losenickyana* var. *vasqueziana* HS72 am Standort auf dem Barranca-Pass.

mäßige Hitze. Nur so kann verhindert werden, dass die Pflanzen mit der Zeit zu unschönen, kleinen Säulen heranwachsen. Sie blühen in unterschiedlichen Rottönen, oft mit einer Aufhellung bzw. Gelbfärbung des Schlundes.

Sulcorebutia losenickyana Rausch var. vasqueziana (Rausch) Augustin et Gertel comb. nov.

Basionym: Sulcorebutia vasqueziana Rausch (nach dem bolivianischen Freund und Reisebegleiter von Walter Rausch, Roberto Vásquez)

> Rausch, W. (1970): Neue Arten der Gattung Sulcorebutia Backeberg – Sulcorebutia vasqueziana Rausch spec. nov. – Kakteen und andere Sukkulenten 21 (6): 102

Unterscheidet sich von S. losenickyana var. losenickyana durch: **Körper** viel kleiner als die Typvarietät, ca 1,5 cm hoch und ebenso dick. Epidermis schwarzgrün bis violettschwarz. **Areolen** schmal, 3 mm lang und 0,7 mm breit. **Randdornen** 10 bis 18, bis 15 mm lang, kammförmig angeordnet, mehr oder weniger zum Körper hin gebogen, wirr verflochten, weiß, hellgelb, goldgelb bis bräunlich. Keine **Mitteldornen**. **Blüten** ca. 35 mm lang und ebensolcher Ø, **äußere Blütenblätter** violetrosa, außen mit einem olivgrünem Mittelstreif, **innere Blütenblätter** violetrosa, manchmal unten weiß oder mehr ins Rote gehend, gelegentlich auch etwas gelblich bis orange.

Vorkommen: Dept. Chuquisaca, bei Sucre, an der Straße nach Alamos auf dem Barranca-Pass, auf 2 900 m Höhe. (Karte S. 47)

Feldnummern: G27, HS72, JK74, KA69, R284 (Typaufsammlung), R474

Bemerkungen: Ohne Zweifel ist S. losenickyana var. vasqueziana eine wunderschöne und auch charakteristische Pflanze. Erst in Kultur, wo die Pflanzen wesentlich größer werden als am Standort, ist die Ähnlichkeit mit S. losenickyana var. losenickyana sehr deutlich zu sehen. Unseres Wissens kommt sie in der der Erstbeschreibung entsprechenden Ausprägung nur auf einem eng umgrenzten Areal auf dem Barranca-Pass vor. An anderen Stellen aber fanden sich auch Flecken mit mehr weiß bedornten Exemplaren, zum Teil auch mit kürzeren, weniger verflochtenen Dornen. Diese Typen kommen vermehrt am südlichen Rand des Verbreitungsgebietes vor, wo sie kontinuierlich in jene Formen übergehen, die wir schon seit vielen Jahren unter dem Namen S. spec. de Sucre bzw. unter einer Vielzahl verschiedener Feldnummern (z. B. L375) kennen. S. vasqueziana var. albispina Rausch ist eine der oben erwähnten helleren Formen, für die kein eigener taxonomischer Rang erforderlich ist. Wir ziehen sie daher ein. Ebenfalls nur eine Form dieser Population ist die von Brandt publizierte *Weingartia saxatilis*.

Synonyme:
Sulcorebutia vasqueziana var. albspina Rausch – Succulenta 52 (12): 222, 1973
Weingartia saxatilis F. Brandt – Frankf. Kakteenfreund 8 (1): 201–203, 1981

Literturhinweise: Fritz und Gertel (1982), Donald (1986), Gertel (1986c)

Sulcorebutia mariana Swoboda var. mariana

(nach Maria Augustin, der Gattin Karl Augustins, Österreich)

> Swoboda, H. (1989): Sulcorebutia mariana Swoboda spec. nova – Een nieuwe soort uit de omgeving van Mizque – Succulenta 68 (1): 3–8

Körper einzeln bis sprossend, graugrün bis leicht violett überlaufen, 2 bis 4 cm hoch, 3 bis 6 cm dick, in eine bis zu 10 cm lange Rübenwurzel übergehend. **Areolen** länglich, 4 bis 6 mm lang, 1 mm breit. **Randdornen** 18 bis 20, kammförmig anliegend, zum Teil auch zum Körper gebogen, 2 bis 4 mm lang, hellbraun mit braunen bis schwärzlichen Spitzen. **Mitteldornen** 0 bis 3, steif abstehend, 5 bis 6 mm lang, wie die Randdornen gefärbt, manchmal auch fast schwarz. **Knospen** rötlich braun, aus den tieferen, älteren Areolen entstehend. **Blüten** 40 bis 50 mm lang, bis 60 mm Ø, geruchlos. **Äußere Blütenblätter** rot, **innere Blütenblätter** rot, Basis scharlachrot bis gelb. **Staubfäden** weißlich. **Griffel** weißlich, mit 6 hellgelben bis weißlichen Narbenästen. **Frucht** rötlich braun bis olivgrün, 5 bis 6 mm Ø mit ebenso gefärbten Schuppen, hinter den untersten Schuppen feine weiße Haare. **Samen** 1,6 bis 1,9 mm lang und 1,5 bis 1,8 mm breit.

Vorkommen: Dept. Cochabamba, Prov. Mizque, wenige Kilometer nordwestlich der Stadt Mizque, an der Straße nach Arani, 2 600 m. (Karte S. 38)

Feldnummern: G93, G94, G231, G232, HS15 (Typaufsammlung), HS16, HS80, KA47, KA48, R729

Bemerkungen: Die Berge entlang der Straße zwischen Arani und Mizque beherbergen eine Reihe sehr interessanter *Sulcorebutia*-Populationen, deren Zuordnung zu einer der bekannten Gruppen kaum möglich ist.

Neben Lau war Walter Rausch der Erste, welcher entlang dieser Straße gesammelte Pflanzen nach Europa brachte. 1986 beschrieb er seine Aufsammlung als *S. steinbachii* var. *australis*. Im gleichen Jahr erschien auch die Beschreibung einer von Lau gesammelten Pflanze von einer weiter nördlich an dieser Straße gelegenen Population als *S. vizcarrae* var. *laui* Brederoo et Donald. Erst durch die Sammeltätigkeit von Heinz Swoboda wurden die Pflanzen von dieser Straße bekannter und kamen verstärkt in die Sammlungen. Eine dieser Aufsammlungen wurde von ihm als *S. mariana* Swoboda veröffentlicht. Inzwischen haben viele *Sulcorebutia*-Freunde die Straße bereist und wir haben heute ein gutes Bild der dortigen *Sulcorebutia*-Populationen.

Wir wissen jetzt, dass es von Süden nach Norden eine gut erkennbare Entwicklung gibt, die sich wie folgt beschreiben lässt. Die Pflanzen im südlichen Abschnitt dieses Gebietes blühen überwiegend rot mit gelbem Schlund, während im nördlichen Teil mehr oder weniger hellviolette Blüten vorherrschen. Hinsichtlich der Größe der Blüten kann festgestellt werden, dass die südlichen Populationen die größten und prächtigsten Blüten haben und die Blütengröße nach Norden zu deutlich abnimmt. Weiterhin kann beobachtet werden, dass die südlichen Populationen aus recht kleinbleibenden, fein und anliegend bedornten Pflanzen bestehen. Je weiter man nach Norden kommt, desto größer werden die Pflanzen und desto härter und wilder wird die Bedornung. Auf den ersten Blick und ohne Kenntnis der Übergänge und Zwischenformen erscheint es falsch, so unterschiedliche Formen zu einer Art zu vereinigen.

Wie bereits erwähnt, gibt es aus dem angesprochenen Verbreitungsgebiet drei beschriebene Taxa, von denen sich zwei, nämlich *S. steinbachii* var. *australis* Rausch und *S. mariana* Swoboda nur geringfügig unterscheiden. Auch die Fundorte der beiden Aufsammlungen liegen sehr nah beieinander. Wir sind allerdings nicht der Auffassung, dass diese Pflanzen zu *S. steinbachii* gehören, denn innerhalb der Gattung *Sulcorebutia* sind kaum größere Unterschiede vorstellbar als zwischen *S. steinbachii* und *S. mariana* var. *mariana*. Das gilt für den Körperbau der Pflanzen und die Bewurzelung ebenso wie für die Blüten (siehe S. 101) und Samen. Aus diesem Grund betrachten wir *S. mariana* als Leitart für die Sulcorebutien dieser Gegend und ziehen *S. steinbachii* var. *australis* Rausch zu dieser ein. Wegen ihres unterschiedlichen Habitus und der kleineren, violetten Blüte, erkennen wir daneben noch eine *S. mariana* var. *laui* (Basionym: *S. vizcarrae* var. *laui* Brederoo et Donald) an.

S. mariana var. *mariana* (inkl. *S. steinbachii* var. *australis*) ist eine der aufregendsten Neuentdeckungen der letzten Jahrzehnte. Ihr Habitus mit der meist sehr dunklen Epidermis und die riesigen Blüten machte sie schnell zu einem begehrten Objekt für die Freunde der Sulcorebutien. Über Jahre hinweg stand uns diese Art nur in Form der Feldnummer **HS15** zur Verfügung. Erst in den letzten Jahren kamen auch einige Klone von **R729** in die Sammlungen.

S. mariana

Aufsammlungen verschiedener anderer Feldläufer können höchstens als „ähnlich" bezeichnet werden. Offensichtlich hat bis heute niemand mehr die Originalstandorte von **HS15** oder **R729** gefunden. Trotzdem werden wir uns daran gewöhnen müssen, dass zukünftig auch nicht ganz dem Bild der **HS15** entsprechende Pflanzen unter dem Namen *S. mariana* in den Sammlungen stehen werden. Daher ist es außerordentlich wichtig, dass durch die Beibehaltung der Feldnummer dokumentiert wird, aus welcher Aufsammlung die Pflanzen stammen. Nur so kann verhindert werden, dass diese schönen und auch so charakteristischen Sulcorebutien der einzelnen Fundorte zu einem „Einheitsbrei" vermischt werden.

Nicht auszuschließen ist, dass in den nächsten Jahren aus dieser Pflanzengruppe weitere Taxa veröffentlicht werden müssen, denn innerhalb der Gesamtpopulation gibt es einige abweichende lokale Entwicklungen (z. B. **HS81**, **HS81a**, **HS82**), die möglicherweise einen eigenen Namen verdienen.

Synonym:
Sulcorebutia steinbachii var. australis Rausch – Succulenta 65 (11): 240–241, 1986

Literaturhinweise: Pilbeam (1993), Gertel (1999a)

◆ Oben: *Sulcorebutia mariana* var. *mariana* HS15 (Typaufsammlung).
◆ Mitte: *Sulcorebutia mariana* var. *mariana* R729 – Originalpflanze von Rausch.
◆ Unten links: Kräftig bedornte Originalpflanze von *Sulcorebutia mariana* var. *mariana* R729.
◆ Unten rechts: *Sulcorebutia mariana* var. *mariana* HS15 – Typpflanze.

◆ *Sulcorebutia mariana* var. *mariana* G93a am Standort neben der Straße Arani – Mizque.

◆ *Sulcorebutia mariana* var. *mariana* HS15 am Typstandort nördlich von Mizque.

◆ Blütenvergleich von *Sulcorebutia steinbachii* var. *steinbachii* R56 (oben) und *Sulcorebutia mariana* var. *mariana* R729 (unten).

Sulcorebutia mariana Swoboda var. laui (Brederoo et Donald) Augustin et Gertel comb. nov.

Basionym: Sulcorebutia vizcarrae var. laui Brederoo et Donald
(nach dem Entdecker, dem Feldläufer Alfred Lau, Mexiko)

> Brederoo, A. J. und Donald, J. D. (1986): Sulcorebutia vizcarrae var. laui Bred. et Don. – Succulenta 65 (3, 4, 5): 52–55, 89–93, 106–108

Unterscheidet sich von *S. mariana* var. *mariana* durch: **Körper** teilweise deutlich größer als bei der Typvarietät, bis 30 cm hoch und 12 cm Ø. **Dornen** starr abstehend, teilweise leicht gebogen und elastisch. Bis zu 20 **Randdornen**, weiß, hellgelb, bräunlich bis dunkelbraun, 10 bis 15 mm lang. 2 bis 4 ebenso gefärbte **Mitteldornen**, meist länger als die Randdornen, bis 30 mm lang. **Knospen** bei jungen Pflanzen aus basisnahen Areolen, bei großen Exemplaren auch scheitelnah. **Blüten** bis 25 mm lang und maximal 30 mm Ø, einfarbig hellviolett, gelegentlich aber auch mit roten oder orangefarbenen **äußeren Blütenblättern** und gelben **inneren Blütenblättern**. **Samen** etwas kleiner als beim Typ, 1,3 bis 1,5 mm lang und 1,3 bis 1,4 mm Ø.

Vorkommen: Dept. Cochabamba, Prov. Mizque, am höchsten Punkt der Straße Arani – Mizque, Yacuparticu, auf 3 600 bis 3 700 m. Lau gibt in seiner letzten Feldnummernliste 3 200 bis 3 300 m an (Lau 1994). (Karte S. 38)

Feldnummern: G96, G97, HS83, KA43, L324 (Typaufsammlung)

Bemerkungen: Der von Donald und Brederoo 1986 vorgestellte Lau-Fund **L324** zählt zur gleichen Pflanzengruppe wie *S. mariana* var. *mariana*, wie auch eine Reihe bisher noch nicht veröffentlichter Populationen (z. B. KA45, KA46, HS81, HS81a), die alle entlang der Straße Arani – Mizque gefunden wurden und deren endgültige Beurteilung derzeit noch nicht abgeschlossen ist. Rausch glaubte, in diesen Pflanzen einen südlichen Ast von *S. steinbachii* zu erkennen. Demgegenüber stellten Donald und Brederoo **L324** als Varietät zu *S. vizcarrae*. Die Schwierigkeit hierbei ist die Tatsache, dass *Rebutia vizcarrae* Cárdenas als aus der unmittelbaren Umgebung von Mizque kommend beschrieben wurde und bis heute wahrscheinlich nicht wieder gefunden worden ist. Zumindest können wir keine der vielen Funde aus der Umgebung von Mizque dieser von Cárdenas beschriebenen Art sicher zuordnen. Andererseits wissen wir, dass das Vergleichsmaterial von *S. vizcarrae*, das Donald und Brederoo zur Verfügung stand, mit sehr großer Wahrscheinlichkeit kein Cárdenas-Material war, sondern eine Vermehrung von **R464**, die jahrelang als *S. vizcarrae* bezeichnet worden ist. Aus diesem Grund halten wir es für richtig, diese Varietät aus der Verbindung mit einer vollkommen unbekannten Spezies zu lösen und mit jener Art in Verbindung zu bringen, die nach unserem heutigen Wissen zu der gleichen Entwicklungslinie gehört wie die Pflanzen von Yacuparticu. Yacuparticu bedeutet auf Quechua Wasserscheide und ist nach Angaben von Einheimischen der Name der Gegend, durch welche die Straße Arani – Mizque in ihrem nördlichen Teil verläuft. Uns ist dabei klar, dass es im Zusammenhang mit **L324** einige Unsicherheiten gibt. Wir haben nur einen einzigen Originalklon von **L324** und stützen uns auf eine Angabe der Erstbeschreibung, in der „vom höchsten Punkt der Straße Arani nach Mizque" die Rede ist. Allerdings wissen wir nicht mit letzter Sicherheit, dass Lau 1970 tatsächlich über die uns heute bekannte Straße zwischen Arani und Mizque gereist ist. Auch an dem heutigen Weg von Arani nach Tintin gibt es gerade an der höchsten Stelle eine Abzweigung, die über Ayapampa nach Mizque führt, und auch dort gibt es Sulcorebutien, auf welche die Beschreibung von Donald und Brederoo passen könnte. Weiterhin ist es schwierig zu erklären, wieso in der Erstbeschreibung vom „höchsten Punkt der Straße" und 3 700 m die

Rede ist, während Lau (1974) nur 3 200 bis 3 300 m angibt. Trotzdem sind wir der Meinung, dass diese Varietät berechtigt und notwendig ist, vor allen Dingen dann, wenn man wie wir schon so viele herrliche Pflanzen aus dem Umfeld von Yacuparticu gesehen hat.

S. mariana var. laui ist eine der größten bekannten Sulcorebutien. Wir konnten am Standort alte Exemplare beobachten, die bis zu 30 cm hoch waren und einen Durchmesser von 12 cm hatten. Diese Pflanzen haben, bedingt durch die starke UV-Einstrahlung, ein sehr dichtes Dornenkleid, welches von den kleinen Blüten kaum zu durchdringen ist. Auch in Kultur wird S. mariana var. laui ziemlich groß und verlangt, soll sie ihren wunderschönen Habitus behalten, möglichst viel ungefilterte Sonne, wobei Stauhitze allerdings zu schlimmen Verbrennungen führen kann.

Literaturhinweise: Augustin (1990a) (siehe auch beim Typ)

Sulcorebutia markusii Rausch
(nach dem Mitentdecker und Freund Rauschs, dem österreichischen Kakteenfreund Ernst Markus)

> Rausch, W. (1970): Neue Arten der Gattung Sulcorebutia Backeberg – Sulcorebutia markusii Rausch spec. nov. – Kakteen und andere Sukkulenten 21 (6): 103–104

Körper einzeln, dunkelgrün bis schwärzlich braun, bis 3 cm hoch und bis 6 cm dick, in eine dicke, deutlich vom Körper abgeschnürte Halsrübe von bis zu 16 cm Länge übergehend. **Areolen** länglich, 3 bis 4 mm lang, 1,0 bis 1,5 mm breit. **Dornen** kammförmig anliegend, bei einzelnen Klonen auch abstehend. **Randdornen** 8 bis 12, zum Teil krallenartig gebogen, 3 bis 5 mm lang, grau bis schwarzbraun, Basis verdickt, zum Teil auch mit helleren Spitzen. **Mitteldornen** 0 bis 1, 4 bis 8 mm lang, in der Farbe der Randdornen. **Knospen** dunkelgrün bis bräunlich, aus den tieferen, älteren Areolen entstehend. **Blüte** bis 4 cm lang und ebensolcher Ø, geruchlos, gelegentlich leicht fruchtig oder auch leicht muffig riechend. **Äußere Blütenblätter** rot, manchmal auch violett, außen teilweise olivgrün, Basis bräunlich, **innere Blütenblätter** kräftig rot, bei anderen Klonen auch violett, Basis etwas heller, bei roten Blüten gelblich. **Staubfäden** gelblich, an der Basis rötlich violett. **Griffel** gelblich, an der Basis grünlich, mit 6 gelblichen Narbenästen. **Frucht** rötlich braun, 6 mm Ø mit bräunlichen oder grünlichen Schuppen, hinter den untersten Schuppen feine weiße Haare, manchmal kaum zu entdecken. **Samen** 1,4 bis 1,5 mm lang und 1,2 bis 1,4 mm breit.

Vorkommen: Dept. Cochabamba, Prov. Mizque, nördlich der Ansiedlung Villa Viscarra (Vila Vila), 3 000 m. (Karte S. 38)

Feldnummern: G190, He119, HS64, HS64a, KA181, L333, R195 (Typaufsammlung), R195a, RH827

Bemerkungen: Obwohl bereits 1965 entdeckt, ist die wahre Formenfülle dieser Art bisher kaum bekannt. Vermehrt wurden stets nur wenige Klone und so hat sich bei den Liebhabern ein sehr einseitiges Bild dieser Art ausgebildet. Probleme bereiteten auch spätere Nachsammlungen, beispielsweise von Lau (**L333**) und Swoboda (**HS64**), die ohne Zusatz als S. markusii bezeichnet worden waren. All diese Aufsammlungen entsprechen allerdings viel eher der ebenfalls von Rausch gesammelten **R195a**, die provisorisch als S. markusii var. longispina benannt worden war. Brandt beschrieb sie 1979 als Weingartia formosa. All diese Pflanzen kommen aus der Umgebung der Bahnstation Sivingani. Ohne Zweifel sind sie sehr nah mit S. markusii verwandt, weshalb wir Weingartia formosa weiter unten auch einziehen. Die typische Art im Sinne von Rausch kommt aber nur auf den höchsten Gipfeln genau nördlich von Vila Vila vor. Neben Rausch und Markus wurde dieser Standort nur noch von Gertel und Begleitern besucht. Die Übergänge zu den weiter nördlich wachsenden, zierlicheren Formen

◆ Junge Sprossvermehrung des Typklons von *Sulcorebutia mariana* var. *laui* L324.
◆ *Sulcorebutia mariana* var. *laui* HS83 an der höchsten Stelle der Straße Arani – Mizque.

weisen auch den Weg zu den nächsten Verwandten von *S. markusii*. Die Pflanzen um Sivingani gehen nämlich nahtlos in die Populationen über, die als *S. spec. de Sacabamba* in den Sammlungen zu finden sind (z. B. **HS218**) und von dort ist es kein weiter Weg mehr zu *S. verticillacantha* var. *taratensis* und schließlich zu *S. verticillacantha* var. *verticillacantha*. Auch auf dem Bergrücken östlich des Vorkommens von *S. markusii* gibt es Typen, die in diese Verwandtschaft passen. Allgemein bekannt sind die Pflanzen unter den Feldnummern **HS57**, **HS57a** und **b**. Es scheint, dass sich diese Entwicklungslinie weiter nach Osten fortsetzt und dort in *S. mizquensis* und etwas weiter im Norden mit **HS219** endet.

S. markusii im Sinne von Rausch wird deutlich größer als ihre weiter nördlich und östlich wachsenden Verwandten. Auch die Bedornung ist oft recht grob. Der vielleicht schönste bekannte Klon aus der Originalaufsammlung von Markus und Rausch hat schwarze, krallig gebogene Dornen von bis zu 1,5 cm Länge und eine scharlachrote Blüte. Im Alter entwickelt diese Pflanze einen kräftigen, nach oben stehenden Mitteldorn von 2 cm Länge. Ein weiterer bekannter Klon dieser Aufsammlung, der übrigens etwas heikel in der Kultur ist, hat verhältnismäßig kurze, pfriemliche Dornen, die krallenartig zum Körper gebogen sind, und ein dritter Rausch-Klon mit feinen Dornen hat eine dunkelgrüne, purpurn überhauchte Körperfarbe und ebenfalls scharlachrote Blüten. Ingesamt gesehen gehört *S. markusii* mit Sicherheit zu den attraktivsten Sulcorebutien überhaupt. Leider ist sie momentan noch recht selten und mit nur wenigen Klonen in den Sammlungen vertreten.

Synonym:
Weingartia formosa F. Brandt – Kakt. Orch. Rundschau 4 (4): 46–49, 1979

Literaturhinweise:
Fritz (1982a), Gröner (1985), Rosenberger (1990)

Sulcorebutia menesesii (Cárdenas) Buining et Donald
(nach dem Entdecker Elias Meneses, Bolivien)

Cárdenas, M. (1961): New Bolivian Cacti (VII concluded) – Rebutia menesesii Cárdenas sp. nov. – Cact. Succ. J. Am. 33 (4): 113
Buining, A. F. H. und Donald, J. D. (1963): Die Gattung Rebutia K. Schumann – Sulcorebutia menesesii (Cárd.) Buining et Donald comb. nov. – Sukkulentenkunde 7/8: 104

S. menesesii

Körper einzeln, seltener sprossend, dunkelgrün, graugrün bis bräunlich grün, bis 3 cm hoch, bis 6 cm dick, in eine meist etwas verzweigte, bis 10 cm lange, wenig ausgeprägte Rübenwurzel übergehend. **Areolen** länglich bis oval, bis 3 mm lang, bis 2 mm breit. **Dornen** kammförmig anliegend bis etwas abstehend, zum Teil wirr verflochten, 8 bis 14, bis 25 mm lang, weißlich bis bräunlich mit etwas dunklerer Spitze. Keine **Mitteldornen**. **Knospen** spitz, rötlich braun, aus den tieferen, älteren Areolen entstehend. **Blüte** 30 bis 40 mm lang, 25 bis 40 mm Ø, muffig bis stark muffig riechend, **äußere Blütenblätter** gelb mit grünlicher oder bräunlicher Basis und rötlicher Spitze, **innere Blütenblätter** gelb, manchmal mit rötlicher Spitze. **Staubfäden** häufig weit über den Griffel hinausragend, untere rötlich braun, oberste gelb. **Griffel** gelblich bis weißlich, oft an der Basis grünlich, mit 5 gelblichen Narbenästen. **Frucht** hell- bis dunkelrot, 6 mm Ø mit meist etwas dunkleren Schuppen, hinter den untersten Schuppen wenige bis keine weißen Haare. **Samen** 0,7 bis 1,0 mm lang und 0,7 bis 0,8 mm breit.

Vorkommen: Dept. Cochabamba, Prov. Ayopaya, bei Choro im Tal des Rio Cotacajes, 1 200 m (laut Cárdenas bei Naranjito auf 1 600 m). (Karte S. 37)

Feldnummern: Cárd.5532 (Typaufsammlung), FR775, HS210, R603

Bemerkungen: Diese Art bildet zusammen mit *S. glomeriseta* das nordwestlichste *Sulcorebutia*-Vorkommen überhaupt. Die in der Erstbeschreibung angegebene Höhe des Fundgebietes von 1 600 m wurde später durch Swoboda auf 1 200 m korrigiert, wobei allerdings keinesfalls sicher ist, dass es sich um den gleichen Standort handelt. Das Gebiet wird landwirtschaftlich stark genutzt und die wenigen verbliebenen Kakteenstandorte werden mehr und mehr verdrängt. *S. menesesii* wächst im Grenzgebiet zum tropischen Tiefland, den Yungas, und ihr Vorkommen beschränkt sich nur auf einige sehr

◆ Oben: *Sulcorebutia markusii* R195 (Typaufsammlung).
◆ Mitte: *Sulcorebutia markusii*, Form von Sivingani.
◆ *Sulcorebutia menesesii* Cárd.5532 (Typaufsammlung).

kleine, steinige Trockeninseln an den sonst dicht bewachsenen Hängen oberhalb des Rio Cotacajes.

Die Art ist mit ihrer strohfarbigen, dünnen und biegsamen Bedornung und den zahlreich erscheinenden gelben Blüten sehr auffällig und auch leicht zu bestimmen. 1986 bearbeitete Donald gemeinsam mit Brederoo, im Rahmen der Beschreibung von **L974** als *S. menesesii* var. *kamiensis*, auch die anderen Sulcorebutien aus dem Ayopaya-Gebiet, wobei sie interessanterweise eine Reihe bisher selbstständiger Arten als Varietäten von *S. menesesii* ansahen. Diese Auffassung war von Anfang an umstritten, da kaum morphologische und noch viel weniger arealgeografische Gesichtspunkte berücksichtigt wurden. Wir sind der Ansicht, dass *S. menesesii* eher mit *S. glomeriseta* verwandt ist – dafür sprechen sowohl morphologische als auch arealgeografische Aspekte – während *S. menesesii* var. *kamiensis* Brederoo et Donald in die Gruppe von *S. candiae* (siehe dort) gehört.

Neben den ursprünglichen Funden von Meneses finden sich in unseren Sammlungen *S. menesesii* von Ritter, Rausch und Swoboda. Während die Funde der beiden letzteren gut mit dem Originalmaterial von Cárdenas übereinstimmen, weicht **FR775** etwas davon ab. Leider macht Ritter keine Standortangaben, sodass nicht gesagt werden kann, in welcher Entfernung er seine Pflanzen entdeckt hat. Eigenartigerweise erwähnt er sie in seinem Lebenswerk „Kakteen in Südamerika", mit Ausnahme in der Feldnummernliste, überhaupt nicht. Der einzige Hinweis ist in Englera 16 zu finden, wo die Herbarbelege Ritters aufgelistet sind (Eggli et al. 1995). Dort steht unter **FR775:** „Bolivia: Cochabamba: Ayopaya; Rio Sta. Rosa = Rio Santa Rosa / Rio unterhalb Quirirpaya, Nr. 12 = river below Quirirpaya". Leider haben wir eine Ortschaft dieses Namens nirgendwo auf unseren Karten gefunden. Vermutlich meinte Ritter aber die Ortschaft Queraya. Der Fluss unterhalb dieser Ortschaft ist der Rio Negro, die Verlängerung des Rio Sta. Rosa. Der Rio Negro mündet weiter nördlich in den Rio Sacambaya, die Fortsetzung des Rio Ayopaya, der wenige Kilometer nach der Einmündung Rio Cotacajes heißt.

Bei weiteren Nachforschungen stießen wir auf einen Absatz in Ritters Buch „40 Jahre Abenteuerleben und die wilde Weisheit" (1977), in dem er berichtet, dass er am 21. Juni 1958 vom Weg zwischen Sta. Rosa und Independencia einen Riesenabstieg zum Rio Sta. Rosa gemacht habe. Bei dieser Gelegenheit muss Ritter auch seine **FR774**, *S. candiae*, gefunden haben (Herbarvermerk bei **FR774:** „Tiquirpaya" / Sta. Rosa, Nr. 12 = Santa Rosa / „Weg von Tiquirpaya zum Rio Sta. Rosa" -/6./1958), was jedoch in dem Buch nicht erwähnt wird. Er beschreibt dann weiter, dass er im Flussbett bis zur Mündung des Rio Sta. Rosa in den Rio Sacambaya und von dort über das Gebirge nach Independencia gegangen ist. Die beschriebene Einmündung ist nur etwa 10 bis 15 km von den Ansiedlungen Choro und Cotacajes entfernt, in deren Umgebung sich der Typstandort von *S. menesesii* befindet, und es liegt nahe anzunehmen, dass Ritter bei dieser Wanderung auch seine *S. menesesii* **FR775** gefunden hat.

Literaturhinweise: Fritz (1984a), Fritz (1988), Augustin (1991), Fritz (1993b)

Sulcorebutia mentosa Ritter var. mentosa

(lat. mentum = Kinn; nach den kinnartigen Höckern)

> Ritter, F. (1964): Sulcorebutia mentosa Ritter spec. nova – Succulenta 43 (7): 102
> Donald, John (1987): Rebutia mentosa (Ritter) Donald – Bradleya 5/1987, S. 93

Körper einzeln bis sprossend, hell- bis dunkelgrün, glänzend, 3 bis 6 cm hoch und auch dick, in eine bis zu 15 cm lange Rübenwurzel übergehend, die durch eine leichte Einschnürung vom Körper abgesetzt ist. **Areolen** länglich bis schmal, 5 bis 7 mm lang, 1,5 bis 2,0 mm breit. **Dornen** starr abstehend bis leicht zum Körper gebogen. **Randdornen** bis 20, bis 20 mm lang, schwarz bis rötlich braun, teilweise auch bräunlich oder gelb mit etwas verdickter und hellerer Basis. **Mitteldornen** schwer zu unterscheiden, 2 bis 4, aus dem oberen Teil der Areolen. Alle Dornen elastisch, stechend. **Knospen** bräunlich bis grünlich, seltener grün, aus den tieferen, älteren Areolen entstehend. Bei älteren Pflanzen entstehen die Knospen auch aus seitlich am Körper liegenden Areolen. **Blüten** 30 bis 65 mm lang, 30 bis 55 mm Ø, geruchlos bis leicht muffig riechend. **Äußere Blütenblätter** hell- bis dunkelviolett, **innere Blütenblätter** ebenso gefärbt, an der Basis innen heller, gelegentlich auch weiß. **Staubfäden** gelblich bis weißlich, an der Basis violett. **Griffel** gelblich bis grünlich, Basis etwas dunkler, mit 5 bis 7 gelblichen bis weißlichen Narbenästen. **Frucht** rötlich braun, 6 bis 7 mm Ø mit ebenso gefärbten, teilweise etwas dunkleren Schuppen, hinter den untersten Schuppen feine weiße Haare. **Samen** 1,2 bis 1,5 mm lang und 0,9 bis 1,3 mm breit.

Vorkommen: Dept. Cochabamba, Prov. Campero, in der Umgebung von Aiquile, 2 400 bis 2 500 m. (Karte S. 45)

Feldnummern: FR945 (Typaufsammlung), G18, G18a, G171, HS47, HS48, HS49, HS104, KA54, KA58, KA186, KK1206, L338, L981, R276, R277, RV543 (siehe auch Bemerkungen)

Bemerkungen: Ritter entdeckte die Art bereits 1958. Allerdings wollte es das Schicksal, dass er diese Pflanzen ausgerechnet an einem Standort fand, an dem es tatsächlich fast nur dunkel bedornte Typen gibt. Im Gegensatz dazu fand Rausch später einen Standort am Orkho Abuelo, wo fast ausschließlich gelb bedornte Pflanzen wachsen. Dies führte dazu, dass neben S. mentosa Ritter auch noch S. flavissima Rausch beschrieben wurde. S. flavissima unterscheidet sich von S. mentosa var. mentosa lediglich durch die hellgrüne Epidermis und die gelben Dornen. In der Zwischenzeit ist die Umgebung von Aiquile recht gut erforscht und wir kennen eine Vielzahl von Populationen dieser beiden „Arten". Von daher wissen wir, dass es Standorte gibt, wo die eine oder die andere Form fast rein vorkommt, an anderen Stellen fanden wir sie bunt gemischt in wechselnder Zusammensetzung vor. Wir wissen also, dass S. flavissima und S. mentosa das gleiche Areal besiedeln, dass sie gleichzeitig blühen, vermutlich auch von den gleichen Bestäubern besucht werden und sich nur durch minimale, allerdings sehr auffällige Merkmale unterscheiden. Wir schließen daraus, dass es sich hier um Spielarten einer variablen Spezies handelt, wie wir das beispielsweise auch von S. tiraquensis kennen. Folgedessen ziehen wir S. flavissima zur früher beschriebenen S. mentosa var. mentosa ein. Da die von Brandt beschriebene, auf **L338** basierende Weingartia flavida nichts anderes ist als S. flavissima, ziehen wir auch sie ein.

Die Neigung zur Sprossbildung ist bei S. mentosa var. mentosa sehr unterschiedlich. Es gibt Standorte mit überwiegend solitären Pflanzen und andere mit fast ausschließlich großen Gruppen. Die Blütenfarbe ist innerhalb einer gewissen Bandbreite relativ einheitlich hellviolett. Wir kennen lediglich drei Wildpflanzen mit weißen Blüten. Dabei handelt es sich um ein Exemplar von **R277** und je eine braun und eine gelb bedornte Pflanze von **HS48** vom Orkho Abuelo. Interessant ist, dass Sämlinge, die aus der Bestäubung einer weiß blühenden **HS48** und der weiß blühenden **R277** hervorgegangen sind, ausnahmslos weiße Blüten haben. Im Gegensatz zur weißblütigen S. cylindrica, die meist einen roten Schlund oder gar einen rosa Farbton hat, sind die Blüten von S. mentosa var. mentosa reine „Albinos" ohne jegliche Pigmentierung.

Bisher wurden im Umfeld von Aiquile folgende Populationen von S. mentosa var. mentosa gefunden:
• Nördlich von Aiquile, Orkho Abuelo, 2 400 bis 2 450 m (z. B. **R277**, **HS48**, **KA58**), fast ausschließlich gelb bedornte Population.
• Entlang der Fahrstraße Aiquile – Mizque, an mehreren Stellen der die Straße begleitenden Hügel, 2 500 bis 2 600 m (z. B. **G224**, **HS47** und **HS47a**, **HS49**), Mischpopulationen, zum Teil auch fast rein gelbdornige Populationen.

◆ Oben: *Sulcorebutia mentosa* var. *mentosa* G18 vom südlichen Stadtrand Aiquiles, mit sehr hellen, fliederfarbenen Blüten.
◆ Mitte: *Sulcorebutia mentosa* var. *mentosa* KA58 (HS48) vom Orkho Abuelo.
◆ Unten: *Sulcorebutia mentosa* var. *mentosa* HS48 mit weißer Blüte.

- Südlich des Stadtrandes von Aiquile, an der Fahrstraße nach Sucre, 2 400 m. Hauptsächlich dunkel bedornt mit punktuell auftretenden Inseln von gelbdornigen Pflanzen (**G18**, **G18a**, **WF10**, **FK49**). Vermutlich liegt in dieser Gegend der Typstandort.
- Hügel, 12 km südlich von Aiquile, bei Novillero, 2 400 m (**JD222**, **HS108**), Mischpopulation.
- Östlich von Aiquile, 2 550 m (**HS104**, **KA186**, **OP2b**), Mischpopulation mit vorherrschend brauner Bedornung.
- Östlich von Aiquile, 2 500 m (z. B. **HS104a**, **KA187**, **OP2a**), Mischpopulation mit vorherrschend gelber Bedornung.
- Ca. 15 km nordöstlich von Aiquile, an der Straße nach Peña Colorado, 2 500 m (**G171**, **He88**, **RH778/779**), Mischpopulation von

◆ *Sulcorebutia mentosa* var. *mentosa* R277 mit gelben Dornen und reinweißer Blüte.

gelben und braunen Formen sowie allen möglichen Übergängen.

Obwohl S. *mentosa* var. *mentosa* in der Natur, aber auch in den Sammlungen recht häufig anzutreffen ist, sind die verwandtschaftlichen Zusammenhänge noch längst nicht geklärt. Es besteht lediglich Übereinstimmung, dass S. *mentosa* var. *swobodae* Augustin sehr nah mit S. *mentosa* var. *mentosa* verwandt ist und sich lediglich durch zierlicheren Wuchs und die zahlreichen dünnen und weichen Dornen unterscheidet. Bereits bei S. *albissima* scheiden sich die Geister, denn letztere hat im Gegensatz zu S. *mentosa* var. *mentosa* raue Dornen. Wir sind trotzdem der Meinung, dass S. *albissima* in die Nähe von S. *mentosa* var. *mentosa* gestellt werden muss. Dafür spricht schon die äußerst variable Population von **HS24**, die westlich von Aiquile am Weg nach Santiago wächst. Dort streuen die Pflanzen im Habitus von S. *mentosa* var. *mentosa* bis hin zur typischen S. *albissima*. Im weiteren Verlauf dieser Strecke, nur in etwas größerer Höhe, gehen diese Formen dann in S. *santiaginiensis* über. Es sind aber auch schon Pflanzen, die auf den ersten Blick zu S. *purpurea* var. *purpurea* gestellt werden könnten, zu finden. Auch hier haben wir wieder die Schwierigkeit, dass alle Funde zwischen der Cuesta de Santiago und Aiquile mehr oder weniger raue Dornen haben (außer S. *mentosa* var. *mentosa* und S. *mentosa* var. *swobodae* selbst), während S. *purpurea* var. *purpurea* glatte Dornen hat. Sicherlich darf dieses eine Detail nicht überbewertet werden, es sollte aber zusammen mit anderen Merkmalen zur Beurteilung herangezogen werden. Hier gibt es noch viel Klärungsbedarf, bevor ein abschließendes Urteil gebildet werden kann.

Klärungsbedarf im Zusammenhang mit S. *mentosa* gibt es auch weiter im Norden bei Mizque, wo Swoboda im Jahr 1982 Pflanzen fand, die anfänglich als Phänotypen von S. *mentosa* angesehen wurden (**HS14**, **HS14b** und **HS52**), die aber doch in einigen Merkmalen abweichen und deren Zuordnung deshalb heute wieder offen ist.[5]

---

[5] Siehe Kapitel „Ausgewählte Feldnummern".

Synonyme:
Sulcorebutia flavissima Rausch – Kakteen und andere Sukkulenten 21 (6): 105
Weingartia flavida F. Brandt – De Lëtzebuerger Cactéefrënn 16 (4): 52–55

Literaturhinweise: Augustin (1979), Augustin (1986b), Augustin (1988a), Fick (1998), Fritz (1983a), Gertel (1984)

Sulcorebutia mentosa Ritter var. swobodae (Augustin) Augustin comb. nov.

Basionym: Sulcorebutia swobodae Augustin (nach dem Entdecker, dem bekannten österreichischen Feldläufer Heinz Swoboda)

> Augustin, K. (1984): Sulcorebutia swobodae Augustin – eine Neuentdeckung aus Cochabamba Bolivien – Kakteen und andere Sukkulenten 35 (6): 120–122

Unterscheidet sich von S. mentosa var. mentosa durch: **Körper** zierlicher als der der Typvarietät. **Dornen** sehr fein, büschelartig, besig abstehend. **Randdornen** 28 bis 30, bis 25 mm lang, gelb bis weißlich, seltener braun bis fuchsrot, **Rand-** und **Mitteldornen** nicht zu unterscheiden. Alle Dornen weich und nicht stechend. **Blüten** 30 bis 40 mm lang und ebensolcher Ø, geruchlos.

Vorkommen: Dept. Cochabamba, Prov. Mizque, zwischen Aiquile und Mizque (Grenzgebiet zur Prov. Campero), auf 2 300 m, aber auch an mehreren Stellen des Weges Aiquile – Santiago. (Karte S. 45)

Feldnummern: G63, HS27 (Typaufsammlung), HS27a, KA171, KA185

Bemerkungen: S. mentosa var. swobodae ist eine typische, nicht zu verwechselnde Varietät von S. mentosa. Der Typstandort (**HS27/KA185**) liegt nahe der Straße Aiquile – Mizque. Bekannter und in den Sammlungen weit häufiger vertreten ist jedoch die wenige Kilometer westlich von Aiquile, direkt neben dem Fahrweg entdeckte, zierlichere und meist auch sprossende Form. In dieser Population ist auch der Anteil an braun bedornten Pflanzen weit höher als am Typstandort. Allerdings schwankt der Anteil auch hier erheblich. So ist z. B. an einem Standort, durch den der Fahrweg hindurch führt, der Anteil der braun bedornten Pflanzen unterhalb der Straße verschwindend gering, während auf der Kuppe des Hügels ein ausgeglichenes Verhältnis herrscht. Es ist interessant, dass die Standorte von S. mentosa var. swobodae am Weg nach Santiago regelrecht von Standorten anderer Sulcorebutien eingeschlossen sind, die landläufig alle als S. albissima bezeichnet werden. So liegt der Standort der sehr variablen Population von **HS24** in Luftlinie nur etwa 1 km östlich des Standortes von **HS27a** und eine sehr einheitliche, anliegend bedornte Form von S. albissima (**G212**) wurde nur 500 m westlich von S. mentosa var. swobodae **G63** gefunden. Nochmals 2 km weiter in Richtung Santiago beginnen dann bereits die Populationen, die früher als S. purpurea bezeichnet wurden, die wir aber zu S. santiaginiensis zählen. Schon aus diesem kurzen Abriss wird ersichtlich, dass westlich von Aiquile eines der Mannigfaltigkeitszentren der Gattung liegt. Nach diesen Überlegungen könnte hier auch der Ursprung der Gattung Sulcorebutia liegen.

Sulcorebutia mizquensis Rausch
(nach dem Standort in der Umgebung von Mizque)

> Rausch, W. (1970): Neue Arten der Gattung Sulcorebutia Backeberg – Sulcorebutia mizquensis Rausch spec. nov. – Kakteen und andere Sukkulenten 21 (6): 102 und 103

Körper meist sprossend, grün bis dunkelgrün, bis 3 cm hoch und 2,5 bis 3,5 cm dick, in eine bis zu 13 cm lange Rübenwurzel übergehend. **Areolen** schmal, 2,5 bis 4,0 mm lang, 0,8 bis 1,0 mm breit. Alle **Dornen** kammförmig anliegend, zum Teil auch verflochten, sehr rau. **Randdornen** 20 bis 28, bis 4 mm lang, obere Hälfte weiß, mittlerer Bereich zwiebelfarbig, Basis verdickt und braun bis rotbraun. Keine **Mitteldornen**. **Knospen** bräunlich, aus basisnahen Areolen entstehend. **Blüten** 30 bis 50 mm lang und ebensolcher Ø, geruchlos, meist aber leicht bis stark muffig riechend. **Äußere Blütenblätter** hellviolett, außen zum Teil olivgrün, **innere Blütenblätter** hellviolett bis violettrosa, nach unten zu heller, meist weiß. **Staubfäden** hellrosa. **Griffel** weiß bis leicht grünlich, mit 5 bis 8 weißlichen bis hellgrünen Narbenästen. **Frucht** bräunlich, ca. 6 mm Ø mit braunen Schuppen, hinter den untersten Schuppen feine weiße Haare. **Samen** 1,0 bis 1,2 mm lang und 1,0 bis 1,1 mm breit.

Vorkommen: Dept. Cochabamba, Prov. Mizque, westlich der Stadt Mizque, auf 2 500 m. (Karte S. 38)

Feldnummern: G187, He115, R194 (Typaufsammlung), RH823

Bemerkungen: S. mizquensis ist der südöstlichste Vertreter der Gruppe um S. verticillacantha. Die Population wurde 1965 von Markus und Rausch entdeckt und danach 30 Jahre nicht wieder gefunden. Erst Gertel und Begleiter konnten den Standort westlich von Mizque wieder aufspüren. Bis heute ist nur dieses eine, einige hundert Quadratmeter umfassende Vorkommen bekannt. Da der Standort ziemlich abgelegen ist und kaum als Viehweide geeignet erscheint, besteht die Hoffnung, dass diese kleine Population überlebt. Auffallend ist die sehr dichte, helle Bedornung. Es sind bis heute nur 1 oder 2 Klone mit bräunlicher Bedornung bekannt. Insbesondere der Scheitelbereich ist vollkommen von winzigen Dornen verdeckt. Ebenso bemerkenswert ist die charakteristische hellviolette Blüte, die meist einen weißen Schlund hat.

Als nächste Verwandte kann der Swoboda-Fund **HS219** angesehen werden, der knapp 10 km nördlich des Vorkommens von S. mizquensis auf einer Höhe um 2 600 m entdeckt wurde. Ebenfalls in die nahe Verwandtschaft von S. mizquensis gehört die Pflanzengruppe, die rund 15 km östlich von S. mizquensis wächst und am besten durch die Feldnummer **HS57** umschrieben wird. Erwähnenswert in diesem Zusammenhang ist auch die Feldnummer **EH6266** von Erich Haugg, der mit seinen Begleitern in den achtziger Jahren diese Sulcorebutia-Population an einem nicht mehr nachvollziehbaren Standort zwischen Mizque und Arani entdeckte. Anfänglich wurden diese Pflanzen für S. mizquensis gehalten. Erst die Blüten widerlegten diese Vermutung. (Mehr dazu im Kapitel „Ausgewählte Feldnummern".)

Literaturhinweis: Rausch (1971)

Sulcorebutia oenantha Rausch var. oenantha

(lat. oenanthus = weinrot; nach der weinroten Blüte)

> Rausch, W. (1971): Sulcorebutia oenantha Rausch spec. nov. – Succulenta 50 (6): 112–113

Körper einzeln, gelegentlich auch sprossend, graugrün bis dunkelgrün, glänzend, 3 bis 6 cm hoch, bis 10 cm dick, in eine meist nicht sehr ausgeprägte Rübenwurzel übergehend. **Areolen** schmal, 5 bis 6 mm lang, bis 1,5 mm breit. **Dornen** 15 bis 20, bis 30 mm lang, starr abstehend bis leicht zum Körper gebogen, stechend. **Randdornen** bis 16, **Mitteldornen** bis 4, bei älteren Pflanzen nicht mehr unterscheidbar. Alle Dornen hellgelb bis zwiebelfarbig, an der Basis dunkler, verdickt, etwas rau. Gelegentlich kommen auch braun oder schwarz bedornte Pflanzen vor. **Knospen** bräunlich bis rötlich braun aus den unteren Areolen entstehend. **Blüte** 30 bis 40 mm lang und ebensolcher Ø, geruchlos. **Äußere Blütenblätter** dunkelrot, zum Teil außen olivgrün, **innere Blütenblätter** dunkelweinrot nach unten zu manchmal bläulich schimmernd. **Staubfäden** weiß, nach unten zu rosa. **Griffel** gelb bis grünlich, mit 5 bis 6 meist grünlichen Narbenästen. **Frucht** bräunlich oder rötlich braun, bis zu 10 mm Ø mit braunen oder olivgrünen Schuppen, hinter den untersten Schuppen findet man einige feine weiße Haare. **Samen** 1,3 bis 1,6 mm lang und 1,2 bis 1,4 mm breit.

S. oenantha

◆ Oben links: *Sulcorebutia mentosa* var. *swobodae* HS27 (Typaufsammlung) – dunkle und helle Form.
◆ Oben rechts: *Sulcorebutia mentosa* var. *swobodae* G63 am Standort zwischen Aiquile und Santiago.
◆ Mitte: *Sulcorebutia mizquensis* R194 (Typaufsammlung).
◆ Unten: *Sulcorebutia mizquensis* am Standort westlich von Mizque.

Vorkommen: Dept. Cochabamba, Prov. Mizque, südlich von Totora bei Chijmuri, auf 2 750 bis 2 800 m. (Karte S. 42)

Feldnummern: G73, G107, HS21, JK27, KA19a, KA151, R465 (Typaufsammlung)

Bemerkungen: *S. oenantha* var. *oenantha* wächst südlich von Totora auf mehr oder weniger ebenen Wiesen. Offensichtlich erhalten die Pflanzen genügend Feuchtigkeit, denn ihre Rübenwurzeln sind nicht sehr ausgeprägt. Dies ist auch schon ein erster Hinweis auf die Verwandtschaft von *S. oenantha* var. *oenantha* mit *S. tiraquensis*. Zur Beurteilung dieser Art müssen auch die einige Kilometer südlicher wachsende *S. oenantha* var. *pampagrandensis* und die bei Epizana vorkommenden Sulcorebutien (*S. oenantha* var. Epizana n.n.) mit berücksichtigt werden. Von diesen beiden Populationen unterscheidet sich *S. oenantha* var. *oenantha* hauptsächlich durch ihre einheitlich dunkelrote Blüte und die kräftige, meist abstehende Bedornung. Schon Rausch vermerkt in der Erstbeschreibung, dass die Pflanzen an *Weingartia* erinnern. Die einheitliche Blütenfarbe ist allerdings nur am Typstandort bei Chijmuri gegeben. Bereits wenige Kilometer weiter nördlich, am Abzweig der Straße nach Mizque, gibt es auch violet blühende Formen von *S. oenantha* var. *oenantha*. Noch weiter im Norden, bei Epizana, überwiegen die violettblütigen Pflanzen ebenso wie weiter im Süden bei *S. oenantha* var. *pampagrandensis*, die nahezu einheitlich violettrot blüht. Obwohl die Standorte von *S. oenantha* var. *oenantha* meist nicht sehr dicht besiedelt sind, glauben wir nicht, dass die Art in ihrem Bestand bedroht ist. Es kann davon ausgegangen werden, dass sie an allen geeigneten Stellen rund um Totora vorkommt. Das recht einheitliche Bild, welches sich durch die Vermehrungen von Aufsammlungen Walter Rauschs ergeben hatte, wurde durch die vielen Neufunde der letzten 10 bis 15 Jahre stark gestört. So kennen wir neben den abweichenden Blütenfarben auch habituell sehr unterschiedliche Pflanzen. Neben den bekannten gelbdornigen Klonen von **R465** befinden sich inzwischen auch braun- bis fast schwarzdornige Pflanzen in den Sammlungen und auch die Länge sowie die Anzahl der Dornen variiert außerordentlich.

Literaturhinweise: Simon (1971), Arbeitskreis Sulcorebutia (1991), Gertel (1996b)

◆ *Sulcorebutia oenantha* var. *oenantha* HS21.
◆ *Sulcorebutia oenantha* var. *oenantha* G73 von Chijmuri.

Sulcorebutia oenantha Rausch var. pampagrandensis (Rausch) Augustin et Gertel comb. nov.
Basionym: Sulcorebutia pampagrandensis Rausch
(nach dem Fundort Rancho Pampa Grande)

Rausch, W. (1974): Sulcorebutia pampagrandensis Rausch spec. nov. – Kakteen und andere Sukkulenten 25 (5): 97–98

Unterscheidet sich von *S. oenantha* var. *oenantha* durch: **Körper** meist zierlicher. **Dornen** 15 bis 25, feiner als beim Typ, oft auch anliegend bedornt und ohne **Mitteldornen**. **Blüten** 35 bis 50 mm lang und bis 60 mm Ø, **äußere Blütenblätter** mehr oder weniger hellviolett, außen manchmal mit einem grünlichen Mittelstreifen, **innere Blütenblätter** hellviolett, zur Basis hin meist heller.

Vorkommen: Dept. Cochabamba, Prov. Mizque, zwischen Totora und dem Rio Mizque, in

S. oenantha

der Umgebung der Ansiedlung Rancho Pampa Grande, 2 550 bis 2 700 m. (Karte S. 42)

Feldnummern: G16, G16a, HS23, JD163, JK29, JK30, KA19, R466 (Typaufsammlung)

Bemerkungen: Wie *S. oenantha* var. *oenantha* besitzt auch *S. oenantha* var. *pampagrandensis* nur eine rudimentäre Rübenwurzel. Dies ist eigenartig, weil beide doch schon relativ weit von der Gegend entfernt vorkommen, die von der Feuchtigkeit aus dem Chaparé profitiert. Möglicherweise gibt es andere Gründe, die zu einer solchen Spezialentwicklung geführt haben. Was oft als Rübenwurzel bei älteren Pflanzen angesehen wird, ist nur der konisch verjüngte, untere Teil des Körpers, der im Laufe der Jahre in die Erde eingezogen wird. Dies ist sehr leicht am Vorhandensein alter Areolen zu erkennen. *S. oenantha* var. *pampagrandensis* unterscheidet sich von *S. oenantha* var. *oenantha* hauptsächlich durch ihre etwas größeren, fast einheitlich hellvioletten Blüten und den zierlicheren Körperbau. In der Körpergröße und der Bedornung gibt es allerdings fließende Übergänge zur Typvarietät und auch zu den Pflanzen von Epizana (siehe auch Bemerkungen zu *S. oenantha* var. *oenantha*). Wie schon Rausch im Rahmen der Erstbeschreibung erwähnt, ist die Bedornung von *S. oenantha* var. *pampagrandensis* so variabel in Form und Farbe, dass es schwer fällt, zwei gleiche Pflanzen zu finden. Werden die extremen Formen isoliert für sich betrachtet, so entsteht ohne Standortkenntnis der Eindruck, es wären verschiedene Arten. Nur wer einmal die große Vielfalt am Standort gesehen hat, kann glauben, dass es sich bei allen diesen Pflanzen um Formen einer einzigen außerordentlich variablen Varietät handelt. *S. oenantha* var. *pampa-*

◆ Oben: *Sulcorebutia oenantha* var. *pampagrandensis* HS23.
◆ Mitte: *Sulcorebutia oenantha* var. *pampagrandensis* HS23 am Standort bei Rancho Pampa Grande.
◆ Unten: *Sulcorebutia oenantha* var. *pampagrandensis* G16 von Rancho Pampa Grande.

grandensis wächst entlang der Straße Totora – Aiquile auf mehreren Kilometern, jedoch immer nur an sehr steinigen Stellen. Im Gegensatz zu *S. oenantha* var. *oenantha* ist die Populationsdichte an den Standorten von *S. oenantha* var. *pampagrandensis* zumeist recht hoch, obwohl diese direkt neben einer der Hauptdurchgangsstraßen liegen und davon ausgegangen werden kann, dass jeder, der Bolivien der Sulcorebutien wegen bereist hat, diese Standorte kennt.

Literaturhinweis: Fritz (1984b)

Sulcorebutia pasopayana (F. Brandt) Gertel

(nach dem Standort nahe der Ortschaft Pasopaya)

> Brandt, F. H. (1984): Weingartia pasopayana Brandt spec. nov. Subg. Sulcorebutia – Kakt. Orch. Rundsch. 9 (3): 53–55
> Gertel, W. (1991): Neues zu Sulcorebutia pulchra (Cárdenas) Donald – Sulcorebutia pasopayana (Brandt) Gertel comb. nov. – Kakteen und andere Sukkulenten 42 (7): 176

Sulcorebutia pasopayana am Standort zwischen Presto und Pasopaya.

Körper fast immer sprossend, seltener einzeln, graugrün, dunkelgrün bis violettrot überlaufen, 1 bis 3 cm hoch und ebenso dick, in eine bis zu 13 cm lange, mehrfach geteilte Rübenwurzel übergehend. **Areolen** sehr schmal, 2 bis 5 mm lang, 0,5 bis 0,8 mm breit. **Dornen** 6 bis 12, kammförmig anliegend, 4 bis 6 mm lang, dunkel- bis hellbraun, Basis verdickt, meist dunkler. Keine **Mitteldornen**. **Knospen** dunkelgrün bis rötlich braun, aus den untersten Areolen, oft von unterhalb der Erdberührungslinie entstehend. **Blüten** sehr zahlreich, 25 bis 35 mm lang und ebensolcher Ø, geruchlos bis seltener leicht muffig riechend. **Äußere Blütenblätter** hell- bis dunkelkarminrot, an der Außenseite oft grünlich bis olivgrün, **innere Blütenblätter** kräftig karminrot, manchmal sehr dunkel, zur Basis hin oft orangerot bis gelb. **Staubfäden** dunkel violettrot. **Griffel** und die 4 bis 5 Narbenäste kräftig grün. **Frucht** bräunlich bis olivgrün, etwa 6 mm Ø mit ebenso gefärbten, meist etwas dunkleren Schuppen. Unter den untersten Schuppen einige feine weiße Haare. **Samen** 1,3 bis 1,5 mm lang und 1,2 bis 1,4 mm breit.

Vorkommen: Dept. Chuquisaca, Prov. Zudañez, zwischen den Ansiedlungen Presto und Pasopaya, auf Höhen zwischen 3 000 und 3 200 m. (Karte S. 47)

Feldnummern: EH6235, EH6236, EH6237, EM356, G161, G162, L387 (Typaufsammlung), R593

Bemerkungen: Obwohl *S. pasopayana* in kaum einem Punkt mit der Erstbeschreibung von *S. pulchra* zur Deckung zu bringen ist, wurden die Pflanzen jahrelang als *S. pulchra* bezeichnet und später von Brandt als *Weingartia pasopayana* beschrieben, wobei eine Pflanze mit der Feldnummer **L387** als Typmaterial diente. Gertel (1985, 1991, 1997) wies mit mehreren Arbeiten auf diese falsche Zuordnung hin und korrigierte die Einbeziehung zu *Weingartia*. Ein weiteres Problem war, dass offensichtlich Pflanzen der Feldnummern **R593** und **R599** bei der Vermehrung vermischt und vertauscht worden sind, was in Gertels Artikel von 1985 zu dem Fehlschluss führte, dass beide Aufsamm-

S. pasopayana

◆ *Sulcorebutia pasopayana* R593.

lungen *S. perplexiflora* seien, die wiederum nur eine Form von *S. canigueralii* darstellt. Letztendlich ist es Walter Rausch zu verdanken, der in privaten Gesprächen darüber aufklärte, dass es sich hier um zwei grundverschiedene Sulcorebutien handelt. **R593** wurde zwischen Presto und Pasopaya gefunden, während **R599** aus dem Gebiet nördlich von Sucre, und zwar aus dem Umfeld der Zementfabrik, stammt. In dem zweiten Artikel Gertels von 1991 wurde dieser Fehler ausgeräumt. *S. pasopayana* bildet am Standort kleine Gruppen, die ohne Blüten kaum zu finden sind. Allgemein werden die Pflänzchen in der Natur kaum größer als 1 cm im Durchmesser und ziehen sich in der Trockenzeit vollständig ins Erdreich zurück, wo sie von Sand und vertrocknetem Pflanzenmaterial zugedeckt werden und dadurch praktisch unsichtbar sind. Wer zur Blütezeit an diese Standorte kommt, findet meist nur Blüten, die scheinbar zu keiner Pflanze gehören. Wie bei vielen anderen Arten aus dieser Gegend, sind die Sprosse oft nur mit einem dünnen Steg mit der Mutterpflanze verbunden. Meist haben schon die kleinsten Sprosse eigene Wurzeln und können sofort weiterwachsen, wenn sie von der Mutterpflanze getrennt werden. Charakteristisch für *S. pasopayana* ist ihre dunkelrote Blüte, deren Farbe zu den dunkelsten der ganzen Gattung zählt, mit einem kräftig grünen Griffel und dunkelvioletten Staubfäden. Verwandtschaftlich passt die Art am besten zu der etwas weiter südlich vorkommenden *S. tarabucoensis* var. *tarabucoensis* und steht wohl zwischen dieser und *S. rauschii*.

Literaturhinweise: siehe im Text

Sulcorebutia polymorpha (Cárdenas) Backeberg

(lat. polymorphus = vielgestaltig; wegen ihrer Vielgestaltigkeit)

Cárdenas, M. (1965): Neue und interessante Kakteen aus Bolivien – Rebutia polymorpha Cárd. spec. nov. – Kakteen und andere Sukkulenten 16 (6): 115–116
Backeberg, C. (1966): Sulcorebutia polymorpha (Cárd.) Backbg. n. comb. – Das Kakteenlexikon, S. 416

◀ *Sulcorebutia polymorpha* RV316.

Körper sprossend, gelegentlich auch einzeln, graugrün bis dunkelgrün, manchmal rot überhaucht, 2 bis 4 cm hoch, bis 5 cm dick, in eine bis zu 15 cm lange Rübenwurzel übergehend. Es kommen auch Pflanzen mit kaum entwickelter Rübenwurzel vor. **Areolen** länglich bis oval, 3 bis 6 mm lang, 1,5 bis 2,0 mm breit. **Dornen** abstehend, aber auch kammförmig am Körper anliegend. **Randdornen** 10 bis 14, bis 10 mm lang, bräunlich bis dunkelbraun mit dunklerer Basis, manchmal auch ganz schwarz. **Mitteldornen** 1 bis 7, dünn, stechend, nach oben gebogen, 10 bis 30 mm lang, bräunlich, dunkelbraun oder schwarz. **Knospen** braun, grün bis rötlich braun, aus tieferen bis mittelständigen Areolen entstehend. **Blüten** 20 bis 40 mm lang, 25 bis 45 mm Ø, geruchlos. **Äußere Blütenblätter** hellviolett oder rot, **innere Blütenblätter** hellviolett, manchmal mit weißer Basis oder rot, nach unten zu mehr oder weniger orange bis gelb. **Staubfäden** weiß, unten rosa. **Griffel** weiß, an der Basis oft rosa, mit 7 bis 8 weißen Narbenästen. **Frucht** grünlich, olivgrün oder rötlich, 6 bis 8 mm Ø mit olivgrünen oder braunen Schuppen. Unter den untersten Schuppen feine weiße Haare. **Samen** 1,2 bis 1,5 mm lang und 0,8 bis 1,3 mm breit.

Vorkommen: Dept. Cochabamba, Prov. Arani, zwischen Kairani und Rancho Zapata, an der Straße Cochabamba – Sta. Cruz, auf 3 200 bis 3 400 m. (Karte S. 38)

Feldnummern: Cárd.6141 (Typaufsammlung), G14, G84, G102, HS226, JD155, R255, RV316

Bemerkungen: Über *S. polymorpha* wurde schon immer viel diskutiert. Zeitweise wurde sie, wie ja von Cárdenas beschrieben, als eigene Art angesehen, dann wieder sollte sie zu *S. steinbachii* eingezogen werden. Auch mit *S. tiraquensis* wurde sie immer wieder in Verbindung gebracht. Der Grund für diese Unsicherheit liegt einmal in der enormen Variabilität der Art selbst, zum anderen auch in der Tatsache begründet, dass unter dem Namen *S. polymorpha* in den Sammlungen viele nicht mit ihr in Verbindung zu bringende Pflanzen (meist *S. steinbachii*) stehen. Cárdenas selbst beschreibt schon die große Formenvielfalt der neuen Art. Wir können diesen Befund nur bestätigen, denn bei Kairani gibt es sprossende Pflanzen ebenso wie solche, die bis ins Alter solitär wachsen, Exemplare mit hellgrüner Epidermis neben solchen mit olivgrüner bis fast violetter Farbe. Es gibt flache Pflanzen mit wenigen kräftigen Höckern, kugelige mit zierlicheren Höckern, es gibt solche mit starr abstehenden, harten Dornen und solche mit borstigen, teilweise zum Körper gebogenen Dornen. Manche Klone entwickeln starke Rübenwurzeln, andere haben nur in der Jugend eine kleine Rübe, entwickeln sie dann aber nicht

Sulcorebutia polymorpha G84 von Kairani.

mehr weiter. Der Grund für diese Vielgestaltigkeit liegt vermutlich in den Standortbedingungen. Die Pflanzen erhalten sicherlich zeitweise Feuchtigkeit durch die Nebelschwaden aus dem Chaparé, aber nicht in dem Maß, wie das weiter östlich der Fall ist. Die Lebensbedingungen auf etwas mehr als 3 000 m sind hart, aber nicht so hart wie einige Kilometer weiter westlich, wo *S. steinbachii* in Höhen bis 4 000 m vorkommt. Ebenso wie *S. tiraquensis* var. *longiseta* ist *S. polymorpha* eine Übergangspopulation zwischen *S. steinbachii* und *S. tiraquensis*. Die morphologischen Merkmale tendieren von Pflanze zu Pflanze unterschiedlich mehr zu der einen oder mehr zu der anderen Art. Es ist interessant, dass schon Cárdenas *S. steinbachii* und *S. tiraquensis* als „Urväter" von *S. polymorpha* ansah.

Ein zweiter Grund für die Verunsicherung bezüglich *S. polymorpha* sind die Standortangaben und die Pflanzen, die über die Jahre hinweg unter diesem Namen in die Sammlungen gekommen sind. Cárdenas gibt die Umgebung von Tiraque als Herkunft an, ohne den Standort genauer zu spezifizieren. Das hatte zur Folge, dass verschiedene Aufsammlungen aus der Umgebung dieser Ansiedlung unter dem Namen *S. polymorpha* vertrieben wurden. Andererseits wurde *S. polymorpha* als *S. tiraquensis* oder auch als *S. steinbachii* gehandelt, mit dem Ergebnis, dass kaum jemand wusste, was *S. polymorpha* tatsächlich war. Wir wissen nun aber aus dem Briefwechsel zwischen Cárdenas und John Donald (pers. com.), dass diese Pflanzen von Kairani, ca. 25 km östlich von Tiraque, kommen (oft auch Cayarani, Cayacarani oder ähnlich geschrieben). Das belegen neuere Funde, die nahezu identisch mit denen von Cárdenas sind. In dieser Hinsicht haben wir inzwischen genügend Vergleichsmaterial um *S. polymorpha* genau zu umreißen. Im Unterschied zu den anderen Funden, die wir unter „Feldnummern" aufgelistet haben und die von Kairani kommen, soll **R255** von Toralapa südöstlich von Tiraque stammen.

Aus dem bisher Gesagten geht hervor, dass wir derzeit nicht in der Lage sind, eindeutig zu klären, ob *S. polymorpha* eine berechtigte Art ist oder ob sie einer der beiden großen Nachbararten zugeordnet werden muss. Ohne Zweifel wäre es wichtig, Cárdenas' Vorschlag aufzugreifen und durch Rückkreuzung die genetische Aufspaltung zu überprüfen.

Literaturhinweise: Gertel (1996a und b)

Sulcorebutia pulchra (Cárdenas) Donald
(lat. pulcher = schön; wegen ihres schönen Aussehens)

Cárdenas, M. (1970): New Bolivian Cactaceae (XII) – Rebutia pulchera Cárd. sp. nov. – The Cactus and Succulent Journal (U. S.) 42 (1): 38–39

Donald, J. D. (1971): In defense of Sulcorebutia – Sulcorebutia pulchera (Cárd.) Donald nov. comb. – The Cactus and Succulent Journal (U. S.) 43 (1): 39

Hunt, D. R. (1997): Rebutia canigueralii ssp. pulchra (Cárdenas) Donald ex D. R. Hunt – Cact. Consensus Init. No. 3: 6

Körper sprossend, seltener auch einzeln, hell- bis dunkelgrün, häufig auch mausgrau und violett überhaucht, 2 bis 3 cm hoch und 2 bis 4 cm dick, in eine bis zu 18 cm lange Rübenwurzel übergehend. **Areolen** strichförmig, schmal oder auch leicht oval, 3 bis 5 mm lang und 1,0 bis 1,5 mm breit. **Dornen** 7 bis 12, kammförmig anliegend, bei manchen Populationen auch abstehend oder gekräuselt, borstenartig, dünn, 3 bis 30 mm lang, weißlich, gräulich bis bräunlich, Basis verdickt, etwas dunkler. **Mitteldornen**, wenn vorhanden, kaum von den Randdornen zu unterscheiden. **Knospen** grünlich, bräunlich bis rötlich braun, aus tieferen, älteren Areolen entstehend. **Blüten** 30 bis 50 mm lang und ebensolcher Ø, geruchlos bis stark muffig riechend. **Äußere Blütenblätter** hell- bis dunkelviolett, an der Außenseite zum Teil olivgrün, **innere Blütenblätter** mehr oder weniger hellviolett, Basis innen meist heller bis weiß. **Staubfäden** weiß oder weiß mit rosa Basis. **Griffel** gelbgrün, mit 5 bis 7 gelblich grünen bis weißen Narbenästen. **Frucht** grünlich oder bräunlich, 5 bis 7 mm Ø mit olivgrünen oder rotbraunen Schuppen, hinter den untersten Schuppen zum Teil zahlreiche dünne weiße Haare. **Samen** 1,3 bis 1,6 mm lang und 1,1 bis 1,3 mm breit.

Vorkommen: Dept. Chuquisaca, Prov. Zudañez, in den Bergen östlich von Chuqui Chuqui, auf Höhen zwischen 2 750 bis 2 950 m (Cárdenas gibt an: zwischen Rio Grande und Presto). (Karte S. 47)

Feldnummern:Ცárd.6310 (Typaufsammlung), G164, G165, G208, HS78, HS78a, HS78b, KA200, KA201

Bemerkungen: Wie schon unter *S. pasopayana* erwähnt, wurden fälschlicherweise jahrelang die aus dem Gebiet zwischen Presto und Pasopaya stammenden und rot blühenden Pflanzen für *S. pulchra* gehalten. Originalmaterial von Cárdenas existiert unseres Wissens nicht. 1983 gelang es dann Heinz Swoboda erstmals, den Weg aus dem Tal des Rio Chico Richtung Osten zu befahren. Dieser Weg führt entlang einer Pipeline, entgegen der Kartenangaben auf der Westseite der Bergkette, und erst viel weiter im

Sulcorebutia pulchra fa. HS78.

Süden über diese Berge in östlicher Richtung bis nach Presto. Heute ist der Weg kaum noch befahrbar. Das Ergebnis der damaligen Reise von Swoboda war eine Reihe interessanter Funde, die für großes Aufsehen unter den *Sulcorebutia*-Freunden sorgten. Zu den drei Feldnummern **HS78**, **HS78a** und **HS78b** gehören Pflanzen, die zum Teil hervorragend zu der Beschreibung der Cárdenas'schen *Rebutia pulchra* passen. Die in der ersten Euphorie gemachte Aussage, dass nur **HS78a** *S. pulchra* sei, konnte genaueren Untersuchungen nicht standhalten. Unter **HS78** wurden allerdings Pflanzen gefunden, die in allen Merkmalen mit der Beschreibung von Cárdenas übereinstimmten. Gertel (1997) hat sich ausführlich zu diesem Thema geäußert. Neben den bereits erwähnten Populationen wachsen an diesem Bergzug mehr im Süden noch weitere Populationen, die überwiegend rot blühen. Zwischen diesen Formen gibt es, obwohl es sich jeweils um kleine isolierte Standorte handelt, Übergänge und Zwischenformen, sodass wir keine Möglichkeit für eine Unterteilung sehen. Obwohl beispielsweise die Population **HS78a** sehr charakteristisch und unverwechselbar erscheint, treten solche Pflanzen vereinzelt

auch an den angrenzenden Standorten auf, bunt gemischt mit „normalen" **HS78**-ähnlichen Sulcorebutien. Die morphologische Bandbreite innerhalb jeder dieser Populationen ist so groß, dass man in dem ganzen Gebiet von einer enorm variablen Art ausgehen muss, deren Eigenschaften wir versucht haben, in der obigen Beschreibung zusammenzufassen.

Die nächsten Verwandten dieser Art werden in der südwestlich davon vorkommenden *S. canigueralii* zu suchen sein, deren violettblütige Form, welche im Umfeld der Zementfabrik von Sucre wächst, eine gewisse Ähnlichkeit beispielsweise mit **HS78**, aber auch mit den weiter südlich gefundenen Pflanzen mit den Feldnummern **G168–G170** aufweist. Weiterhin ist in diesem Zusammenhang *S. tarabucoensis* zu erwähnen, die ihre Heimat südlich von *S. pulchra* hat, und natürlich die auf dem östlich davon gelegenen Bergzug wachsende *S. pasopayana*, die sich jedoch schon in mehreren Merkmalen deutlich von *S. pulchra* unterscheidet. Wir möchten hier noch einmal betonen, dass wir kein Originalmaterial von *S. pulchra*, Herkunft Cárdenas kennen und uns bei unseren Überlegungen einzig und allein auf die Erstbeschreibung gestützt haben.

Literaturhinweise: Gertel (1985, 1991, 1997); weitere Literatur kann kaum empfohlen werden, da praktisch alle anderen Beiträge nicht *S. pulchra* behandeln, sondern *S. pasopayana*.

Sulcorebutia purpurea (Donald et Lau) Brederoo et Donald var. purpurea

(lat. purpureus = purpurrot; nach den purpurfarbenen Blüten)

> Donald, J. D. (1974): Weingartia purpurea – A New Species from Bolivia – Ashingtonia 1 (5): 53
> Brederoo, A. J. und Donald, J. D. (1981): Blütenuntersuchungen bei Weingartia und Sulcorebutia

Linke Seite:
- Oben: Das Verbreitungsgebiet von *Sulcorebutia pulchra*.
- Unten: *Sulcorebutia pulchra* fa. HS78a.

Sulcorebutia pulchra fa. G166 am Standort.

> – Sulcorebutia purpurea (Donald et Lau) Brederoo et Donald comb. nov. – Kakteen und andere Sukkulenten 32 (11): 273
> Ritter, F. (1980): Kakteen in Südamerika, Band 2, S. 637 – Cinnabarinea purpurea (Donald et Lau) Ritter comb. nov.
> Hunt, D. R. (1997): Rebutia mentosa ssp. purpurea (Donald et Lau) Donald ex D. R. Hunt – Cact. Consensus Init. No. 3: 6

Körper einzeln, ohne Verletzung des Scheitels nicht sprossend, 3 bis 4 cm hoch, 4 bis 9 cm dick, grasgrün, in eine stumpfe, bis zu 10 cm lange Rübenwurzel übergehend, die durch eine leichte Einschnürung vom Körper abgesetzt ist. **Areolen** länglich bis oval, 4 bis 6 mm lang, 1 bis 2 mm breit. **Dornen** sehr kräftig, starr abstehend und stechend, zum Teil etwas zum Körper gebogen, glatt. **Randdornen** 8 bis 10, 10 bis 14 mm lang, hellbraun bis rötlich braun, zum Teil auch dunkelbraun, mit verdickter, dunklerer Basis. **Mitteldornen** 4 bis 6, 12 bis 18 mm lang, weißlich, hellbraun bis rötlich braun, Basis verdickt, mit dunklerer Spitze. **Knospen** bräunlich bis rotbraun, aus tieferen bis mittleren Areolen entstehend. **Blüte** 20 bis 30 mm lang, 30 bis 45 mm Ø, geruchlos. **Äußere** und **innere Blütenblätter**

S. purpurea

◆ *Sulcorebutia purpurea* var. *purpurea* L332 (Typaufsammlung) von der Passhöhe zwischen Chaguarani und der Mine Asientos.
◆ *Sulcorebutia purpurea* var. *purpurea* HS26.

Vorkommen: Dept. Cochabamba, Prov. Mizque, am Weg von Chaguarani (Cruce) zur Mine Asientos, bei San Vicente, auf 2 900 m. (Karte S. 45)

Feldnummern: EH7133, HS25a, HS25b, HS26, JD297, KA174, L332 (Typaufsammlung), L336 (Cotypaufsammlung), WK677

Bemerkungen: Die typische *S. purpurea* var. *purpurea* im Sinne von Donald und Lau stammt von dem Höhenrücken, welcher zwischen Chaguarani und der Mine Asientos das Tal des Rio Caine von dem des Rio Mizque trennt. Alle Pflanzen, die von den ursprünglichen Funden **L332** und **L336** abstammen sowie vergleichbare spätere Nachsammlungen haben das charakteristische Aussehen, das auf den ersten Blick an *Lobivia* erinnert. Die Pflanzen sind kräftig grün mit derben Kinnhöckern und wenigen, kurzen, aber kräftigen und harten Dornen besetzt. Die Blüten sind sehr kurzröhrig und meist purpurrot gefärbt. Alle anderen, später an anderen Standorten gesammelten und als *S. purpurea* bezeichneten Pflanzen weichen mehr oder weniger stark davon ab. Sie haben meist eine viel dichtere, längere und weichere Bedornung und oft eine ziemlich große, langröhrige, violettrote bis violettrosa Blüte. Fast alle diese Aufsammlungen stammen aus dem Gebiet zwischen Aiquile und Santiago. Von der näheren Verwandtschaft von *S. purpurea* kommen einzig die von Rausch beschriebene *S. unguispina* und die HS-Nummern **25a**, **25b** und **26** aus dem Gebiet zwischen San Vicente und Santiago infrage. Leider ist bei den HS-Nummern offensichtlich einiges durcheinander geraten, denn insbesondere bei **HS25a**, evtl. auch bei **HS26**, scheinen Pflanzen in die Sammlungen gekommen zu sein, die aus späteren Nachsammlungen von **HS25** stammen. Neben den ursprünglichen Lau-Aufsammlungen und den erwähnten Nachsammlungen von Donald, Haugg, Krahn usw. gehören auch die Rausch-Nummern **R464** und **R464a**, die in neueren Rausch-Listen als *S. purpurea* de Mina Asientos bzw. *S. vizcarrae*

purpurrot, nach unten hin oft violett. **Staubfäden** violett bis rot. **Griffel** grünlich, mit 6 grünlichen bis weißen Narbenästen. **Frucht** rötlich braun, 6 bis 7 mm Ø mit bräunlich grünen Schuppen, hinter den untersten Schuppen wenige feine weiße Haare, manchmal kaum zu entdecken. **Samen** 1,4 bis 1,6 mm lang und 1,2 bis 1,4 mm breit.

bezeichnet werden, hierher. Sie wurden auf dem gleichen Bergzug wie die Lau-Nummern gefunden, nur möglicherweise etwas weiter nach Nordwesten in Richtung Vila Vila. Ohne jeden Zweifel gibt es auch zwischen Aiquile und Santiago immer wieder Pflanzen, die als *S. purpurea* var. *purpurea* angesehen werden könnten. Wir halten es aber für sinnvoll, wenn diese Populationen dem Taxon zugeordnet werden, das diesen Pflanzen viel eher gerecht wird, nämlich *S. santiaginiensis* Rausch. Zurzeit ist es üblich, alle Pflanzen von *S. purpurea* var. *purpurea* im Sinne von Lau und Donald bis zu den Populationen, die von Aiquile – Santiago kommen, als *S. purpurea* zu bezeichnen. Es gibt jedoch begründete Bedenken gegen so eine Lösung, weshalb wir davon absehen, auch *S. santiaginiensis* zu *S. purpurea* zu stellen. Für weitere Ausführungen zu diesem Themenkomplex siehe auch die Bemerkungen zu *S. santiaginiensis* und *S. purpurea* var. *unguispina*.

Literaturhinweise: Rausch (1975), Herzog (1994), Pot (1994), Fritz (1998), Fritz (1999)

Sulcorebutia purpurea (Donald et Lau) Brederoo et Donald var. unguispina (Rausch) Augustin et Gertel comb. nov.
Basionym: Sulcorebutia unguispina Rausch (lat. unguispinus = mit nagelartigen, klauenartigen Dornen)

> Rausch, W. (1985): Sulcorebutia unguispina Rausch spec. nov. – Succulenta 64 (6): 132–133

Unterscheidet sich von *S. purpurea* var. *purpurea* durch: **Körper** deutlich kleiner bleibend, 3 cm hoch und 5 cm dick, braungrün, in den Zwischenräumen der Höcker zum Teil violett. Höcker kleiner und flacher als bei der Typvarietät. **Dornen** 10 bis 12, kurz und dick, pfriemlich, zum Körper hin gebogen, strohgelb bis hellbraun. Meist keine **Mitteldornen**.

Vorkommen: Dept. Cochabamba, Prov. Mizque, Rumi Mokho Pampa, in der Umgebung von Molinero auf 2 900 m. (Karte S. 45)

Sulcorebutia purpurea var. *unguispina* R731 (Typaufsammlung) – Originalmaterial von Rausch.

Feldnummer: R731

Bemerkungen: Über seine neue „Art" sagt Rausch selbst, sie sei nur eine Varietät von *S. purpurea*. Er habe sie nur nicht als solche festlegen wollen, solange noch keine Einigkeit bestünde, ob *S. purpurea* eine *Sulcorebutia* oder eine *Weingartia* sei. Mehr zu diesem Thema findet der interessierte Leser in den nachfolgenden Literaturhinweisen. Leider hat sich diese Diskussion inzwischen in eine ganz andere Richtung verlagert, denn heute wird darüber diskutiert, ob *S. purpurea* eine *Sulcorebutia* oder eine *Rebutia* ist. Wie schon an anderer Stelle erwähnt, sind wir der Ansicht, dass *S. purpurea* var. *purpurea* sehr wohl eine *Sulcorebutia* ist und halten konsequenterweise *S. unguispina* für eine Varietät dieser Art. Leider kennen wir den Standort nicht selbst und sind deshalb auf die wenigen Pflanzen angewiesen, die wir in Form von Sprossen von Rausch erhalten bzw. aus Samen von Rausch gezogen haben. Danach unterscheidet sich *S. purpurea* var. *unguispina* von *S. purpurea* var. *purpurea* in erster Linie durch den viel kleineren Körperbau, die anliegende, krallige Bedornung und die mehr runden, zierlicheren Höcker. Blüten, Frucht und Samen sind identisch. In Rauschs Feldnum-

Sulcorebutia rauschii R289 – Typklon.

mernliste wird S. *unguispina* schon als Varietät von S. *purpurea* geführt. Wir vollziehen hier die formelle Umkombination.

Literaturhinweise: Oeser (1986), Rausch (1986), Pot (1994)

Sulcorebutia rauschii G. Frank
(nach dem Entdecker, dem österreichischen Kakteenforscher Walter Rausch)

Frank, G. (1969): Sulcorebutia rauschii Frank – Kakteen und andere Sukkulenten 20 (12): 238–239
Hunt, D. R. (1989): Rebutia rauschii (Frank) D. Hunt – The European Garden Flora III, S. 245; Cambridge University Press

Körper sprossend, seltener einzeln, hell- bis dunkelgrün oder rötlich überhaucht bis tiefviolett, 1,5 cm hoch und 1,5 bis 3,0 cm dick, in eine bis zu 15 cm lange Rübenwurzel übergehend. **Areolen** strichförmig, 2 bis 3 mm lang, 0,8 bis 1,0 mm breit. **Dornen** krallenartig, anliegend, nach unten gebogen. **Randdornen** 8 bis 18, 1 bis 4 mm lang, gelb oder braun bis schwarz, mit verdickter Basis. Keine **Mitteldornen**. **Knospen** olivgrün, braun bis rötlich braun, aus tief liegenden Areolen, oft unterhalb der Erdberührungslinie entstehend. **Blüte** 20 bis 50 mm lang und 35 bis 50 mm Ø, geruchlos bis seltener leicht muffig riechend. **Äußere Blütenblätter** hell- bis dunkelviolett, an der Außenseite manchmal dunkelrot oder rotbraun, **innere Blütenblätter** hell- bis dunkelviolett, nach unten zu oft heller bis weiß. **Staubfäden** violett bis dunkelpurpur. **Griffel** hellgrün bis grün, unten meist 10 bis 12 mm in die Blütenröhre eingepresst, aber nicht mit ihr verwachsen, mit 4 bis 6 grünlichen Narbenästen. **Frucht** rotbraun, 4 bis 5 mm Ø mit braunen bis rotbraunen Schuppen. Unter den untersten Schuppen feine weiße Haare, welche die Schuppen manchmal überragen. **Samen** 1,3 bis 1,5 mm lang und 1,2 bis 1,3 mm breit.

S. rauschii

◆ Gruppe verschiedener *Sulcorebutia rauschii* am Standort oberhalb von Zudañez.
◆ *Sulcorebutia rauschii* R289/4 mit großer, sehr heller Blüte.

Vorkommen: Dept. Chuquisaca, Prov. Zudañez, in der Umgebung von Zudañez, auf den höchsten Gipfeln des Cerro Ayrampo, 2 800 m. (Karte S. 47)

Feldnummern: G155, G155a, He67, He68, HS121, R289 (Typaufsammlung), RH754, RH755

Bemerkungen: Zum Zeitpunkt der Beschreibung wurde keine Typpflanze hinterlegt. Durch die inzwischen erfolgte Deposierung des Holotypus (Eggli 1987) am Herbar der Städtischen Sukkulentensammlung Zürich wurde die Art nachträglich legitimiert. Wegen ihres außergewöhnlichen Aussehens fand S. rauschii sowohl in der Literatur recht bald ihren Stellenwert als auch Eingang in die Sammlungen. *S. rauschii* ist bestimmt auch heute noch eine der begehrtesten Sulcorebutien und ganz sicher die *Sulcorebutia*, die sich in vielen Kakteensammlungen (auch ohne Spezialisierung auf *Sulcorebutica*) findet. Trotz ihres unverkennbaren Aussehens präsentiert sich *S. rauschii* sehr formenreich bezüglich Bedornung, Farbe der Epidermis und in der Größe der Blüten. Die Dornen sind meist schwarz, es sind aber auch Klone mit gelber, brauner oder roter Bedornung bekannt.

Eines der auffälligsten Merkmale von *S. rauschii* ist jedoch die Färbung der Epidermis. Wir kennen ganz hellgrüne Klone, solche mit mehr graugrüner Epidermis, aber auch dunkelgrüne und violettgrüne bis dunkelviolette Klone. Es ist kaum ein bunteres Bild, auch außerhalb der Blütezeit, in einer Kakteensammlung vorstellbar, als eine Anzahl großer Pflanzengruppen von *S. rauschii*. Etliche der grünen Klone zeigen auch violette Epidermisstellen, vor allem im Bereich der Höcker. Nicht außergewöhnlich, aber im Gegensatz zur geringen Körpergröße geradezu riesig, präsentiert sich die meist schlanke Blüte mit einer Länge bis zu 6 cm und immerhin 3 bis 5 cm Ø. Im Schnitt liegt die Blütengröße bei 3 bis 4 cm Länge und gleichem Durchmesser.

Besonders begehrt sind nach wie vor der gelb bedornte Klon von **R289** mit winziger, nur 2 cm großer, hellvioletter Blüte und nur rudimentären Staubbeuteln und ein Klon, ebenfalls von Rausch, mit gefransten Blütenblättern. Ein dritter, sehr begehrter Rausch-Klon hat rotbraune Dornen und eine sehr große, hellrosa Blüte, die in manchen Jahren fast weiß ist. Die bekannte Pflanze „*S. rauschii* mit behaarter Blüte" (ebenfalls **R289**) ist jedoch eindeutig eine Verwechslung, denn es handelt sich um eine *Aylostera* oder *Mediolobivia*, die unseres Wissens nicht in der Umgebung von Zudañez vorkommt.

Soweit uns bekannt ist, stammt *S. rauschii* nur vom Cerro Ayrampo, oberhalb von Zudañez. Wir haben viel Zeit investiert, um weitere Standorte von *S. rauschii* ausfindig zu machen – ohne Erfolg. Erfreulicherweise gibt es aber dort so viele Pflanzen auf relativ engem Raum, dass kein Grund zur Besorgnis hinsichtlich des Fortbestehens dieser herrlichen Art besteht. Von der Verwandtschaft her ordnet sich *S. rauschii* sehr gut in die Populationen rund um Zudañez ein, welche alle die charakteristische Merkmalkombination „grüne Griffel und Narbenäste sowie tiefrote Staubfäden" haben. Dazu gehören die benachbarte *S. tarabucoensis* var. *callecallensis*, die hauptsächlich unter den Feldnummern **HS125** und **HS125a** bekannten Sulcorebutien aus der Cordillera Mandinga (südwestlich von Zudañez) und die Populationen aus der nördlichen Verlängerung der Cordillera Mandinga, die allgemein unter *S. tarabucoensis* geführt werden, bis zu *S. pasopayana* aus der Gegend nördlich von Presto. Wir haben es hier mit einem großen, ausgesprochen variablen Formenkreis zu tun, der sich in vielen Formen von unzähligen Standorten sehr unterschiedlich präsentiert.

Literaturhinweise: Frank (1969), Rausch (1973a), Skarupke (1973), Augustin (1987), Rosenberger (1991)

Sulcorebutia santiaginiensis Rausch
(nach dem Fundort in der Cuesta de Santiago)

> Rausch, W. (1979): Sulcorebutia santiaginiensis Rausch spec. nov. – Kakteen und andere Sukkulenten 30 (10): 237–238

Körper einzeln, grün bis dunkelgrün, 2,5 bis 3,0 cm hoch, 3 bis 4 cm dick, in eine bis zu 12 cm lange Rübenwurzel übergehend. Der Übergang vom Körper in die Wurzelrübe ist etwas verengt. Rippen 18 bis 20. **Areolen** länglich bis oval, bis 5 mm lang und bis 2 mm breit. **Dornen** abstehend bis kammförmig anliegend, zum Teil verflochten. **Randdornen** 8 bis 10, bis 8 mm lang, **Mitteldornen** 0 bis 4, 8 bis 10 mm lang. Alle Dornen meist rotbraun mit dunklerer Spitze, aber auch weiß bis gelb, rau. **Knospen** rötlich braun, aus basisnahen, älteren Areolen entstehend, bei älteren Pflanzen auch aus der Körpermitte. **Blüten** 25 bis 35 mm lang und 35 bis 45 mm Ø, geruchlos. **Äußere** und **innere Blütenblätter** rot bis violett. **Staubfäden** rosa bis lachsfarben. **Griffel** weiß bis leicht gelblich, mit meist 6 weißen Narbenästen. **Frucht** rotbraun, 6 mm Ø mit etwas dunkleren Schuppen. Unter den untersten Schuppen meist einige wenige feine weiße Haare. **Samen** 1,3 bis 1,5 mm lang und 1,1 bis 1,3 mm breit.

Schale mit Originalpflanzen von *Sulcorebutia santiaginiensis* R730 (Typaufsammlung) (Aufnahme von 1980).

Vorkommen: Dept. Cochabamba, Prov. Campero, westlich von Aiquile, Cuesta de Santiago, 2 800 bis 2 900 m, aber auch in geeigneten Höhen zwischen Aiquile und der Cuesta de Santiago. (Karte S. 45)

Feldnummern: EH7113, EH7114, G65, G66, G67, G70, G213, HS25, JD180, KA172, KA173, HS109, HS110, HS116, R730 (Typaufsammlung), WF47

Bemerkungen: Trotz des eng begrenzten Gebietes beherbergt die Cuesta de Santiago einige bemerkenswerte, kleine Populationen an Sulcorebutien, die alle zu *S. santiaginiensis* zu zählen sind. Die Bekanntesten sind neben der Rausch-Aufsammlung die HS-Nummern **HS109** und **HS110**. Allerdings ist zu berücksichtigen, dass die Mehrzahl der Pflanzen mit der Feldnummer **HS110**, die seinerzeit in unsere Sammlungen kamen, falsch bezeichnet waren. Es handelte sich um die Feldnummer HS100, bei der eine ganze Sendung falsch etikettiert worden war. Gleiche oder ganz ähnliche Formen, wie die aus der Cuesta de Santiago, kommen auch überall in geeigneten Höhenlagen zwischen Aiquile und Santiago vor. Diese Aufsammlungen, die am besten mit **HS25** umschrieben werden und bisher als *S. purpurea* in den Feldnummernlisten stehen, sollten deshalb hier eingereiht werden. Zweifelsfrei besteht hier ein viel engerer Zusammenhang als mit *S. purpurea* var. *purpurea*. Ein weiterer Hinweis darauf, dass **HS25** usw. zu *S. santiaginiensis* gehören, ist auch die Tatasache, dass sie im Gegensatz zu *S. purpurea* var. *purpurea* meist raue Dornen haben.

Wir kennen Populationen, die nahezu ausschließlich violett oder auch rot blühen, meistens treten die beiden Blütenfarben aber gemischt auf. Ähnlich variabel ist die Färbung der Dornen. Lediglich an einer Stelle der Cuesta de Santiago gibt es eine rein gelbdornige Form mit violetter Blüte (**HS116**).

Rausch vergleicht seinen Fund in der Erstbeschreibung auch mit *S. vizcarrae*, meint dabei aber seinen aus dem Bereich Villa Viscarra stammenden Fund **R464** oder **R464a**, der keineswegs etwas mit der von Cárdenas unter diesem Namen beschriebenen *Sulcorebutia* aus der Umgebung von Mizque zu tun hat. Rauschs Vergleich hat aber insofern seine Berechtigung, als **R464** als Form von *S. purpurea* in die Beur-

teilung des gesamten Komplexes von *S. santiaginiensis* über *S. purpurea* var. *unguispina* bis *S. purpurea* var. *purpurea* mit einbezogen werden muss. Eine Verbindung zu *S. pampagrandensis* (*S. oenantha* var. *pampagrandensis*), wie Rausch sie sieht, können wir nicht erkennen. In seiner jüngsten Feldnummernliste weist Rausch *S. santiaginiensis* als Varietät von *S. purpurea* aus, eine Ansicht, die wir derzeit nicht teilen (siehe hierzu den vorigen Absatz und die Bemerkungen zu *S. mentosa* var. *mentosa* und *S. mentosa* var. *swobodae* sowie *S. purpurea* var. *purpurea*).

Literaturhinweise: siehe Literaturhinweise bei *S. purpurea* var. *purpurea* und *S. mentosa* var. *mentosa*

Sulcorebutia steinbachii (Werdermann) Backeberg var. steinbachii

(nach dem Entdecker, dem bolivianischen Landwirt José Steinbach)

> Werdermann, E. (1931): Neue Kakteen im Botanischen Garten Berlin-Dahlem. – Rebutia steinbachii Werd. nov. spec. – Notizblätter des Botanischen Gartens und Museums zu Berlin-Dahlem, XI (104): 268–270
> Backeberg, C. (1951): Sulcorebutia novum genus Backebg. – Sulcorebutia steinbachii (Werd.) Backebg. n. comb. – The Cactus and Succulent Journal (GB) 13 (4): 103

Körper sprossend, oft sehr große Gruppen bildend, dunkelgrün, bis 8 cm hoch, bis 10 cm dick, in eine sehr kräftige, bis zu 15 cm lange, oft auch geteilte Rübenwurzel übergehend. **Areolen** länglich, 4 bis 6 mm lang, 1,0 bis 1,5 mm breit. **Dornen** starr abstehend, aber

◆ Oben: *Sulcorebutia steinbachii* var. *steinbachii* G123 Klon 1 (Neotyp).
◆ Mitte: Stark bedornte Form von *Sulcorebutia steinbachii* var. *steinbachii* am Standort im Parque Tunari, nördlich von Cochabamba in einer Höhe von mehr als 4 000 m.
◆ Unten: *Sulcorebutia steinbachii* var. *steinbachii* G123 (Neotypaufsammlung) mit gelber Blüte.

auch mehr oder weniger stark zum Körper gebogen, stechend. **Randdornen** 8 bis 12, bis 15 mm lang, strohgelb, braun, dunkelbraun bis schwarzgrau, dünner als die Mitteldornen, Basis verdickt. **Mitteldornen** 0 oder 2 bis 3, im Alter bei manchen Formen sehr ausgeprägt, 30 bis 50 mm lang, etwa 1 mm dick, wie die Randdornen gefärbt. Die Dornen sind bei der Neotyppopulation etwas rau, bei anderen Populationen oft glatt. **Knospen** bräunlich, rötlich braun bis grün, aus den tief liegenden, älteren Areolen entstehend, bei alten, großen Pflanzen auch aus mittelständigen Areolen. **Blüten** 30 bis 40 mm lang und ebensolcher Ø, geruchlos, manchmal auch leicht muffig oder aromatisch duftend. **Äußere Blütenblätter** rot, violett oder gelb, **innere Blütenblätter** beim Neotyp rot, sonst aber auch violett oder gelb, manchmal auch rot mit gelber Basis. **Staubfäden** gelb oder rosa. **Griffel** weißlich bis leicht gelb, mit 4 bis 6 weißen Narbenästen. **Frucht** olivgrün oder rotbraun, 6 bis 8 mm Ø mit ebenso gefärbten, aber meist etwas dunkleren Schuppen. Unter den untersten Schuppen findet man, abhängig von der Herkunft der Pflanzen, mehr oder weniger viele feine weiße Haare. Bei manchen Populationen wurde sogar von kräftigen weißen Borsten berichtet. **Samen** 1,1 bis 1,3 mm lang und 0,9 bis 1,1 mm breit.

Vorkommen: Dept. Cochabamba, Prov. Chaparé, im Umfeld von Colomi, 3 400 bis 3 500 m, aber auch in der ganzen Cordillera de Cochabamba und weiter über Tiraque hinaus bis etwa zum Kilometer 90 an der Straße Cochabamba – Sta. Cruz. (Karte S. 38)

Feldnummern (kleine Auswahl): Cárd.4245, G13, G30, G123 (Neotypaufsammlung), HS180, HS183, HS209, KA35, KA36, KA243, R56, WK233, WK234

Bemerkungen: S. steinbachii var. steinbachii ist die am längsten bekannte Sulcorebutia und vermutlich auch ihr formenreichster Vertreter. Anfänglich von Werdermann als Rebutia beschrieben, war sie 1951 Grundlage und Typ für Backebergs Aufstellung der Gattung Sulcorebutia, damals noch als monotypische Gattung. Werdermanns Typpflanze ging leider im Winter nach der Beschreibung ein, sodass seit dieser Zeit offensichtlich kein Typmaterial mehr existiert. Deshalb wurde zusammen mit der Emendierung der Gattung Sulcorebutia durch Günter Hentzschel (1999a) ein Neotypus in der Städtischen Sukkulentensammlung Zürich (ZSS A18921) hinterlegt, der sowohl vom Standort her wie auch in nahezu allen Merkmalen dem Werdermann'schen Typus sehr nahe kommt. Aufgrund der Formenfülle von S. steinbachii var. steinbachii kam es im Laufe der Zeit zu vielen Mehrfachbenennungen und Katalognamen. So wurden schon von Backeberg, in Unkenntnis der natürlichen Variationsbreite, mehrere Varietäten beschrieben, die jedoch nicht anerkannt werden können, weil sie auf Einzelpflanzen basieren, wie sie nahezu in jeder Population von S. steinbachii var. steinbachii zu finden sind. Da Backeberg auch hier keinerlei Typmaterial hinterlegt hat, sind diese Taxa ungültig. Auch S. tuberculato-chrysantha von Cárdenas ist nichts anderes als eine gelbblühende Form von S. steinbachii. Das Gleiche gilt für S. glomerispina Cárdenas, die in etwas tieferen Lagen entlang der Straße Cochabamba nach Colomi gefunden wurde. Diese Pflanzen zeichnen sich durch zahlreichere und längere, flexible Dornen aus, was aber auch innerhalb der normalen Variationsbreite von S. steinbachii var. steinbachii liegt. Einerseits kommen solche Formen in vielen Steinbachii-Populationen vor, andererseits besteht ein Großteil der Population am Standort von S. glomerispina aus ganz normalen S. steinbachii var. steinbachii, wie sie am ganzen Berghang wachsen. Wir ziehen diese Taxa daher ein.

S. steinbachii var. steinbachii besiedelt mit einer Vielzahl kleiner und kleinster Populationen die Berge im Großraum der Stadt Cochabamba. Schwerpunkt der Verbreitung ist der Bergzug, der sich nördlich von Cochabamba vom Tunari-Massiv aus nach Südosten bis über

◆ *Sulcorebutia steinbachii* var. *steinbachii* G30 mit extrem ausgeprägten Mitteldornen. Gut zu erkennen ist die unterschiedliche Bedornung von Hauptkörper und Sprossen.

Tiraque hinaus erstreckt. Während direkt nördlich von Cochabamba hauptsächlich Pflanzen mit gelbroten Blüten zu beobachten sind, ist beispielsweise am Pass zwischen Cochabamba und Colomi eine Population mit allen denkbaren Blütenfarben zu finden. Bei Aguirre hingegen konnten nur rosa Blüten beobachtet werden. Am Standort des Neotyps nahe Colomi beherrschen rote und gelbe Blüten das Bild. Noch weiter in östlicher Richtung blühen auf beiden Seiten der Straße Cochabamba – Sta. Cruz fast alle Pflanzen mehr oder weniger violettrosa. Auch die Bedornung ist bei *S. steinbachii* var. *steinbachii* extrem variabel. So gedeihen im Norden von Cochabamba, im so genannten „Parque Tunari", teilweise riesige Gruppen großer Pflanzen mit extremer Bedornung von Gelb bis Rabenschwarz. Diese starke Bedornung bietet den Pflanzen, die dort bis in Höhen von knapp über 4 000 m wachsen, Schutz gegen die extreme UV-Einstrahlung. Bei den bereits erwähnten Pflanzen vom Pass zwischen Cochabamba und Colomi sind neben allen möglichen Dornenfarben Formen mit grober abstehender Bedornung neben solchen mit feinen, anliegenden Dornen zu finden.

Letztere bilden oft Polster von 50 oder 100 Einzelköpfchen. Bei den grob bedornten Exemplaren ist in den meisten Fällen das Phänomen der Jugend- und Altersbedornung sehr gut zu beobachten, denn im Gegensatz zu den großen Köpfen haben die Sprosse meist nur feine anliegende Randdornen und bilden erst ab einem gewissen Alter Mitteldornen aus. Die Bedornung wird insgesamt gröber und kräftiger. Im Gegensatz dazu verharren die kleineren, gruppenbildenden Pflanzen immer im Jugendhabitus. Selbst wenn Sprosse bewurzelt werden, so werden sich immer wieder Gruppen bilden und auch die Bedornung bleibt in ihrer ursprünglichen Form erhalten. Nur wenn ein Spross gepfropft wird, bilden sich auch Mitteldornen aus. Mit ihren nördlichen und östlichen Populationen (aus denen auch der Neotypus stammt) reicht das Verbreitungsgebiet von *S. steinbachii* var. *steinbachii* recht nahe an das tropische Tiefland des Chaparé heran. Trotzdem kann davon ausgegangen werden, dass *S. steinbachii* var. *steinbachii* im Durchschnitt einer Trockenzeit von 8 bis 9 Monaten ausgesetzt ist. Während dieser Zeit erhalten die Pflanzen oft kaum Wasser in irgend einer Form und zehren ausschließlich von der in den großen Rüben gespeicherten Flüssigkeit. Nach Aussagen von Einheimischen gab es in den letzten Jahren auch immer öfter Jahre, in denen überhaupt kein nennenswerter Niederschlag fiel. Andererseits gab es dann wieder Perioden, in denen es so stark regnete, dass ganze Berghänge weggespült wurden.

Synonyme:
Sulcorebutia glomerispina (Cárdenas) Buining et Donald (Basionym: Rebutia glomerispina Cárdenas) – The Cactus and Succulent Journal (GB) 27 (4): 80, 1965
Sulcorebutia steinbachii var. gracilior Backeberg nom. invalid. – Das Kakteenlexikon, S. 416, 1966
Sulcorebutia steinbachii var. rosiflora Backeberg nom. invalid. – Cactus (F) 19 (80/81): 5–6, 1964

Sulcorebutia steinbachii var. violaciflora Backeberg nom. invalid. (irrtümlich als Sulcorebutia steinbachii var. violacifera veröffentlicht) – Cactus (F) 19 (80/81): 5–6, 1964
Sulcorebutia tuberculato-chrysantha (Cárdenas) Brederoo et Donald (Basionym: Rebutia tuberculato-chrysantha Cárdenas) – Succulenta 52 (10): 193, 1973
Weingartia clavata F. Brandt – Kakt. Orch. Rundsch. 4 (2): 16–19, 1979

Literaturhinweise: Werdermann (1932), Augustin (1988b), Gertel (1989a), Leuenberger (1989), Gertel (1996a)

Sulcorebutia steinbachii (Werdermann) Backeberg var. horrida Rausch

(lat. horridus = abschreckend, wegen der starken, „abschreckenden" Bedornung)

> Rausch, W. (1973): Sulcorebutia steinbachii (Werdermann) Backeberg var. horrida Rausch var. nov. – Kakteen und andere Sukkulenten 24 (9): 193–194

Unterscheidet sich von *S. steinbachii* var. *steinbachii* durch: **Körper** meist einzeln, dunkelgrün bis rötlich braun, 5 bis 14 cm hoch, 8 bis 10 cm dick. Körperoberfläche mit derben, spiralig angeordneten, 8 bis 12 mm langen, 6 bis 10 mm breiten und 6 mm hohen Höckern besetzt. **Dornen** 12 bis 16, sehr kräftig, starr abstehend, stechend, an der Basis verdickt, 10 bis 20 mm lang, nur schwer in **Rand-** und **Mitteldornen** trennbar, gelb, rotbraun bis schwarz. **Blüten** 35 bis 40 mm lang und ebensolcher Ø, einheitlich hellviolett. **Frucht** bräunlich bis olivgrün, 5 bis 6 mm Ø, mit braunen bis rötlich braunen Schuppen. Unter den untersten Schuppen feine weiße Haare, nicht selten auch flache weißliche Dornen. **Samen** 1,3 bis 1,5 mm lang und 1,0 bis 1,2 mm breit.

- Oben: *Sulcorebutia steinbachii* var. *horrida* G118.
- Mitte: *Sulcorebutia steinbachii* var. *horrida* KA31 (HS91).
- Unten: *Sulcorebutia steinbachii* var. *tunariensis* HS132.

Vorkommen: Dept. Cochabamba, Prov. Arani, zwischen Vacas und der Straße Cochabamba – Sta. Cruz auf 3 400 m, aber auch an der Straße Cochabamba – Sta. Cruz, um den Kilometer 75 von Cochabamba, bis auf Höhen von 4 000 m. (Karte S. 38)

Feldnummern: G118, G119, HS91, KA31, KK807, R259 (Typaufsammlung)

Bemerkungen: Über die Berechtigung von *S. steinbachii* var. *horrida* wurde schon immer diskutiert. Standortbeobachtungen bestätigen jedoch das recht einheitliche Bild der sich südlich von Koari und bis fast zur Seenplatte bei Vacas ausdehnenden Population. Vor allem das einheitlich derbere Dornenkleid, die ausgeprägteren Höcker und der zum Teil recht kräftige Wuchs (wir konnten Einzelpflanzen bis zu 14 cm Höhe beobachten) bestätigen Rauschs Ansicht, dass es sich hier um eine klar definierte, vom Typ abweichende Varietät handelt. Hinzu kommt, dass *S. steinbachii* var. *horrida* im Gegensatz zu fast allen anderen „Steinbachiis" einheitlich mehr oder weniger hellviolett blüht. Das derbe Aussehen und die am Standort teilweise enorme Bedornung korrelieren mit den drastischen Witterungsbedingungen, denen diese Pflanzen ausgesetzt sind. Die Vorkommen in dieser Gegend liegen auf 3 500 m und höher. An einer Stelle konnten wir noch vereinzelte Pflanzen bis in Höhen über 4 000 m feststellen, wobei in diesen Höhen davon auszugehen ist, dass in vielen Nächten Frost herrscht. Südlich der Seen, bei Rodeo, treten ganz andere zu *S. steinbachii* zählende Formen auf, die zwar auch hellviolett blühen, aber in Körperstruktur und Dornen viel feiner sind. Rausch hat seinen Fund aus dieser Gegend als „*S. steinbachii* von Vacas fein – **R458**" bezeichnet. Hierbei handelt es sich um eines der südlichsten Vorkommen von *S. steinbachii* im engeren Sinn.

Brandt kombinierte *S. steinbachii* var. *horrida* 1977 zu *Weingartia backebergiana* F. Brandt um, ein Schritt, der nie Anerkennung fand und den auch wir ablehnen.

Synonym:
Weingartia backebergiana F. Brandt – Kakt. Orch. Rundsch. 2 (5): 70, 1977

Literaturhinweise: Martin (1993), Gertel (1996a)

Sulcorebutia steinbachii (Werdermann) Backeberg var. tunariensis (Cárdenas) Augustin et Gertel comb. nov.

Basionym: Rebutia tunariensis Cárdenas (nach dem Fundort am Cerro Tunari, nordwestlich von Cochabamba)

> Cárdenas, M. (1964): New Bolivian Cacti (VIII-D) – Rebutia tunariensis Cárd. nov. sp. – The Cactus and Succulent Journal (U. S.) 36 (2): 38–40
> Buining, A. F. H. und Donald, J. D. (1965): Revision of the Genus Rebutia (Additional Note) – The Cactus Succulent Journal (GB) 27 (4): 80

Unterscheidet sich von *S. steinbachii* var. *steinbachii* durch: **Körper** meist sprossend, ca. 1 cm hoch und bis 2,5 cm dick, hell- bis graugrün. **Areolen** schmal, 3 bis 4 mm lang und 1 mm breit. **Dornen** 12 bis 14, weißlich bis gelblich, am verdickten Fuß meist braun, kammförmig stehend, zum Körper hin gebogen, manchmal auch etwas abstehend, 3 bis 8 mm lang, etwas rau. Keine **Mitteldornen**. **Blüten** zinnoberrot bis orange, meist mit gelbem Schlund.

Vorkommen: Dept. Cochabamba, Prov. Quillacollo, am Fuß des Cerro Tunari auf 3 200 bis 3 600 m. (Karte S. 38)

Feldnummern: Cárd.5555 (Typaufsammlung), G127, HS132, KA225, L971, R260, WK223

Bemerkungen: *S. steinbachii* var. *tunariensis* besiedelt das äußerste westliche Ende des Verbreitungsgebietes von *S. steinbachii*. Während direkt nördlich von Cochabamba noch die typische *S. steinbachii* var. *steinbachii* mit kräftiger, teils heller, teils bis zu schwarzer Bedornung zu finden ist, wird das Dornenkleid der Pflanzen weiter nach Westen zu deutlich schwächer. Schon in den Bergen östlich von

Liriuni treten zierliche und anliegend bedornte Pflänzchen mit zinnoberroten oder orangefarbenen Blüten auf, die zuerst unter dem Namen *S. glanduliflora* Cárdenas n.n. in unsere Sammlungen kamen. Echtes Cárdenas-Material war und ist in Europa sehr selten. Nach unseren Informationen gibt es höchstens ein oder zwei Klone davon. Im Gegensatz dazu stehen uns seit Jahren mehrere Pflanzen von **WK229** zur Verfügung. Diese Population stellt den Übergang von *S. steinbachii* var. *steinbachii* zu *S. steinbachii* var. *tunariensis* dar. Etwa bei Liriuni selbst beginnt das Verbreitungsgebiet der eigentlichen *S. steinbachii* var. *tunariensis*. Es erstreckt sich dort von etwa 3 200 m bis 3 600 m Höhe. Gleichzeitig sind die ganz oben wachsenden Pflanzen auch die zierlichsten. Unter diesen rauen Bedingungen wird kaum ein Exemplar größer als etwa 1,5 cm im Durchmesser. Zusätzlichen Schutz erzielen die Pflanzen durch die Fähigkeit, sich in der Trockenzeit tief in den Boden einziehen zu können. Ende September oder Anfang Oktober verraten sie sich dann durch ihre leuchtenden orangeroten Blüten. In der übrigen Zeit des Jahres sind sie kaum zu finden. Wie schon oben erwähnt, gehört *S. steinbachii* var. *tunariensis* verwandtschaftlich ganz nah zu *S. steinbachii* var. *steinbachii*. Eine enge Verwandtschaft zu *S. verticillacantha* var. *verticillacantha*, wie sie Donald (1989) postuliert hat und auch von Pot (1998) vertreten wird, können wir nicht erkennen. Ebenso wenig dürfte *S. steinbachii* var. *tunariensis* mit der Gruppe der Ayopaya-Sulcorebutien etwas zu tun haben. Beide Verbindungen wurden und werden vom mächtigen Massiv des Cerro Tunari verhindert, der mit Höhen von mehr als 4 500 m eine unüberwindliche Barriere darstellt.

Literaturhinweise: Cárdenas (1966), Fritz (1983b)

Sulcorebutia tarabucoensis Rausch var. tarabucoensis

(nach dem Fundort in der Umgebung von Tarabuco)

> Rausch, W. (1964): Zwei neue Sulcorebutien – Sulcorebutia tarabucoensis Rausch spec. nov. – Kakteen und andere Sukkulenten 15 (5): 91–92

Körper meist sprossend, dunkel- bis olivgrün, zum Teil auch rötlich braun, 2 bis 3 cm hoch, 1,5 bis 3,0 cm dick, in eine bis mehr als 20 cm lange, dünne, mehrfach verzweigte Rübenwurzel übergehend. **Areolen** schmal, 2,5 bis 3,5 mm lang, 1 mm breit. **Dornen** 8 bis 16, bis 15 mm lang, kammförmig anliegend, etwas abstehend, oft aber auch ganz kraus vom Körper abstehend und etwas verflochten, hellbraun bis dunkelbraun, an der Basis verdickt. Keine **Mitteldornen**. **Knospen** bräunlich bis rötlich braun aus den tieferen, älteren Areolen, oft von unterhalb der Erdberührungslinie entstehend. **Blüten** 30 bis 45 mm lang und 35 bis 50 mm Ø, geruchlos bis stark muffig riechend. **Äußere Blütenblätter** rot bis orangerot, nach unten zu an der Außenseite olivgrün, **innere Blütenblätter** rot, ziegelrot oder orange, der Basis zu mehr oder weniger kräftig gelb, Spitzen der Blütenblätter manchmal violett schimmernd. Die Blüte erscheint dadurch dreifarbig. **Staubfäden** gelb, manchmal auch rosa oder violett. **Griffel** gelblich bis weiß, mit 6 weißen Narbenästen. **Frucht** rotbraun, 4 bis 6 mm Ø mit gleichfarbenen Schuppen, gelegentlich aber auch mit hellgrünen bis olivgrünen Schuppen, hinter den untersten Schuppen feine weiße Haare. **Samen** 1,2 bis 1,4 mm lang und 1,1 bis 1,2 mm breit.

Vorkommen: Dept. Chuquisaca, Prov. Yamparaez, in den Bergen um Tarabuco auf 3 500 bis 3 650 m. (Karte S. 47)

Feldnummern: G57, G58, G59, G104, G202, HS262, HS263, JK71, KA79, KA80, L382, L403, R66 (Typaufsammlung), R590

Bemerkungen: Mit *S. tarabucoensis* und ihren verschiedenen Varietäten setzt sich das Vorkommen der rotgelb blühenden Sulcorebutien

S. tarabucoensis

östlich von Sucre fort. Die ersten bekannten Standorte liegen bereits in der Umgebung von Yamparaez. Eigenartigerweise wurden zwischen Sucre und dem Gebiet etwas westlich von Yamparaez bislang keine Sulcorebutien gefunden. Die Pflanzen von Yamparaez dürften schon *S. tarabucoensis* var. *aureiflora* zuzuordnen sein. Erst in der näheren Umgebung von Tarabuco sind dann die typischen *S. tarabucoensis* var. *tarabucoensis* im Sinne von Rausch zu finden. In die südlich von Tarabuco gelegenen Berge sind erst wenige Sammler vorgedrungen. Berichte aus jüngster Zeit besagen aber, dass es auch dort verschiedene Formen von *S. tarabucoensis* gibt. Wir kennen Standorte dieser schönen Art westlich von Tarabuco, aber auch im Norden der Ansiedlung, entlang der Straße nach Presto. Auch weiter östlich in Richtung Zudañez kommt *S. tarabucoensis* var. *tarabucoensis* in ihrer typischen Ausprägung vor. An manchen Stellen hat sich *S. tarabucoensis* var. *tarabucoensis* ganz extrem an die flachen, sandigen Standorte angepasst. Dort wachsen die winzigen Pflanzen mit extremen Wurzelsträngen, die Bleistiftdicke und eine Länge von bis 50 cm haben können und die waagerecht direkt unter der Erdoberfläche verlaufen. So erreichen die Wurzeln praktisch jeden Regentropfen. Gegen Ende der Trockenzeit sind die Wurzeln oft so ausgetrocknet, dass sie wie Luftschlangen aufgerollt werden können. An anderen Standorten wächst die Art in Steinritzen, sie wurde aber auch schon in Moospolstern beobachtet. Es gibt kaum eine andere Art innerhalb dieser Gattung, die sich an so viele, teilweise sehr unterschiedliche Standorte angepasst hat. Trotzdem präsentiert sie sich innerhalb der bekannten Populationen recht einheitlich. Die Blüten von *S. tarabucoensis* insgesamt gehören

◆ Oben: *Sulcorebutia tarabucoensis* var. *tarabucoensis* G104 von der Straße Tarabuco nach Presto.
◆ Mitte: *Sulcorebutia tarabucoensis* var. *tarabucoensis* WF37 von einem Standort westlich von Tarabuco.
◆ Unten: *Sulcorebutia tarabucoensis* var. *tarabucoensis* G159 am Standort nordöstlich von Tarabuco.

◆ Verschiedene Formen von *Sulcorebutia tarabucoensis* var. *tarabucoensis* vom Weg entlang der Pipeline nach Presto.

zu den schönsten der Gattung. Die fast immer rote Blüte mit gelbem Schlund zeigt oft metallischen Glanz und die Spitzen der Blütenblätter schimmern bläulich. Hinsichtlich der Größe der Blüte ist es verwunderlich, wie es so kleine Pflanzen schaffen, diese großen Blüten zu produzieren, ohne sich völlig zu verausgaben. An manchen Standorten ist *S. tarabucoensis* var. *tarabucoensis* mit einer Form von *Aylostera fiebrigii* (**KA80a**, **G22**) oder mit Tephrocacteen, Lobivien und Parodien vergesellschaftet. Ein gewisses Problem ergibt sich bei der Betrachtung der Sulcorebutien, die östlich von Tarabuco entlang der Pipeline nach Presto wachsen. Diese Pflanzen haben eigentlich nicht mehr das typische Aussehen von *S. tarabucoensis* var. *tarabucoensis* im Sinne von Rausch. Viel eher ähneln sie den weiter südlich, aus der Cordillera Mandinga kommenden Sulcorebutien, die am besten durch die Feldnummer **HS125a** zu charakterisieren sind. So sind an diesen Fundorten neben der helleren Körperfarbe und der zarteren Bedornung alle Blütenfarben, von reinroten über rotgelbe und orangefarbene Blüten bis hin zu allen möglichen Violetttönen, zu finden. Die Farbe des Griffels ist mehr grünlich und die Farbe der Staubfäden variiert innerhalb einer Population von Gelb bis Tiefrot.

Als älteste aus dieser Region beschriebene Art ist *S. tarabucoensis* Leitart für die ganze Gruppe von Sulcorebutien östlich von Sucre. So wird sich bei der weiteren Bearbeitung dieser Gruppe immer wieder die Frage stellen, welche der derzeitigen Arten diesen Rang wirklich verdient haben oder ob sie besser als Varietäten von *S. tarabucoensis* anzusehen sind. Andererseits ist die Verwandtschaft von *S. tarabucoensis* var. *tarabucoensis* und *S. canigueralii* unseres Erachtens nicht so eng, dass beide Arten vereinigt werden müssten. Beide Arten bzw. Formenkreise haben genügend Eigenständiges, um als getrennte Arten bestehen zu bleiben. Der Name *Weingartia tarabucina* Brandt für eine der beiden Lau-Feldnummern[6] ist völlig überflüssig, da es sich bei beiden Aufsammlungen von Lau um typische *S. tarabucoensis* var. *tarabucoensis* handelt.

Synonym:
Weingartia tarabucina F. Brandt – De Lëtzebuerger Cactéefrënn 6 (4): 57–62

Literaturhinweise: Lau (1985), Augustin (1997)

◆ *Sulcorebutia tarabucoensis* var. *aureiflora* EM349.

---

[6] Brandt wusste offensichtlich selbst nicht, um welche der beiden Lau-Feldnummern es sich handelte.

Sulcorebutia tarabucoensis Rausch var. aureiflora (Rausch) Augustin et Gertel comb. nov.

Basionym: Sulcorebutia verticillacantha var. aureiflora Rausch
(lat. aureiflorus = goldgelbblütig; nach ihrer Blütenfarbe)

> Rausch, W. (1972): Sulcorebutia verticillacantha var. aureiflora Rausch var. nov. – Kakteen und andere Sukkulenten 23 (5): 123

Unterscheidet sich von S. tarabucoensis var. tarabucoensis durch: zierlicherer, immer Rasen bildender Wuchs, hellere, sehr feine und anliegend pektinate Bedornung.

Vorkommen: Dept. Chuquisaca, Prov. Yamparaez, westlich von Tarabuco, 3 350 bis 3 450 m. (Karte S. 47)

Feldnummern: EH6246, G49, G153, G201, JK63, JK185, R479 (Typaufsammlung)

Bemerkungen: Die namensgebende goldgelbe Blütenfarbe ist selbst bei den verschiedenen Klonen von **R479** nicht vollkommen durchgängig vorhanden. Meist sind wenigstens die Spitzen der Blütenblätter mehr oder weniger rot gefärbt. Das Verbreitungsgebiet von S. tarabucoensis var. aureiflora beginnt weiter westlich als das von S. tarabucoensis var. tarabucoensis. Schon bei Yamparaez sind diese kleinen Pflanzen zu finden. Im Osten sind die Standorte der beiden Varietäten direkt benachbart und es gibt sogar Übergänge. Der Typstandort befindet sich auf der Passhöhe, bevor die Straße nach Tarabuco hin abfällt. Dort wachsen die Pflanzen direkt neben der Straße, sodass während der Blütezeit die Blüten selbst aus dem fahrenden Auto heraus zu sehen sind. S. tarabucoensis var. aureiflora bildet am Standort zum Teil große Gruppen von 100 oder mehr Köpfen. Sie gedeiht sowohl im flachen, sandigen Gelände, gleich neben der Straße, wie auch zwischen Felsen auf dem angrenzenden Hügel. Zwischen den Felsen sind neben den Sulcorebutien auch noch eine *Parodia*- und eine *Lobivia*-Art zu finden.

Wie bereits bei S. losenickyana var. chatajillensis und an anderen Stellen aufgezeigt, besteht keine Verbindung zu S. verticillacantha, die fast am anderen Ende des Verbreitungsgebietes der Gattung Sulcorebutia wächst. Deshalb erfolgt die Umkombination. Aus völlig unerfindlichen Gründen beschrieb Brandt diese Pflanzen noch einmal als Weingartia rubro-aurea, ein Name, den wir in die Synonymie stellen.

Synonym:
Weingartia rubro-aurea F. Brandt – Kakt. Orch. Rundsch. 9 (2): 34–36 und 46, 1984

Literaturhinweise: Rausch (1973b), Arnold (1983)

Sulcorebutia tarabucoensis Rausch var. callecallensis (F. Brandt) Augustin et Gertel comb. nov.

Basionym: Weingartia callecallensis F. Brandt
(nach dem Fundort Cerro Calle Calle bei Zudañez)

> Brandt, F. H. (1981): Weingartia callecallensis Brandt spec. nova, Subgenus Sulcorebutia – De Lëtzebuerger Cactéefrënn 2 (3): (ohne Seitenangabe)

Unterscheidet sich von S. tarabucoensis var. tarabucoensis durch: **Körper** sehr klein, immer sprossend, hellgrün, in eine kräftige, bis 12 cm lange Rübenwurzel übergehend. **Dornen** sehr fein, weißlich mit rotbrauner Basis, anliegend pektinat. **Blüten** ähnlich wie die Art, aber überwiegend mit tiefvioletten Staubfäden und grünem Griffel und 5 bis 7 grünen Narbenästen. **Frucht** grün, 6 mm Ø mit ebenfalls grünen Schuppen.

Vorkommen: Dept. Chuquisaca, Prov. Zudañez, östlich von Zudañez, Cerro Calle Calle, 2 900 m. (Karte S. 47)

Feldnummern: EM351, L389 (Typaufsammlung), RH1570, VZ56

Bemerkungen: Diese Varietät von S. tarabucoensis hat natürlich nichts mit Weingartia zu tun und wird von uns hiermit zu Sulcorebutia umkombiniert. Die Pflanzen wurden zuerst von Lau entdeckt und erst viel später von anderen Sammlern wieder gefunden. *S. tarabucoensis* var. *callecallensis* besiedelt einen ziemlich isolierten Standort am östlichen Ende des Verbreitungsgebietes von *S. tarabucoensis*. Die erste und über Jahre hinweg einzige Aufsammlung dieser Pflanzen (**L389**) zeigte sich habituell sehr einheitlich. Erst die Neufunde von Markus und anderen *Sulcorebutia*-Freunden machten deutlich, dass *S. tarabucoensis* var. *callecallensis* eine wesentlich größere Variationsbreite hat. Insbesondere der Holländer Johan de Vries hat in den letzten Jahren die Calle Calle-Berge gründlich erforscht und erstaunliche Formen dieser Varietät entdeckt. Direkt auf dem Nachbarberg befindet sich der Standort von *S. rauschii*, die im Habitus völlig abweicht. In der näheren und weiteren Umgebung von Zudañez wurden allerdings Formen entdeckt, die *S. tarabucoensis* var. *callecallensis* recht ähnlich sind und klare Hinweise auf die Verwandtschaft geben. Aus der Cordillera Mandinga stammen z. B. **HS125** und **HS125a**, die violette bzw. gelbrote Blüten haben. In der Fortsetzung der Cordillera Mandinga nach Norden, in Richtung Presto, wurden ebenfalls Sulcorebutien gefunden, die allgemein zu *S. tarabucoensis* var. *tarabucoensis* gerechnet werden (**G156–G160**, **EH6238–EH6243**). Sie besitzen teilweise, ähnlich wie *S. tarabucoensis* var. *callecallensis* und **HS125,** die hellgrüne Epidermis und eine ähnliche Bedornung.

Sehr oft, insbesondere im englischsprachigen Raum, wird *S. tarabucoensis* var. *callecallensis* mit *S. tarabucoensis* var. *aureiflora* vermischt. Dem können wir nicht folgen, denn der Typstandort von *S. tarabucoensis* var. *aureiflora* liegt westlich von Tarabuco, während *S. callecallensis* 30 km Luftlinie weiter östlich auf einem völlig isolierten Tafelberg vorkommt. Beides sind Varietäten von *S. tarabucoensis*, aber es handelt sich eindeutig um verschiedene Populationen, die sich auch in morphologischen Merkmalen unterscheiden.

Literaturhinweise: Fritz (1990), Bello (1997), de Vries (1998)

Sulcorebutia tarijensis Ritter
(nach dem Fundort in der Nähe der Stadt Tarija)

> Ritter, F. (1978): New Cacti from South America – Sulcorebutia tarijensis Ritter spec. nov. – Ashingtonia 3 (1): 13

Körper einzeln bis sprossend, dunkelgrün, glänzend, 3 bis 5 cm hoch und dick, in eine bis zu 18 cm lange Rübenwurzel übergehend. Im Durchschnitt erreicht diese jedoch nur eine Länge von etwa 10 bis 14 cm. **Areolen** schmal, 2 bis 4 mm lang, 1,0 bis 1,5 mm breit. **Dornen** kammförmig anliegend, zum Teil auch wirr verflochten und abstehend. **Randdornen** 8 bis 12, 5 bis 15 mm lang, braun, bräunlich bis weißlich. Keine **Mitteldornen**. Alle Dornen glatt. **Knospen** grün, olivgrün bis rötlich braun, aus den tieferen, älteren Areolen entstehend. **Blüten** 25 bis 40 mm lang und 35 bis 45 mm Ø, geruchlos. **Äußere Blütenblätter** rot, an der Außenseite teilweise olivgrün, **innere Blütenblätter** rot bis dunkelrot, dem Schlund zu meist etwas heller, manchmal gelb. **Staubfäden** violett bis intensiv dunkelrot. **Griffel** hellgrün mit 5 grünen Narbenästen. **Frucht** grün oder rotbraun, 4 bis 6 mm Ø mit grünen bis rotbraunen Schuppen. Unter den untersten Schuppen manchmal einige wenige, winzige Härchen, oft aber auch vollkommen nackt. **Samen** 1,4 bis 1,6 mm lang und 1,0 bis 1,2 mm breit.

Vorkommen: Dept. Tarija, im Grenzbereich der Provinzen Cercado und Mendez, Passstraße Cuesta de Sama, 3 200 bis 3 600 m. (Karte S. 50)

Feldnummern: FR1154 (Typaufsammlung), HR16, HS200, KA131, KK864, L411b, R491, RV501, RW240

Bemerkungen: Lange galt diese von Ritter bereits 1962 entdeckte, aber erst 1978 beschrie-

◆ Oben links: *Sulcorebutia tarabucoensis* var. *callecallensis* EM351.
◆ Oben rechts: *Sulcorebutia tarabucoensis* var. *callecallensis* L389 (Typaufsammlung).
◆ Unten: *Sulcorebutia tarijensis* KA131 (HS200).

bene Art als der einzige Vertreter der Gattung im südlichsten Teil Boliviens. Trotz des recht einheitlichen Erscheinungsbildes blieb aber auch sie von Mehrfachbenennungen und Katalognamen nicht verschont. Allein Brandt produzierte deren drei. Die Namen *Weingartia*

◆ Links: Außergewöhnlich dicht bedornte Form von *Sulcorebutia tarijensis* RW240 aus der Cuesta de Sama.
◆ Rechts: Verschiedene Formen von *Sulcorebutia tiraquensis* var. *tiraquensis* HS31.

tarijensis, *W. oligacantha* und *W. sanguineo-tarijensis* sind nichts als weitere, überflüssige Beschreibungen ein und derselben Spezies. Leider wird der zweite dieser Namen jetzt im Zuge der Umkombination aller Sulcorebutien zu *Rebutia* wieder erwähnt, da es schon eine *Rebutia tarijensis* Rausch gibt. Auch der Name *Weingartia oligacantha* ist ein Synonym von *S. tarijensis*. Die von Donald in Vorträgen und privater Korrespondenz benutzte Bezeichnung *Rebutia samaensis* ist unseres Wissens nie veröffentlicht worden. Auch die von Knize vertriebene *S.* spec. de Villazon ist *S. tarijensis*, wahrscheinlich ebenfalls aus der Cuesta de Sama und nicht von Villazon, wie der Name glauben machen soll. Nach übereinstimmenden Aussagen aller Feldläufer, die diese Gegend kennen, gibt es bei Villazon keine Sulcorebutien. *S. tarijensis* wächst an den Hängen der Cuesta de Sama in einem baum- und strauchlosen Gebiet hauptsächlich in Steinritzen und ist dort mit Aylostera und Lobivien vergesellschaftet. Ritter berichtet auch von einer Naturhybride mit *Lobivia hystrix*. Diese Beobachtung wurde aber bis heute von niemandem bestätigt. Auch konnten keine Hybriden mit *Aylostera* gefunden werden, obwohl diese zur gleichen Zeit wie *S. tarijensis* aufblühen.

In den letzten Jahren wurden nördlich von Tarija, am Weg zum Rio Pilaya und nördlich von Iscayachi im Paichu-Tal Sulcorebutien gefunden, die nicht völlig dem recht einheitlichen Bild von *S. tarijensis* entsprechen (siehe auch Kapitel „Ausgewählte Feldnummern"). Durch diese Funde ist die Lücke zwischen den Sulcorebutien bei Sucre bzw. Azurduy und denen bei Tarija erheblich kleiner geworden.

Synonyme:
Weingartia tarijensis F. Brandt – Kakt. Orch. Rundsch. 3 (5): 92–94, 1978
Weingartia oligacantha F. Brandt – Kakt. Orch. Rundsch. 4 (1): 2–5, 1979
Rebutia oligacantha (F. Brandt) Donald ex D. R. Hunt – Cact. Consensus Init. No. 3: 6, 1997
Weingartia sanguineo-tarijensis F. Brandt – Kakt. Orch. Rundsch. 5 (3): 29–32, 1980

Literaturhinweise: Donald (1975), Fritz (1979), Ritter (1980a), Augustin (1990b)

Sulcorebutia tiraquensis (Cárdenas) Ritter var. tiraquensis

(nach dem Fundort in der Cordillera de Tiraque)

Cárdenas, M. (1957): Nouvelles Cactées Boliviennes (V) – Rebutia tiraquensis Cárdenas nov. sp. – Cactus (F) 12 (57): 257–259

Ritter, F. (1961): Sulcorebutia Backeberg – Sulcorebutia tiraquensis (Cárdenas) Ritter nov. comb. – The National Cactus and Succulent Journal (GB) 16 (4): 81

Hunt, D. R. (1997): Rebutia steinbachii ssp. tiraquensis (Cárdenas) D. R. Hunt – Cact. Consensus Init. No. 3: 6

Körper einzeln, ohne Verletzung des Scheitels nur selten sprossend, bis 12 cm hoch und 15 cm dick, in eine bei großen Pflanzen wenig ausgeprägte Rübenwurzel von maximal 5 bis 10 cm übergehend. **Areolen** lang und schmal bis leicht oval, ca. 6 mm lang und 1,5 bis 2,0 mm breit. **Dornen** 15 bis 30, nur schwer in **Mittel-** und **Randdornen** zu trennen, je nach Standort unterschiedlich, entweder einfarbig von Gelb bis Schwarz oder die kräftigeren, mittelständigen Dornen sind bernsteinfarben bis dunkelbraun und die feineren, randständigen Dornen sind gelblich bis weiß, zwischen 5 und 35 mm lang. Die alten Dornen im unteren Bereich großer Pflanzen sind meist grauschwarz. **Knospen** aus den mittleren 2- bis 3-jährigen Areolen entstehend, grünlich, olivgrün bis bräunlich. **Blüten** 30 mm lang und 35 mm Ø, geruchlos bzw. mit kaum erkennbarem Duft. **Äußere Blütenblätter** hell- bis dunkelviolett oder orangerot bis rot, zum Teil mit grünlichem Mittelnerv, **innere Blütenblätter** ebenso gefärbt, bei den Violetttönen manchmal nach unten zu heller bis weiß. **Staubfäden** hellrosa, nach unten zu etwas dunkler gefärbt, bei rotblütigen Pflanzen auch gelblich. **Griffel** weiß bis gelbgrün, mit 4 bis 6 weißlichen oder grünlichen Narbenästen. **Frucht** olivgrün bis braun, 5 bis 6 mm Ø mit grünen, olivgrünen oder bräunlichen Schuppen. Unter den untersten Schuppen einige weiße Haare. **Samen** 1,4 bis 1,5 mm lang und 1,1 bis 1,2 mm breit.

Vorkommen: Dept. Cochabamba, Prov. Carrasco, nördlich und südlich der Straße Cochabamba – Sta. Cruz, etwa zwischen Kilometer 95 und 130, auf 3 000 bis 3 200 m Höhe. (Typstandort laut Cárdenas bei Kilometer 107). (Karte S. 42)

Feldnummern: Cárd.5493 (Typaufsammlung), G15, G81, G82, G117, G225 – 227, HS19, HS31, JK18, JK22, KA26, KA27, KA28, KA29, R187, WK215 und viele mehr

Bemerkungen: S. tiraquensis var. tiraquensis ist wie kaum eine andere Sulcorebutia durch ihren Standort nahe der Grenze zum tropischen Chaparé geprägt. Wer in dieser Gegend entlang der Straße Cochabamba – Sta. Cruz fährt, sieht, wie sich die feuchten Nebelschwaden über die im Norden gelegene Bergkette wälzen und dem dahinter liegenden Landstrich eine höhere Luftfeuchtigkeit und oft auch Niederschlag bescheren. S. tiraquensis hat sich an dieses Klima angepasst, indem sie im Gegensatz zur benachbarten Art S. steinbachii keine nennenswerte Rübenwurzel ausbildet und sich selbst in der Trockenzeit nicht oder nur wenig in die Erde einzieht. Um die Luftfeuchtigkeit verwerten zu können, haben die Pflanzen oft eine große Zahl ganz feiner Dornen, die in der Lage sind, diese aufzunehmen. Das Extrembeispiel ist die allgemein bekannte S. tiraquensis var. bicolorispina n.n., die von Brandt als Weingartia aglaia beschrieben worden ist. Sie hat, deutlich erkennbar, eine Vielzahl weißer Randdornen und so gut wie keine Rübenwurzel. Wir sind der Ansicht, dass diese schöne Form, die an vielen Standorten zusammen mit anderen Tiraquensis-Formen vorkommt, keinen eigenen Namen benötigt, denn wie gesagt, sie und alle denkbaren Übergänge kommen an vielen Stellen vor und es ist nicht möglich, irgendwo eine Grenze zu ziehen. Wir ziehen daher Brandts Namen hier ein. Ebenso überflüssig ist der Name S. tiraquensis var. electracantha nom. invalid. für die gelbdornige Form, die fast an allen Standorten mehr oder weniger häufig vertreten ist. Auch die Kombination gelbe Dornen und orangefarbene Blüte ist nicht besonders charakteristisch, da einerseits orangefarbene Blüten gelegentlich auch bei anderen Formen vorkommen, während es auch gelbdornige Exemplare mit dunkelroten Blüten gibt. Im Westen des Verbreitungsgebietes kommt es zu Übergängen zu *S. steinbachii* und und oft ist es nicht klar, zu welcher Art eine bestimmte Population gehört. Dieses Übergangsgebiet erstreckt sich etwa von Kilometer 85 bis 95 entlang der Straße Cochabamba – Sta. Cruz. Dort wachsen beispielsweise so bekannte Pflanzen wie *S. polymorpha* oder auch *S. tiraquensis* var. *longiseta*, auf die später eingegangen wird. Weiter in Richtung Osten ist die Sache noch schwieriger, denn je mehr Standorte wir kennen lernen, desto schwieriger wird es, eine Grenze zu den bisherigen Nachbararten *S. lepida* oder *S. totorensis* zu ziehen. In beiden Fällen sind die Unterschiede so minimal, dass wir weiter unten *S. lepida* und *S. totorensis* zu Varietäten von *S. tiraquensis* umkombinieren. In südlicher Richtung geht das Verbreitungsgebiet der Art im engeren Sinn bis etwa zu einer Linie Pocona – Totora und auch hier ist es nicht leicht, *S. tiraquensis* var. *tiraquensis* von den Nachbararten abzutrennen. Wie Gertel (1996b) ausführt, besiedelt *S. tiraquensis* im weiteren Sinn ein großes Verbreitungsgebiet und es ist Ansichtssache, ob innerhalb dieses Gebietes einzelne Arten gesehen werden oder ob hierarchisch untergliedert wird und alle dort vorkommenden Populationen *S. tiraquensis*, in welcher Rangstufe auch immer, untergeordnet werden. Sicherlich ist es jedoch falsch zu behaupten, *S. tiraquensis* sei gleich *S. steinbachii*. Beide Arten sind durch charakteristische Merkmale deutlich voneinander zu unterscheiden.

Synonyme:
Weingartia aglaia F. Brandt – Cactus (Wijnegem) 10 (3): 54–56, 1978.
Sulcorebutia tiraquensis var. electracantha nom. invalid. Backeberg – Descriptiones Cactacearum Novarum (et Combinationes Novae) III: 14, 1963 – VEB Gustav Fischer Verlag, Jena

Literaturhinweise: Fritz und Gertel (1986), Augustin (1994a), Gertel (1996b)

Sulcorebutia tiraquensis (Cárdenas) Ritter var. aguilarii Augustin et Gertel
(nach dem Entdecker, dem bolivianischen Kakteenfreund Edgar Aguilar, Cochabamba)

> Augustin, K., Beck, S., Gertel, W. und Hentzschel, G. (1999): Two new varieties of Sulcorebutia tiraquensis (Cárdenas) Ritter – Cactus & Co. (Italien) 3 (3): 117–123

Unterscheidet sich von *S. tiraquensis* var. *tiraquensis* durch: **Körper** einzeln, selten sprossend, dunkel- bis olivgrün, flachkugelig, bis 3 cm hoch und 4 cm dick. Körperoberfläche von spiralig angeordneten, 8 mm langen, 4 mm breiten und 2 bis 3 mm hohen Höckern bedeckt. **Areolen** schmal, 3 mm lang und 0,7 bis 1,0 mm breit. **Dornen** 20 bis 35, 4 bis 7 mm lang, radial abstehend, sehr dünn und biegsam, nicht stechend, nur sehr schwer in **Rand-** und **Mitteldornen** zu trennen. Etwa 10 Dornen nach oben weisend, dunkelbraun bis schwarz, an der Basis zwiebelförmig verdickt. Bis 25 Dornen seitwärts und nach unten weisend, hellbraun, hellgelb bis weißlich, dünner als die dunklen Dornen. Blütenfarbe mehr oder weniger einheitlich hellviolett.

Vorkommen: Dept. Cochabamba, Prov. Carrasco, ca. 200 Straßenkilometer östlich der Stadt Cochabamba, in der Nähe der Ansiedlung Pojo, 2 900 m. (Karte S. 42)

Feldnummern: G176, He94, HS220 (Typaufsammlung), RH797

Bemerkungen: Bereits vor mehr als 20 Jahren entdeckte der bolivianische Kakteenliebhaber Edgar Aguilar bei Pojo diese schöne Varietät. Leider wurden Pflanzen von diesem Standort mit denen anderer Populationen aus dem Gebiet zwischen Copachuncho und Pojo vermischt und unter den verschiedensten Namen und Feldnummern verbreitet (*S. tiraquensis* var. *spinosior* n.n., *S. tiraquensis* var. *totorensis*, *S. tiraquensis* var. *lepida*). Jahre später beschrieb

S. tiraquensis

◆ Oben links: *Sulcorebutia tiraquensis* var. *tiraquensis* am Standort in der Nähe des Dorfes Monte Puncu.
◆ Oben rechts: Viele blühende Pflanzen auf einem Felsen am Standort von *Sulcorebutia tiraquensis* var. *tiraquensis* fa. *bicolorispina* G81 neben der Straße Cochabamba – Sta. Cruz.
◆ Mitte: *Sulcorebutia tiraquensis* var. *tiraquensis* Cárd.5493 (Typaufsammlung).
◆ Unten: *Sulcorebutia tiraquensis* var. *aguilarii* HS220 (Typaufsammlung).

dann Aguilar gegenüber Heinz Swoboda diesen Standort und es wurde möglich, zumindest diese Population eindeutig von den mit ihr fälschlich in Verbindung gebrachten Pflanzen zu trennen.

Auffallend sind die dunkle Epidermisfärbung, das feine, sehr weiche und nicht stechende Dornenkleid und die kaum Farbabstufungen aufweisende hellviolette Blütenfarbe. Im Gegensatz dazu blüht die aus dem Raum Comarapa stammende und ihr in Körper und Bedornung sehr ähnelnde *S. krahnii*, die ebenfalls zur

◆ *Sulcorebutia tiraquensis* var. *aguilarii* HS220 (Typaufsammlung) – gelbdornige Form.

Gruppe um *S. tiraquensis* gehört, ausschließlich gelb.

Der Standort von *S. tiraquensis* var. *aguilarii* liegt am Rand der Serrania Siberia und gehört mit Sicherheit zu den feuchtesten *Sulcorebutia*-Standorten überhaupt. Nur wenige Meter vom Lebensraum der Kakteen entfernt befindet sich ein dichter, fast undurchdringlicher Nebelwald. Wir haben es erlebt, dass der Wind an einem sonst wolkenlosen Tag innerhalb weniger Minuten so viele Wolken- oder Nebelschwaden aus dem angrenzenden Chaparé-Gebiet herauftrug, dass fast nichts mehr zu sehen war. Innerhalb kürzester Zeit war alles triefend nass, obwohl es keinen Tropfen regnete. Diesen Umstand machen sich die Sulcorebutien zunutze, indem sie mit ihrer dichten, feinen Bedornung möglichst viel des kostbaren Wassers aufnehmen. Bei einem weiteren Besuch an diesem Standort blies ein so starker Sturm, dass es fast nicht möglich war, beim Fotografieren die Kamera ruhig zu halten. Es ist anzunehmen, dass es durch das enge Nebeneinander der unterschiedlichsten Klimazonen in dieser Region das ganze Jahr über zu solch extremen Wettersituationen kommt.

Sulcorebutia tiraquensis (Cárdenas) Ritter var. lepida (Ritter) Augustin et Gertel comb. nov.
Basionym: Sulcorebutia lepida Ritter
(lat. lepidus = zierlich, nach dem zierlichen Habitus)

> Ritter, F. (1962): Sulcorebutia, Part II – Sulcorebutia lepida Ritter sp. nov. – The Cactus and Succulent Journal (GB) 17 (1): 13

Unterscheidet sich von *S. tiraquensis* var. *tiraquensis* durch: **Körper** kleiner als bei der Typvarietät, bis 3 cm hoch und 3,5 cm dick. **Randdornen** 18 bis 20, kammförmig anliegend, weißlich, gelblich, gelb, bräunlich, braun, rötlich braun bis schwarz, die Spitzen meist etwas dunkler, bis 6 mm lang. **Mitteldornen** nur wenige, meist 1 bis 2 und auch dann nicht aus allen Areolen, meist dunkler als die Randdornen, 7 bis 20 mm lang.

Vorkommen: Dept. Cochabamba, Prov. Carrasco, Bergland östlich Totora, 2 950 bis 3 100 m (laut Ritter), sowie entlang der Straße Cochabamba – Sta. Cruz um Copachuncho herum. (Karte S. 42)

Feldnummern: FR369 (Typaufsammlung), G74, G76, G76a, G177, HS32, KA159, KA160, R189, R190, WK212

Bemerkungen: Ritters Angabe des Fundortes „Bergland östlich Totora" passt auch auf eine Reihe anderer Sulcorebutien dieser Region, so z. B. auch auf die von Cárdenas beschriebene und von Ritter zu *Sulcorebutia* kombinierte *S. totorensis*, deren Standort ebenfalls östlich von Totora liegt. Dazu kommt noch ein weiterer Ritter-Fund aus diesem Areal mit der provisorischen Bezeichnung *S. tiraquensis* var. *spinosior* (**FR374**), für den Ritter die Fundstelle in seinem letzten Feldnummernverzeichnis mit „Copachuncho" präzisierte und dabei auch eine nähere Verwandtschaft zu *S. tiraquensis* andeutete. Im Zusammenhang mit den vorhandenen Herbarbelegen beider Feldnummern ist immer von „Copachuncho" die Rede (Eggli et al. 1995). Auch die Angaben von Rausch zu seinen Feldnummern **R189**, **R190** und **R190a** bzw. die unter diesen Nummern im Umlauf befindlichen Pflanzen bieten keine Hilfe. Wir wissen nur, dass auch diese Pflanzen aus der Umgebung von Copachuncho stammen. Leider scheinen die Pflanzen dieser Aufsammlungen kräftig durcheinander gebracht worden zu sein, denn häufig finden sich dieselben Klone in jeder der drei Feldnummern wieder. Andererseits haben eigene Feldforschungen gezeigt, dass selbst die in einer Feldnummer zusammengefassten Pflanzen offensichtlich unterschiedlichen Populationen entstammen. Auch Krahn gibt an, *S. tiraquensis* var. *lepida* gefunden zu haben. Seine unter WK212 und WK213 gesammelten Pflanzen stammen von einem Standort, der sich ca. 30 Straßenkilometer östlich von Copachuncho befindet. Nach unseren Informationen existiert von **WK213** kein Material mehr. Weiterhin berichten mehrere andere Sulcofreunde von Funden von *S. tiraquensis* var. *lepida* rund um Copachuncho.

Wie stellt sich nun die Situation im „Bergland östlich Totora" tatsächlich dar? Zunächst muss bei allen Überlegungen berücksichtigt werden, dass Totora und Copachuncho nur rund 10 km Luftlinie voneinander entfernt sind. Diese Tatsache wird leicht vergessen, weil auf der Straße mehr als 50 km zurückgelegt werden müssen, um von einem Ort zum anderen zu gelangen. Die bekannten *Sulcorebutia*-Standorte in der Nähe der jeweiligen Ortschaft sind weniger als 5 km voneinander entfernt und nur durch ein Flusstal getrennt. Soweit wir feststellen konnten, kommen im Raum Totora, Epizana, Lagunillas, Copachuncho und über Copachuncho hinaus nach Osten eine Reihe unterschiedlicher *Sulcorebutia*-Populationen vor, die allgemein mit *S. tiraquensis* var. *lepida* oder aber mit *S. tiraquensis* var. *totorensis* in Verbindung gebracht werden. In der Umgebung von Copachuncho sind Standorte mit mehrheitlich zierlichen, meist anliegend bedornten Sulcorebutien, die möglicherweise **FR369** entsprechen, zu finden. Andererseits gibt es Populationen mit abstehend und hartbedornten Pflanzen, die kaum von *S. tiraquensis* var. *tiraquensis* zu unterscheiden sind. Wahrscheinlich handelt es sich hier um die Pflanzen, die Ritter als *S. tiraquensis* var. *spinosior* bezeichnete. An manchen Standorten vermischen sich beide Typen und es treten alle möglichen Übergangsformen auf. Aus diesem Grund konnten wir *S. lepida* nicht als selbstständige Art bestehen lassen, sondern mussten sie als Varietät zu *S. tiraquensis* stellen. Ähnlich ist die Situation auch bei *S. tiraquensis* var. *totorensis*, bei der sich sowohl Übergänge zu *S. tiraquensis* var. *tiraquensis* als auch zu *S. tiraquensis* var. *lepida* feststellen lassen.

S. tiraquensis

◆ Oben links: *Sulcorebutia tiraquensis* var. *lepida* FR369 (Typaufsammlung).
◆ Oben rechts: *Sulcorebutia tiraquensis* var. *lepida* FR369 (Typaufsammlung).
◆ Mitte: *Sulcorebutia tiraquensis* var. *longiseta* G83.
◆ Unten: *Sulcorebutia tiraquensis* var. *longiseta* am Standort bei Rancho Zapata.

Literaturhinweise: Ritter (1980a), Köllner 1982

Sulcorebutia tiraquensis (Cárdenas) Ritter var. longiseta (Cárdenas) Donald
(lat. longisetus = langborstig; wegen ihrer langen, borstigen Dornen)

> Cárdenas, M. (1970): New Bolivian Cactaceae (XIII) – Rebutia tiraquensis Cárd. var. longiseta Cárd. var. nov. – The Cactus and Succulent Journal (U. S.) 42 (4): 188
> Donald, J. D. (1971): In defense of Sulcorebutia – Sulcorebutia tiraquensis var. longiseta (Cárd.) Don. nov. comb. – The Cactus and Succulent Journal (U. S.) 43 (1): 39

Unterscheidet sich von *S. tiraquensis* var. *tiraquensis* hauptsächlich durch den abgelegenen, isolierten Standort und die langen, bis zu 7 cm messenden, dünnen und fexiblen, borstenartigen **Dornen**. Die übrige Körpermorphologie, **Blüten** und **Samen** entsprechen der Art.

Vorkommen: Dept. Cochabamba, Prov. Carrasco, am Weg zwischen Kairani und Monte Punku, bei Rancho Zapata, auf 3 200 m. Die Angabe von Cárdenas, dass der Standort in der Provinz Arani liege, ist falsch. Schon Kairani liegt in der Provinz Carrasco. (Karte S. 42)

Feldnummern: Cárd.6317 (Typaufsammlung), G83, HS171, KA30

Bemerkungen: Es ist eigenartig, dass am Standort gelegentlich Pflanzen auftreten, die auf den ersten Blick typische *S. tiraquensis* var. *longiseta* darstellen, aber eine bis 20 cm lange Rübenwurzel besitzen, wie sie sonst nur von *S. steinbachii* her bekannt ist. Dieses Phänomen tritt noch stärker bei *S. polymorpha* auf, bei der extreme Rübenwurzler und Pflanzen fast ohne Rübe bunt gemischt sind. *S. tiraquensis* var. *longiseta* in ihrer typischen Ausprägung kommt unseres Wissens nur an einem sehr kleinen, weniger als 100 m langen und 30 m breiten, etwas isolierten Standort bei Rancho Zapata vor. Dieser Standort war jahrelang vollkommen unbekannt, bis er 1986 von Gertel und Begleitern wieder entdeckt wurde. Nur wenige Meter vom Typstandort entfernt können nicht mehr die herrlichen, bernsteinfarbenen Dornenkugeln, sondern Pflanzen, die wir eher einige Kilometer weiter nach Westen bei Kairani vermuten würden, gefunden werden. Sie ähneln außerordentlich *S. polymorpha* mit überwiegend schwarzen, meist viel kürzeren Dornen. Allerdings blühen hier alle Pflanzen hellviolett. Diese Population setzt sich auf der, dem Standort von *S. tiraquensis* var. *longiseta* gegenüber liegenden Straßenseite am ganzen Berghang fort. Möglicherweise wird es die schöne und so charakteristische Population von *S. tiraquensis* var. *longiseta* nicht mehr lange geben, denn nach mehreren Besuchen des Standortes in verschiedenen Jahren mussten wir feststellen, dass sich die schwarzen Formen aus der Nachbarschaft auch zwischen den „Longisetas" immer mehr ausbreiten und sich ganz eindeutig auch mit diesen mischen. Unter Umständen werden sie *S. tiraquensis* var. *longiseta* bald verdrängt haben.

Literaturhinweis: Gertel (1988b)

Sulcorebutia tiraquensis (Cárdenas) Ritter var. renatae Hentzschel et Beck
(nach der Entdeckerin Renate Gertel, Deutschland, der Gattin Willi Gertels)

> Augustin, K., Beck, S., Gertel, W. und Hentzschel, G. (1999): Two new varieties of Sulcorebutia tiraquensis (Cárdenas) Ritter – Cactus & Co. (Italien) 3 (3): 117–123

Unterscheidet sich von *S. tiraquensis* var. *tiraquensis* durch: **Körper** kleiner, 40 bis 50 mm Ø und ebenso hoch. **Dornen** zwischen 28 und 40 pro Areole, davon 8 bis 12 Mitteldornen, sehr flexibel und weich, alle abstehend. Mittlere Stärke der Dornen 0,15 mm. **Blüten** 45 bis 50 mm lang, bis zu 55 mm Ø. Einzelblüten gelegentlich bis 70 mm Ø. Blüte kräftig purpurrot, glänzend. **Samen**, etwas kleiner als bei der Art, 1,1 bis 1,2 mm lang und 1,0 bis 1,1 mm breit.

Alle anderen Merkmale entsprechen denen von *S. tiraquensis* var. *tiraquensis*.

Vorkommen: Dept. Cochabamba, Prov. Mizque, an der Straße Totora – Mizque auf 2 550 m, auf flachen Hügeln mit wenig Begleitflora. *S. tiraquensis* var. *renatae* wurde am 12. 10. 1989 gefunden. (Karte S. 42)

Feldnummern: G108, G109 (Typaufsammlung), G185, G222, He112, He113, RH820, RH821

Bemerkungen: *S. tiraquensis* var. *renatae* ist eine typische Vertreterin der Population um *S. tiraquensis*. Ähnlich wie diese kommt sie in allen Farbschattierungen der Dornen von Hellgelb über Braun bis Schwarz vor. Unterschiedlich ist die Anzahl der Dornen je Areole, die bei *S. tiraquensis* var. *renatae* immer über 25, meistens jedoch zwischen 28 und 40 liegt, und auch deren Härte. Bei der neuen Varietät sind sie immer sehr dünn, entsprechend flexibel und kaum stechend. Ebenso wie die Typvarietät hat *S. tiraquensis* var. *renatae* eine nur schwach entwickelte Rübenwurzel. Da die Pflanzen allerdings viel weiter südlich wachsen, also weiter entfernt von der Zone, die stark vom Nebel aus dem Tiefland profitiert, zieht sie während der Trockenzeit stark in die Erde ein. Die vielen feinen Dornen sollen wohl dafür sorgen, dass die Pflanzen trotzdem genügend Luftfeuchtigkeit aufnehmen können. Ein entscheidender Unterschied zur Art liegt in der Größe der Blüte, die zu den größten der Gattung gehört. Auch die Farbe der Blüte ist durchweg intensiver und leuchtender, als das bei *S. tiraquensis* var. *tiraquensis* in der Regel der Fall ist.

Bisher sind uns vier verschiedene, allerdings nahe beieinander liegende Standorte dieser Varietät bekannt. An jedem der Standorte ist die Verteilung der Dornenfarben unterschiedlich. Bei **G108** gibt es fast nur braune und schwarze Formen. Auch ist die Anzahl der Dornen der untersuchten Pflanzen etwas geringer als am Typstandort (**G109**). Dort gibt es mehr als 95 % braun und schwarz bedornte Pflanzen, der Rest ist bernsteinfarben bis gelb bedornt. Bei den Letzteren ist die Bedornung meist etwas härter als bei den dunkleren Klonen. Am Standort **G185** gibt es rund 80 % gelb bedornte Pflanzen und bei **G222**, dem östlichsten der vier Standorte, sind die Farben fast gleichmäßig gemischt. Einzelne Pflanzen von *S. tiraquensis* var. *renatae* können auch noch etwas weiter westlich vom Typstandort zwischen Pflanzen (**G186**), die ein vollkommen anderes Aussehen haben, gefunden werden. Auf diese gehen wir in Kapitel „Ausgewählte Feldnummern" kurz ein. Diese Tatsache ist umso erstaunlicher, als bei der Entdeckung von **G186** nur ganz anliegend und pektinat bedornte Pflanzen gefunden wurden, die nicht den kleinsten Verdacht aufkommen ließen, dass beide Sulcorebutien etwas miteinander zu tun haben könnten. Erst ein weiterer Besuch an diesem Standort, verbunden mit intensiver Suche, führte zur Entdeckung der Übergänge zu *S. tiraquensis* var. *renatae*.

Sulcorebutia tiraquensis (Cárdenas) Ritter var. totorensis (Cárdenas) Augustin et Gertel comb. nov.

Basionym: Rebutia totorensis Cárdenas (nach dem Fundort nahe der Ortschaft Totora)

> Cárdenas, M. (1957): Nouvelles Cactées Boliviennes (V) – Rebutia totorensis Cárdenas nov. sp. – Cactus (F) 12 (57): 259–260
> Ritter, F. (1961): Sulcorebutia Backeberg – Sulcorebutia totorensis (Cárdenas) Ritter nov. comb. – The National Cactus and Succulent Journal (GB) 16 (4): 81

Unterscheidet sich von *S. tiraquensis* var. *tiraquensis* durch: **Körper** meist kleiner und flacher als bei der Typvarietät, 2 bis 5 cm hoch, durchschnittlich 4 bis 6 cm dick, bei einigen Populationen auch bis 15 cm Ø. Je nach Standort einzeln oder sprossend. **Areolen** schmal, bis 9 mm lang und 1 mm breit. **Dornen** 15 bis 25. **Randdornen** spreizend, abstehend oder leicht zum Körper hin gebogen. **Mitteldornen** 1 bis 5, abstehend, stechend, von bernsteinfarben über

S. tiraquensis

Braun bis Schwarz. Kürzeste Dornen nach unten weisend, 3 bis 4 mm lang, obere Dornen und Mitteldornen bis 25 mm lang. **Blüten** größer als bei *S. tiraquensis* var. *tiraquensis*, 35 bis 45 mm lang und 45 bis 50 mm Ø, bei Einzelblüten gelegentlich auch bis 60 mm Ø.

Vorkommen: Dept. Cochabamba, Prov. Carrasco, entlang der Straße Totora – Omereque, bei Lagunillas, in 2 600 bis 2 800 m Höhe. (Karte S. 42)

Feldnummern: Cárd.5494 (Typaufsammlung), G111, G112, G114, G179, G180b, HS149, KA20, KA22

Bemerkungen: *S. tiraquensis* var. *totorensis* ist auf einem Bergzug beheimatet, der sich von Totora bis nördlich von Omereque erstreckt. Sie ist durch die unterschiedliche Bedornung und die größere Blüte von *S. tiraquensis* var. *tiraquensis* ausreichend verschieden, sodass sie als Varietät bestehen bleiben kann. Während

◆ Oben: *Sulcorebutia tiraquensis* var. *renatae* G109 (Typaufsammlung).
◆ Mitte: Gelbdornige Form von *Sulcorebutia tiraquensis* var. *renatae* G185.
◆ Unten links: *Sulcorebutia tiraquensis* var. *totorensis* HS149.
◆ Unten rechts: Große *Sulcorebutia tiraquensis* var. *totorensis* am Standort an der Straße Totora – Omereque.

◆ *Sulcorebutia torotorensis* L327.

im nördlichen Teil des Bergzuges die typischen S. tiraquensis var. totorensis wachsen, werden die Pflanzen in südlicher Richtung immer feiner und gehen allmählich in die Formen über, die allgemein als **HS151** bekannt sind. Dieser Pflanzentyp ist an vielen Stellen ab etwa Kilometer 20 von Totora zu finden. Allerdings kommen dazwischen immer wieder die grüneren, länger bedornten Pflanzen vor, deren bekannteste Vertreter unter der Feldnummer **HS151a** in den Sammlungen stehen. Noch weiter in südlicher Richtung sind sogar Übergänge zu S. augustinii erkennbar. Auch im Norden zeigt S. tiraquensis var. totorensis innerhalb der einzelnen Populationen eine sehr große Variationsbreite. Während mehr als 90 % der Pflanzen dunkelbraun bis schwarz bedornt sind, treten dazwischen auch wieder hellere Formen auf. An manchen Standorten sind fast nur mehrköpfige Pflanzen zu finden, auch ohne dass sie durch Tierfraß zum Sprossen gezwungen wurden, an anderen Stellen überwiegen Solitärpflanzen, die dann oft die beachtliche Größe von 10 cm oder sogar mehr im Durchmesser erreichen. Diese großen Pflanzen mit ihrer herrlichen, dichten Bedornung sind eine wahre Augenweide. Auch die Blüten von S. tiraquensis var. totorensis können sich sehen lassen. Neben ihrer meist sehr kräftigen und leuchtenden Farbe erreichen sie nicht selten einen Durchmesser von 50 bis 60 mm. Die von Cárdenas genannte Größe von 35 mm ist eher die Ausnahme bzw. ist zutreffend, wenn die Pflanzen ganze Blütenkränze hervorbringen, was allerdings recht oft vorkommt. Die Autoren können sich an Standortbesuche erinnern, bei denen der ganze Berghang aussah wie eine blühende Almwiese, allerdings mit unzähligen S. tiraquensis var. totorensis. Überhaupt ist festzustellen, dass diese Varietät sehr zahlreich zu finden ist. Auf einer Strecke von über 20 km treten auf jedem Hügel die unterschiedlichsten

Formen dieser Pflanzen auf und zwar meistens als Massenvorkommen.

Literaturhinweise: Cárdenas (1968), Gertel (1996b)

Sulcorebutia torotorensis (Cárdenas) F. Brandt
(nach dem Fundort nahe Torotoro)

> Cárdenas, M. (1971): New Bolivian Cactaceae (XIV) – Weingartia torotorensis Cárd. sp. nov. – The Cactus and Succulent Journal (U. S.) 43 (6): 243
> Brandt, F. H. (1976): Die Gattung Weingartia Werdermann ein „nomen nudum" – Combinationes novae – Sulcorebutia torotorensis (Cárd.) Brandt – Frankf. Kakteenfreund 3 (3): 9
> Ritter, F. (1980): Kakteen in Südamerika, Band 2; S. 637 – Cinnabarinea torotorensis (Cárdenas) Ritter comb. nov.

Körper kugelig, normalerweise kaum sprossend. Manche Klone bringen allerdings aus den untersten Areolen zuerst winzige Sprosse hervor, die sofort eigene Wurzeln ausbilden, aber anfangs kaum wachsen. Später bilden sich dann große Gruppen. Solitärpflanzen bis 10 cm hoch und 15 cm dick, in eine rudimentäre Rübenwurzel und dann in mehrere kräftige, dünne Wurzelstränge übergehend. Bis zu 25 Rippen. **Areolen** länglich bis oval, 6 bis 8 mm lang und bis zu 2,5 mm breit. **Dornen** 10 bis 20, spreizend, abstehend und stechend. Kaum in **Rand-** und **Mitteldornen** zu trennen, zwischen 5 und 25 mm lang, gelblich mit braunem Fuß, etwas rau, Basis nur wenig verdickt. **Knospen** bräunlich, aus scheitelnahen oder mittelständigen Areolen, manchmal in mehreren Kränzen. **Blüten** meist ziemlich klein, 25 bis 30 mm lang und 20 bis 25 mm Ø, geruchlos bis leicht muffig riechend. **Äußere Blütenblätter** bräunlich an der Außenseite, innen rot oder violett, **innere Blütenblätter** violett, purpurrot, orangerot oder rot mit gelber Basis. **Staubfäden** weißlich oder schwach rosa. **Griffel** grünlich, nach oben zu heller werdend, mit 5 bis 6 weißen bis leicht gelblichen Narbenästen. **Frucht** grünlich bis rötlich, 5 bis 6 mm Ø mit ebenso gefärbten Schuppen, die sich im Gegensatz zu fast allen anderen Sulcorebutien auch nach dem Eintrocknen meist nicht öffnet. Bei einigen Klonen treten unter den untersten Schuppen einige rudimentäre weiße Haare auf, bei anderen Pflanzen sind alle Schuppenachseln vollkommen nackt. **Samen** 1,3 bis 1,5 mm lang und 1,0 bis 1,2 mm breit.

Vorkommen: Dept. Potosi, Prov. Charcas, in der Nähe von Torotoro, auf 2 900 m Höhe, in grasigen Wiesen wachsend. (Karte S. 45)

Feldnummern: Cárd.6328 (Typaufsammlung), HS139, HS139a, JK325, KA212, KK1593, L327, R464b, RH1680, RH1682, RH1686

Bemerkungen: Die Tatsache, dass S. torotorensis als Weingartia beschrieben worden ist, verwundert nicht, sieht sie doch oberflächlich gesehen wie eine solche aus. Auch die Tatsache, dass die Blüten meist aus scheitelnahen Areolen entstehen, deutet mehr in Richtung Weingartia. Einzig die wenigen weißen Haare in den Schuppenachseln des Fruchtknotens deuten auf Sulcorebutia, wogegen die nicht aufplatzende Frucht wieder eher ein Merkmal der nördlichen Weingartien ist. Erschwerend kommt hier hinzu, dass keines dieser Merkmale wirklich konsistent ist. So gibt es Klone von **R464b**, die zumindest in jüngeren Jahren ihre Blüten aus basisnahen Areolen hervorbringen. Diese Blüten sind zudem meist deutlich größer als oben beschrieben. Bei der Untersuchung der Blüten von fünf Originalpflanzen von **KK1593** fanden wir in vier Fällen mehr oder weniger viele weiße Haare in den Schuppenachseln der Fruchtknoten, bei einer Pflanze, die sich sonst in keinem Merkmal von den anderen Pflanzen unterschied, waren diese Haare auch bei stärkerer Vergrößerung nicht zu finden. Zudem wurde festgestellt, dass die Früchte dieser Pflanzen in manchen Jahren quer zur Basis aufplatzten, in anderen Jahren wieder nicht. Aus all diesen Gründen ist die Beurteilung von S. torotorensis bis heute sehr schwierig geblieben und es sind sicherlich noch eine Reihe von Untersuchungen und auch Feldforschung durchzuführen, bis Klarheit über die Entwicklung dieser Pflanzen erzielt werden kann. Bedauerlich in diesem Zusammenhang ist die Tatsache, dass weitere Funde von Torotoro, zum Beispiel von Swoboda, mangels Material bis heute kaum untersucht sind.

Ritters Versuch (1980b), die Art von *Sulcorebutia* (*Weingartia*) abzutrennen und in einer eigenen Gattung *Cinnabarinea* unterzubringen, wurde von keinem der anderen Autoren angenommen.

S. torotorensis wurde 1981, wahrscheinlich aus Unkenntnis der gültigen Kombination Brandts, noch ein zweites Mal von Brederoo und Donald umkombiniert.

Literaturhinweise: Brederoo und Donald (1981), Herzog (1994), Pot (1994)

Sulcorebutia verticillacantha Ritter var. verticillacantha

(lat. verticillatus = quirlblättrig; nach den im Scheitel quirlig verflochtenen Dornen)

> Ritter, F. (1962): Sulcorebutia Part II – Sulcorebutia verticillacantha Ritter sp. nov. – The National Cactus and Succulent Journal (GB) 17 (1): 13–14
> Hunt, D. R. (1997): Rebutia steinbachii ssp. verticillacantha (F. Ritter) Donald ex D. R. Hunt – Cact. Consensus Init. No. 3: 6

Körper kugelig, in Kultur oft leicht säulig werdend, meist sprossend, 2 bis 4 cm hoch und 2 bis 3 cm dick, dunkelgrün bis olivgrün, in eine einfache oder mehrfach geteilte 15 cm lange Rübenwurzel übergehend. **Areolen** schmal, bis 4 mm lang und 1 mm breit. **Dornen** 12 bis 14, kammförmig anliegend, im Scheitel etwas verflochten, 2 bis 4 mm lang, an der Basis zwiebelartig verdickt, gelblich, bernsteinfarben mit dunklerem Fuß, braun bis fast schwarz. Keine **Mitteldornen**. **Knospen** bräunlich oder grünlich, aus den unteren Areolen, oft unterhalb der Erdberührungslinie entstehend. **Blüten** 30 bis 40 mm lang und ebensolcher Ø, geruchlos. **Äußere Blütenblätter** bräunlich oder rötlich, oft olivgrün an der Außenseite, **innere Blütenblätter** orange, rot und nach unten zu gelb, reinrot oder violett. Am Grund der Blütenröhre violett. **Staubfäden** weiß bis gelblich, am Fuß violett. **Griffel** weiß oder leicht gelblich, frei stehend oder für wenige Millimeter in die Blütenröhre eingepresst, mit 5 bis 6 weißen Narbenästen. **Frucht** olivgrün oder rötlich, 4 bis 6 mm Ø mit ebenso gefärbten, meist etwas dunkleren Schuppen, unter den untersten Schuppen einige weiße Haare. **Samen** 1,3 bis 1,4 mm lang und 1,0 bis 1,2 mm breit.

Vorkommen: Dept. Cochabamba, Prov. Arque, zwischen der Estación de Bombeo und Sayari, etwa von Kilometer 70 bis 80 der Straße Cochabamba – La Paz auf 3 600 bis 3 900 m. (Karte S. 38)

Feldnummern: FR752a (Typaufsammlung), G31, G31a, G120, HS185, HS187, JD185, JK302, JK304, KA38, KA226, R251

Bemerkungen: *S. verticillacantha* var. *verticillacantha* ist die Schlüsselart für eine ganze Gruppe von Sulcorebutien. In der Vergangenheit wurden leider, aus Unkenntnis der natürlichen Verwandtschaften, Sulcorebutien wegen oberflächlicher Ähnlichkeiten zusammengezogen. Donald (1986) und auch Gertel (1986b) wiesen erstmals darauf hin, dass es nicht möglich sein kann, dass z. B. *S. verticillacantha* var. *aureiflora* Rausch eine Varietät von *S. verticillacantha* var. *verticillacantha* ist, weil die eine zur südöstlichen Gruppe der Sulcorebutien gehört und die andere ganz im Norden des Verbreitungsgebietes vorkommt. Einerseits ist davon auszugehen, dass Pflanzen, die sich in einer vergleichbaren Umgebung entwickelten, ähnliche Eigenschaften haben. Andererseits können Pflanzen, die in sehr großer Entfernung voneinander wachsen, nicht besonders nahe verwandt sein, noch dazu, wenn man die enormen Fortpflanzungsbarrieren mit berücksichtigt. Da man bei einer jungen Gattung wie *Sulcorebutia* eine mehr oder weniger strahlenförmige

◆ Oben links: *Sulcorebutia verticillacantha* var. *verticillacantha* G31 von der Estación de Bombeo an der Straße Cochabamba – La Paz.
◆ Oben rechts: *Sulcorebutia torotorensis* KA212 (HS139) am Standort bei Torotoro.
◆ Mitte links: *Sulcorebutia verticillacantha* var. *verticillacantha* G31 am Standort nahe der Estación de Bombeo.
◆ Unten: *Sulcorebutia verticillacantha* var. *verticillacantha* HS187 mit gelb orangefarbener Blüte.

Ausdehnung vom Entstehungspunkt annehmen kann, gehen wir davon aus, dass Pflanzen, die heute auf entgegengesetzten Seiten dieses Entstehungspunktes wachsen, sich auch genetisch entsprechend weit voneinander entfernt haben. Aus diesem Grund lösen wir alle südlichen Sulcorebutien aus der Verbindung zu *S. verticillacantha*.

So ist auch nicht zu akzeptieren, wenn Ritter behauptet, er habe seine *S. verticillacantha* var. *verticosior* sowohl zwischen Sucre und Ravelo als auch in der Cordillera de Cochabamba gefunden.

Da es offensichtlich kein definiertes Material dieser von Ritter publizierten Varietät gibt und das einzig vorhandene Herbarmaterial (Eggli et al. 1995) im Museo Nacional de Historia Natural de Santiago de la Chile (SGO) ganz offensichtlich völlig heterogen ist[7], erklären wir S. verticillacantha var. verticosior zum nomen dubium delendum.

Wir widersprechen (Gertel 1996b) auch den Ansichten von Pot (1998), der ja eine enge Verwandtschaft von S. verticillacantha mit den so genannten „Sucreños" einerseits und S. steinbachii var. tunariensis (siehe auch dort) andererseits sieht.

Den ganzen Komplex um S. verticillacantha var. cuprea Rausch belassen wir bei S. verticillacantha, denn es ist durchaus denkbar, dass hier über HS140 und ähnliche Formen sowie über S. verticillacantha var. taratensis eine Verbindung zu S. verticillacantha besteht.

S. verticillacantha var. verticillacantha besiedelt extreme Habitate am Rande des Verbreitungsgebietes der Gattung. Die derzeit bekannten Standorte liegen alle mehr oder weniger entlang der Straße Cochabamba – La Paz, etwa zwischen Kilometer 70 und 80, von Cochabamba aus gesehen, in Höhen von 3 600 bis 3 900 m, also an der äußersten Grenze dessen, was Sulcore-

◆ Oben: *Sulcorebutia verticillacantha* var. *taratensis* EH7160 – Aufsammlung Alber.
◆ Unten: *Sulcorebutia verticillacantha* var. *cuprea* R476 (Typaufsammlung).

butien tolerieren. Nur wenige Kilometer von diesen Standorten entfernt, erreichen die Andenberge eine Höhe von über 4 000 m und bilden offensichtlich eine Barriere für die weitere Ausbreitung der Gattung nach Westen. Jedenfalls sind bis heute keine *Sulcorebutia*-Funde jenseits der Zentralkette der Ostkordillere bekannt. Während die Pflanzen vom ältesten, allgemein bekannten Standort in der Umgebung der Estación de Bombeo fast ausnahmslos violettrosa blühen, gibt es an anderen Stellen Populationen mit orangefarbenen, roten und bichromen Blüten. Habituell sind alle *S. verticillacantha* var. *verticillacantha* recht einheitlich und leicht zu erkennen.

Literaturhinweise: Es gibt eine Vielzahl von Veröffentlichungen, die sich mit „*Sulcorebutia verticillacantha*" beschäftigen. Allerdings handelt es sich fast immer um Sulcorebutien aus dem Umfeld von *S. canigueralii* und *S. tarabucoensis*, die nach unserem Verständnis nichts mit der hier beschriebenen Art zu tun haben.

---

[7] Eine Pflanzenprobe von Quillacollo und 2 Proben aus dem Gebiet zwischen Sucre und Ravelo, wovon eine dieser Proben als Holotypus ausgezeichnet ist.

Sulcorebutia verticillacantha Ritter var. cuprea Rausch

(lat. cupreus = kupferfarben; nach der kupferfarbenen Epidermis)

> Rausch, W. (1972): Sulcorebutia verticillacantha var. cuprea Rausch var. nov. – Kakteen und andere Sukkulenten 23 (5): 124

Unterscheidet sich von *S. verticillacantha* var. *verticillacantha* durch: **Körper** meist größer, breiter als hoch, immer glänzend rötlich braun bis kupferfarben gefärbt, in eine, am Körperansatz etwas eingeschnürte Rübenwurzel übergehend. **Blüten** zinnoberrot gefärbt, oft mit gelblichen oder orangefarbenem Schlund. **Staubfäden** rot bis orangerot, an der Basis violett. **Griffel** weißlich bis rosa mit 6 bis 8 weißen Narbenästen.

Vorkommen: Dept. Potosi, Prov. Charcas, bei Torotoro, auf 3 200 m. (Karte S. 45)

Feldnummern: HS267, R476

Bemerkungen: *S. verticillacantha* var. *cuprea* ist mit ihrer kupferfarbenen Epidermis und den roten bis rotgelben Blüten eine besonders schöne und charakteristische *Sulcorebutia*. Neben der ursprünglichen Rausch-Aufsammlung kennen wir diese Pflanzen auch noch unter der **HS**-Nummer **267**. Überhaupt hat Heinz Swoboda, der mit unterschiedlichen Begleitern Sulcorebutien auf vielen Bergen in der Umgebung von Torotoro gefunden hat, großen Anteil an unserer heutigen Kenntnis der Pflanzen aus dieser Gegend. Darüber hinaus wagten nur ganz wenige *Sulcorebutia*-Freunde den beschwerlichen Weg zum abgeschiedenen Torotoro. Es lässt sich darüber diskutieren, inwieweit die anderen HS-Funde von Torotoro und Umgebung (**HS235**, **HS264**, **HS268**, **HS269**, **HS273**, **HS274**) mit *S. verticillacantha* var. *cuprea* verwandt sind bzw. welche Erkenntnisse noch benötigt werden, um abschließend beurteilen zu können, ob diese Sulcorebutien wirklich so nah mit *S. verticillacantha* var. *verticillacantha* verwandt sind, dass sie als Varietät zu dieser gestellt werden sollten. Gemeinsam ist ihnen allen die zinnoberrote Blüte mit dem weißlichen bis rosa Griffel und den orangefarbenen Staubfäden. Dies gilt mit Einschränkungen auch für **HS140** und **HS221**, die allerdings habituell sehr abweichen. Auch diese *Sulcorebutia* wurde unnötigerweise von Brandt als *Weingartia* mit einem neuen Namen belegt, den wir hiermit in die Synonymie stellen.

Synonym:
Weingartia croceareolata F. Brandt – Kakt. Orch. Rundsch. 9 (4): 74–75, 1984

Sulcorebutia verticillacantha Ritter var. taratensis (Cárdenas) Augustin et Gertel comb. nov.

Basionym: Rebutia taratensis Cárdenas
(nach dem Fundort in der Nähe von Tarata)

> Cárdenas, M. (1964): New Bolivian Cacti (VIII–C) – Rebutia taratensis Cárd. nov. sp. – The Cactus and Succulent Journal (U. S.) 36 (1): 63
> Buining, A. F. H. und Donald, J. D. (1965): Revision of the Genus Rebutia (III) – Sulcorebutia taratensis (Cárd.) Buining et Donald comb. nov. – The Cactus and Succulent Journal (GB) 27 (3): 57

Unterscheidet sich von *S. verticillacantha* var. *verticillacantha* durch: **Körper** kleiner, breiter als hoch, immer sprossend, grau- oder dunkelgrün, oft auch rotbraun bis purpurfarben, 1,0 bis 2,5 cm hoch, 1,0 bis 3,5 cm dick, in eine meist geteilte, am Wurzelhals etwas abgeschnürte Rübenwurzel übergehend. **Blüten** meist hellviolett, an einem der bekannten Standorte auch cremefarben, rosa und rot.

Vorkommen: Dept. Cochabamba, Prov. Arce (von Cárdenas als „Prov. Tarata" bezeichnet), Straße von Tarata zum Rio Caine 3 000 bis 3 200 m (laut Cárdenas auf 2 000 m). (Karte S. 38)

Feldnummern: Cárd.5553 (Typaufsammlung), EH7159, EH7160, EH7161, HS147, KA221, R266, WK713

Bemerkungen: Allgemein wird angenommen, dass Cárdenas *S. verticillacantha* var. *taratensis* nicht selbst gesammelt hat, sondern die Pflanzen, ebenso wie die im gleichen Artikel beschriebenen *Lobivia larae* und *Parodia taratensis*, von seinem Schüler Raul Lara erhalten hat, der sie bei einem Ausflug zusammen mit Dirk van Vliet und J. C. van Keppel gefunden hat. Von den beiden Letzteren erfahren wir dann auch einige Details bezüglich der genauen Lage des Standortes (van Keppel und van Vliet 1970). Demnach ist die Reisegruppe von Izata aus zum Rio Caine gefahren und hat dort in den Uferwänden, in 3 000 m Höhe, die oben angegebenen Pflanzen gefunden. Die Höhenangabe von Cárdenas in der Erstbeschreibung ist also falsch. Swoboda und Augustin haben ebenfalls zwischen Cliza und Anzaldo in ähnlichen Höhen *S. verticillacantha* var. *taratensis* entdeckt. Den für den Liebhaber interessantesten Fund machten allerdings Haugg und seine Begleiter nördlich von Izata, wo ein Standort gefunden werden konnte, an dem *S. verticillacantha* var. *taratensis* in allen möglichen Blütenfarben vorkommt, von fast Weiß über Rosa und lachsfarben bis Violett und Rot. Auch die von Rausch im Zusammenhang mit *S. cochabambina* erwähnte und provisorisch benannte *S. pojoniensis* **R671** ist *S. verticillacantha* var. *taratensis*, vielleicht sogar die Population, die den Namen am ehesten verdient, denn sie kommt tatsächlich aus der direkten Umgebung von Tarata. Im Gegensatz dazu handelt es sich bei **WK381**, früher als „Sulcorebutia taratensis von Cárdenas" in den Sammlungen, keinesfalls um diese Art. Selbst Wolfgang Krahn, der die Pflanze nach Deutschland brachte, ist nicht in der Lage zu sagen, um welche Art es sich handelt.

Während *S. verticillacantha* var. *taratensis* in der weiteren Umgebung von Izata meist eine sehr dunkle Epidermis hat und relativ groß wird, kommen weiter nach Osten, zwischen Tarata und Anzaldo, kleinere Pflanzen mit grüner oder graugrüner Epidermis vor. Aus dieser Gegend stammt auch die von Rausch und Markus entdeckte winzige Form, die von Rausch als *S. taratensis* var. *minima* beschrieben worden ist. Von Swoboda und Augustin wissen wir, dass es diese kleinen, reichlich sprossenden Formen an mehreren Standorten gibt. Meist kann jedoch nicht genau gesagt werden, ob die Population *S. taratensis* Cárdenas oder *S. taratensis* var. *minima* Rausch zugeordnet werden muss. Selbst Markus und Rausch fanden damals am Weg vom Bahnhof Anzaldo, der etwa 10 km östlich von Anzaldo liegt, nach Anzaldo selbst größere und kleinere Formen. Heute sind in dieser Gegend kaum noch Sulcorebutien zu finden, denn das ganze Gebiet ist inzwischen eine landwirtschaftlich stark genutzte Region, in der es kaum noch eine Stelle gibt, an der Kakteen überleben könnten. Möglicherweise ist der Standort direkt beim Bahnhof noch erhalten. Wir sind der Ansicht, dass die beiden Formen nicht getrennt werden können und ziehen *S. taratensis* var. *minima* Rausch zu *S. verticillacantha* var. *taratensis* ein. Weiter in südöstlicher Richtung kommen dann die so genannten Sacabamba-Populationen vor, z. B. **HS218**, **G192**, **G89** usw., die den Übergang zu den etwas weiter südlich gelegenen Populationen von *S. markusii* im weiteren Sinn darstellen.

Es kann keinen Zweifel geben, dass *S. verticillacantha* var. *taratensis* nah mit der 40 km weiter nordwestlich vorkommenden *S. verticillacantha* var. *verticillacantha* verwandt ist. Wer die Pflanzen der beiden Varietäten unterscheiden will, muss jedoch oft sehr genau hinsehen. Dies ist umso erstaunlicher, als die beiden Varietäten doch in ziemlich unterschiedlichen Höhenlagen vorkommen. Leider haben wir keine Erkenntnisse über *Sulcorebutia*-Populationen zwischen diesen beiden Verbreitungsgebieten. Der nächste bekannte *Sulcorebutia*-Standort liegt bei Colcha, etwa 20 km südlich des Verbreitungsgebietes von *S. verticillacantha* var. *verticillacantha*. Das dortige Pflanzenmaterial ist allerdings nicht homogen, denn es wurde von Einheimischen gesammelt und nach Europa geschickt und es liegt der Verdacht nahe, dass es innerhalb der Sendung Vermischungen mit Pflanzen anderer Standorte gegeben hat.

◆ *Sulcorebutia verticillacantha* var. *taratensis* EM196 („fa. *minima*").

Synonyme:
Sulcorebutia taratensis var. minima Rausch – Kakteen und andere Sukkulenten 19 (6): 112, 1968
Sulcorebutia verticillacantha var. minima (Rausch) Pilbeam – Sulcorebutia and Weingartia – A Collector's Guide, B. T. Batsford Ltd., London, S. 99, 1985
Weingartia minima (Rausch) F. Brandt – Kakt. Orch. Rundsch. 11 (1): 1–3, 1986
Weingartia ansaldoensis F. Brandt – Kakt. Orch. Rundsch. 10 (3): 29–32, 1985

Literaturhinweis: Rausch (1985)

Sulcorebutia vizcarrae (Cárdenas) Donald
(nach dem Historiker Euphronio Vizcarra, einem angesehenen Bürger von Mizque)

Cárdenas, M. (1970): New Bolivian Cactaceae (XIII) – Rebutia vizcarrae Cárd. sp. nov. – The Cactus and Succulent Journal (U. S.) 42 (4): 185–188
Donald, J. D. (1971): In defense of Sulcorebutia – Sulcorebutia vizcarrae (Cárd.) Donald nov. comb. – The Cactus and Succulent Journal (U. S.) 43 (1): 40

Körper kugelig, 3,0 bis 3,5 cm hoch und 4 bis 5 cm breit, gräulich grün, manchmal ins Purpurne wechselnd. Rippen ungefähr 18, in Höcker aufgelöst, gefurcht, 4 mm hoch, 5 mm breit. **Areolen** 1 cm voneinander entfernt, elliptisch, 4 bis 6 mm lang, graufilzig. **Randdornen** ungefähr 17, kammförmig angeordnet, spreizend, 4 bis 8 mm lang. **Mitteldornen** 2 bis 3, spreizend, 8 bis 11 mm lang. Alle Dornen weißlich gelb bis bräunlich, stechend. An den oberen Areolen sind die Dornen kürzer. **Blüten** zahlreich, lateral, seitlich aus dem Körper kommend, trichterförmig, hell- bis dunkelmagenta, 3,5 cm lang und 2,0 cm breit. **Fruchtknoten** kugelförmig, 5 mm lang, hellgrün, mit breiten,

◆ *Sulcorebutia* spec. de Huanacuni Chico G183.

spitzen fleischigen Schuppen besetzt. **Blütenröhre** kurz, 5 mm lang, nach oben zu breiter, mit sehr hellgrünen fleischigen, 3 bis 5 mm langen Schuppen besetzt. **Äußere Perianthblätter** lanzettlich, 20 × 2 mm, rosa, mit grünlicher Spitze. **Innere Perianthblätter** lanzettlich, 20 × 4 mm, hellmagenta. **Staubgefäße** vom Boden der Röhre bis zum Anfang der Petalen entspringend, 5 mm lang, mit sehr dünnen und hell magentafarbenen Staubfäden; Staubbeutel hellgelb. **Griffel** 14 mm lang, dünn und weiß, mit 5 hellgelben Narbenästen.

Heimat: Bolivien (Dept. Cochabamba), Prov. Mizque, nahe Mizque, 2 000 m hoch. Gefunden im März 1969. Holotyp unter Nummer Cárd.6316 im Herbarium Cárdenasianum.

Beobachtung: Diese Art ist gekennzeichnet durch ihre geraden und strahlig angeordneten Dornen. Ohne Blüten könnte die Pflanze für eine *Lobivia* oder eine *Parodia* gehalten werden. Sie ist nach dem verdienten Bürger von Mizque, dem sehr bekannten Historiker Euphronio Vizcarra benannt.

Bemerkungen: Leider können wir hier nur eine deutsche Übersetzung des englischen Textes der Erstbeschreibung wieder geben, denn wir haben und kennen kein authentisches Pflanzenmaterial. Die Zuordnung des Namens *S. vizcarrae* für die Feldnummer **R464** und/oder **R464a** beruht auf einem Irrtum von Rausch, der offensichtlich annahm, der Name beziehe sich auf die Ortschaft Villa Viscarra, besser bekannt unter dem Namen Vila Vila, aus deren Umgebung diese Pflanzen stammen (offensichtlich hat bis heute kaum jemand bemerkt, dass der Artname und der Name des Geehrten mit „z", während die Ortschaft mit „s" geschrieben wird). Aus der Erstbeschreibung ist aber klar ersichtlich, dass dem nicht so ist. Auch die Bezeichnung von **L337** als *S. vizcarrae* ist rein spekulativ und durch nichts zu beweisen.

Weder Villa Viscarra, noch der Standort von **L337** liegen in der direkten Nähe von Mizque. Es kann daher nur geschlussfolgert werden, dass wir nicht wissen, was *S. vizcarrae* ist, und dass es unseres Wissens kein Pflanzenmaterial davon gibt. Alles, was in den Sammlungen unter diesem Namen steht, ist falsch benannt und es handelt sich entweder um **R464**, **R464a** oder **L337**. Auch die Beschreibung von **L324** als *S. vizcarrae* var. *laui* ist in Zweifel zu ziehen, denn das vorhandene Vergleichsmaterial in der Sammlung Donald war vermutlich nicht authentisch, sondern ebenfalls **R464**. Infolgedessen ist auch eine Zuordnung zu *S. vizcarrae* obsolet und wir kombinieren die Varietät weiter oben zu *S. mariana* var. *laui* um (siehe dort). Aus den genannten Gründen können wir hier auch keine Fotos vorstellen.

Literaturhinweis: Augustin (1990a), weitere Literatur ist nicht zu empfehlen, weil alle anderen Autoren von falschem Pflanzenmaterial ausgegangen sind.

Ausgewählte Feldnummern

Es fällt schwer, aus der Vielzahl der inzwischen bekannten Feldnummern diejenigen auszuwählen, die besonders interessant sind und vor allen Dingen von den beschriebenen Arten und Varietäten so stark abweichen, dass sie eigentlich beschrieben werden sollten. In dem einen oder anderen Fall wird dies auch früher oder später geschehen. Aus diesem Grund wollen wir hier auch keine detaillierten Beschreibungen bringen, sondern dem interessierten Kakteenfreund mit einigen Sätzen und dem einen oder anderen Bild zeigen, wie sich diese Pflanzen darstellen, wo sie herkommen und in welchem verwandtschaftlichen Zusammenhang sie unserer Meinung nach zu sehen sind. Bei der Auswahl der Feldnummern, die wir hier anführen, mussten wir sehr enge Maßstäbe anlegen, denn der Umfang des Buches gestattet nur wenige Seiten für dieses Kapitel. Wir hoffen trotzdem, einen kleinen Einblick darüber geben zu können, was zurzeit innerhalb der Gattung *Sulcorebutia* relativ neu ist und was wir für besonders erwähnenswert halten.

Sulcorebutia spec. de Mizque EH6266

Diese interessante *Sulcorebutia* wurde 1986 von Erich Haugg und seinen Begleitern entdeckt, als sie ca. 25 km westlich von Mizque nach Pflanzen suchten. Nach anfänglich erfolglosen Bemühungen wurden sie schließlich von einem Campesino auf die richtige Spur gebracht. Er zeigte ihnen, dass an der feuchtesten Stelle weit und breit, mitten im Moos, Sulcorebutien wuchsen. Zu Beginn wurde vermutet, *S. mizquensis* wieder gefunden zu haben, was sich allerdings als Irrtum erwies. Die Pflanzen bleiben recht klein, haben eine sehr ebenmäßige, anliegende Bedornung und meist rote Blüten. Von ihren morphologischen Merkmalen und auch vom Standort her dürfte es sich um ein Bindeglied zwischen der auf Seite 161 beschriebenen **HS57** und *S. mizquensis* handeln. **EH6266** ist daher das fehlende Glied in der langen Entwicklungslinie, die im Süden mit *S. mizquensis* endet und sich in einem großen Bogen über *S. verticillacantha* var. *taratensis* bis zu *S. verticillacantha* var. *verticillacantha* erstreckt. Leider lässt sich heute der genaue Standort dieser Pflanzen nicht mehr exakt ermitteln, sodass gezielte Nachforschungen nicht möglich sind.

Sulcorebutia spec. de Huanacuni Chico G183 (Abbildung Seite 157)

Huanacuni Chico ist dem Namen nach allgemein bekannt als Standort von *S. augustinii*. Umso größer war die Überraschung, als auf der Suche nach dieser Art ein Standort gefunden wurde, der eine ganz andere Form von Sulcorebutien beheimatet. Dies war besonders deswegen so überraschend, weil zwischen dem Standort von **G183** und *S. augustinii* höchstens 1 km (Luftlinie) liegt. Allerdings sind die Standorte in ihrer Art sehr unterschiedlich.

Während *S. augustinii* an einem kaum abfallenden, flachen und von Büschen bestandenem Hang im Sand wächst, kommt **G183** in der Gipfelregion und am steilen Nordhang eines Berges, in von Moos und Flechten bewachsenen Felsspalten vor. Die Begleitvegetation ist wesentlich üppiger als bei *S. augustinii*, sodass davon ausgegangen werden kann, dass diese Stelle deutlich mehr Feuchtigkeit, wahrscheinlich in Form von Nebel und Wolken, erhält. Bei Betrachtung der Karte wird deutlich, dass der Standort knapp 20 km südlich des Steilabfalls zum tropischen Chaparé liegt, und bei späteren Besuchen konnte beobachtet werden, wie sich tatsächlich Wolken von Norden her bis zu diesem Berg heranschoben und an der Bergspitze hängenblieben, während an dem ein wenig südlicheren Hang mit *S. augustinii* strahlender Sonnenschein herrschte. **G183** wird ca. 3 bis 4 cm groß, wächst meist einzeln und hat eine abstehende, zum Teil leicht zum Körper gebogene Bedornung sowie hellviolette Blüten. Von ihrem Charakter her kann sie möglicherweise in die Nähe von *S. tiraquensis* var. *lepida* gestellt werden, die rund 20 km weiter nordwestlich bis nordöstlich an der Straße Cochabamba – Sta. Cruz beheimatet ist.

Vergleichbare Feldnummern: He107, RH815

Sulcorebutia spec. de Rio Julpe G186

G186 ist eine *Sulcorebutia*, die sofort ins Auge sticht. Die Pflanzen haben extrem lange, meist weißwollige Areolen mit einer Vielzahl anliegender Dornen, die in der oberen Hälfte meist gelblich oder bräunlich gefärbt sind, während ihr Fuß gewöhnlich schwarz ist. Die Pflanzen wachsen fast immer einzeln und werden etwa 6 bis 7 cm groß. Die Blüten sind kräftig hell- bis dunkelviolett oder rot gefärbt und entsprechen in ihrem Aufbau denen von *S. tiraquensis* var. *totorensis* oder auch *S. tiraquensis* var. *renatae*. Erstaunlicherweise gibt es am Standort von **G186** auch Übergänge zu beiden völlig anders gearteten Sulcorebutien. **G186** wächst an der Straße Totora – Mizque nur etwa 1 km Luftlinie vom Typstandort von *S. tiraquensis* var. *renatae* entfernt, allerdings 100 bis 150 m höher. Auch am Nachbarberg wurden ähnliche Sulcorebutien gefunden und es kann vermutet werden, dass es einen lückenlosen Übergang zu den 10 bis 15 km weiter nördlich vorkommenden Populationen von *S. tiraquensis* var. *tiraquensis* gibt, die erst kürzlich östlich von Pocona entdeckt worden sind.

Vergleichbare Feldnummern: He114, RH822

Sulcorebutia spec. de Mizque HS14 und HS14b sowie HS52

Es konnte durchaus als kleine Sensation bezeichnet werden, als Mitte der achtziger Jahre erstmals Bilder von Sulcorebutien mit der Feldnummer **HS14b** zu sehen waren, denn die Blüten dieser Pflanzen zeigten ganz erstaunliche Farben. Es waren Pastellfarben von Lachsrosa bis zu Rottönen, die man sonst innerhalb der Gattung nicht findet. Im Gegensatz dazu blüht **HS14** hellviolett, also in einer Farbe, die z. B. von *S. mentosa* bekannt ist. Da auch habituell gewisse Ähnlichkeiten feststellbar waren, wurde **HS14** mit diesem Namen belegt. Das Vorkommen von *S. mentosa* var. *mentosa* liegt allerdings in der Umgebung der Stadt Aiquile, während **HS14** nahe der Straße Mizque – Arani direkt nördlich von Mizque gefunden wurde. Eingehendere Untersuchungen nährten Zweifel an dieser Zuordnung. So hat **HS14** im Gegensatz zu allen *S. mentosa* nicht die charakteristische, leicht abgeschnürte Rübenwurzel, sondern eine konische, meist wenig ausgeprägte Rübe. Auch der Blütenbau ist ein wenig anders als bei *S. mentosa* var. *mentosa*. Vor allen Dingen aber der optische Eindruck älterer Pflanzen von **HS14** macht sie zu einem Fremdkörper innerhalb einer Gruppe echter Mentosas. Das meiste Kopfzerbrechen bereitet **HS14b**, die zusammen mit **HS14** wächst, aber meist heller bedornt ist und diese eigenartigen,

Ausgewählte Feldnummern

◆ Oben links: Besonders schöne Form von *Sulcorebutia* spec. G186 von der Straße Totora – Mizque.
◆ Oben rechts: *Sulcorebutia* spec. EH6266 vom alten Weg zwischen Mizque und Arani.
◆ Mitte: *Sulcorebutia* spec. HS14b, nördlich von Mizque.
◆ Unten: *Sulcorebutia* spec. HS57 vom Standort nördlich Tintins am Weg nach Arani.

meist recht kleinen Blüten besitzt, die zudem noch ziemlich scheitelnah entstehen. So ist es nicht sehr verwunderlich, dass plötzlich die Meinung auftauchte, **HS14b** sei eine Gattungshybride von **HS14** und der in der Nähe vorkommenden *Weingartia* mit der Feldnummer **HS14a** (eine Form von *Weingartia multispina*). Weitere Nahrung erhält diese Hypothese durch die Tatsache, dass sich die Blütenreste von **HS14b**, kaum dass die Blüten verwelkt sind, fast von selbst von den Areolen lösen, ein Merkmal, das bisher nur bei den nördlichen Weingartien beobachtet wurde. Leider können wir bis heute keine der Theorien bezüglich **HS14** und **HS14b** bestätigen oder widerlegen, denn nach unserem Wissen hat bis jetzt niemand versucht, die Pflanzen zurückzukreuzen, was sicherlich eine dankbare Aufgabe wäre. Sollte sich die Hybridentheorie bestätigen, wäre das der erste und bis heute einzige Fall dieser Art innerhalb der Gattungen *Sulcorebutia* und *Weingartia*.

Eine ähnlich rätselhafte *Sulcorebutia*-Population fand Swoboda am Weg von Mizque nach Totora (**HS52**). Leider lässt sich nicht nachvollziehen, wo genau der Standort dieser Feldnummer liegt, denn dazu sind die Angaben zu ungenau bzw. sogar irreführend. Allerdings gilt auch für diese Pflanzen manches des zu **HS14** und **HS14b** Gesagten. Zumindest bezweifeln wir heute die ursprüngliche Zuordnung zu *S. mentosa*. Wir meinen, es in beiden Fällen mit südlichen Sippen des Formenkreises von *S. tiraquensis* zu tun zu haben.

Sulcorebutia spec. de Arani – Tintin HS57 usw.

Auf dem Bergrücken, welcher sich von Arani aus bis nach Tintin im Süden zieht, gibt es eine Vielzahl sehr interessanter Sulcorebutien. Während im nördlichen Teil Pflanzen zu finden sind, die im weitesten Sinn bei *S. steinbachii* untergebracht werden können, ist weiter südlich ein Gebiet zu finden, dessen Pflanzen Merkmale von *S. verticillacantha* var. *taratensis* und auch *S. markusii* in sich vereinigen. Innerhalb dieser Population ist eine von Norden nach Süden verlaufende Entwicklungslinie zu beobachten. Während die Pflanzen im Norden größer werden, nicht besonders stark sprossen und viele Blütenfarben von Violett bis Orange aufweisen, treten im Süden sehr kleine, stark sprossende Sulcorebutien mit überwiegend dunkelroten Blüten auf. Wie schon erwähnt, sind **HS57** usw. ganz nah mit der einen Bergzug weiter westlich wachsenden *S. markusii* und den bei Sacabamba vorkommenden Formen von *S. verticillacantha* var. *taratensis* verwandt. Etwas weiter in östlicher Richtung schließen sich die auf S. 158 erwähnte **EH6266** und schließlich *S. mizquensis* an. Bestimmt können bei der genaueren Durchforschung des betreffenden Gebietes noch weitere ähnliche Pflanzenpopulationen gefunden werden. Allerdings kann schon heute festgestellt werden, dass es eine lückenlose Entwicklungslinie gibt, die von *S. verticillacantha* var. *verticillacantha* bis zu *S. mizquensis* verläuft, wobei **HS57** und ähnliche Populationen sehr wichtige und interessante Zwischenglieder darstellen.

Vergleichbare Feldnummern: G140 – G144, G196, G197, G198, He37 – He41, RH712 – RH717

Literaturhinweise: Augustin (1989b), Gertel (1998)

Sulcorebutia jolantana nom. prov. HS68 usw.

Swoboda entdeckte diese Pflanzen 1983 in der Umgebung von Molinero und Laguna Grande, etwa 20 km westlich von Aiquile, am Weg, der von Santiago in großem Bogen über Laguna Grande nach Molinero führt. Sie sind dort über mehrere Kilometer entlang der Straße zu finden, die in diesem Gebiet ständig in Höhen von 3 000 bis 3 100 m verläuft. Er benannte diese Pflanzen provisorisch nach seiner Gattin Jolanta Swoboda. In etwas tieferen Lagen, nördlich davon, liegt der Standort von **HS67**, ganz ähnlichen Sulcorebutien, allerdings mit überwiegend dunkler, meist kürzerer Bedornung.

S. jolantana kann wie folgt beschrieben werden: Große Körper von bis zu 15 cm Ø mit langen, dicht stehenden Dornen. Die Dornenfarbe variiert von Schwarz über Dunkelbraun bis Gelb. Die Blüten sind relativ klein und oft kaum in der Lage, sich durch die dichte Bedornung zu schieben. Die Blütenfarbe variiert von Orange über Rot bis Hellviolett. Von der nicht sehr weit entfernt vorkommenden *S. purpurea* var. *purpurea* unterscheidet sie sich durch die wenig ausgeprägte Rübenwurzel und die viel dichtere Bedornung sowie die kleineren, enger angeordneten Höcker. Swoboda vergab für die gelbdornigen Formen von *S. jolantana* die Feldnummer **HS68** und die Nummer **HS68a** für die dunkelbedornten. Da beide Formen im gleichen Areal vorkommen, ja „Kopf an Kopf" wachsen, hätten sie auch unter einer Feldnummer notiert werden können.

Ursprünglich wurde *S. jolantana* in die engere Verwandtschaft von *S. purpurea* gestellt. Manche *Sulcorebutia*-Freunde sehen auch Verbindungen zu *S. torotorensis*. An beiden Zuordnungen werden aber immer wieder Zweifel angemeldet, sodass wir uns hier nicht weiter festlegen wollen. Zweifelsohne gibt es Argumente in die eine oder andere Richtung, es sind aber noch viele Beobachtungen im Feld und im Gewächshaus notwendig, bevor eine endgültige Entscheidung möglich wird.

Feldnummern: G68, G72, G214, G215, G216, HS67, HS67a, HS68, HS68a, HS69

◆ Oben: *Sulcorebutia jolantana* nom. prov. HS68.
◆ Mitte: *Sulcorebutia jolantana* nom. prov. am Standort.
◆ Unten: *Sulcorebutia* spec. HS151 von der Pumpstation an der Straße Totora – Omereque.

◆ Oben links: *Sulcorebutia* spec. KA124.
◆ Oben rechts: Hellrosa blühende Form von *Sulcorebutia* spec. G115 von einem Standort nördlich von Huanacuni Chico.
◆ Mitte: *Sulcorebutia* spec. HS213 vom Fußweg von Torotoro nach San Pedro de Buena Vista.
◆ Unten: *Sulcorebutia* spec. KA124 vom Standort nördlich von San Lorenzo am Weg zum Rio Pilaya.
◆ Unten rechts: *Sulcorebutia* spec. von San Pedro de Buena Vista JK319.

Sulcorebutia spec. de Totora – Omereque HS151, KA21, G115 usw.

Als Swoboda und Augustin 1985 erstmals den Fahrweg von Totora nach Omereque nutzten, war dies der Beginn der Entdeckung einer Reihe bis dahin unbekannter Sulcorebutien, die nicht nur unser Wissen über die Verbreitung der Gattung *Sulcorebutia* erweiterten, sondern auch eine Menge Fragen bezüglich einiger verwandtschaftlicher Zusammenhänge der großen Gruppe um *S. tiraquensis* klärten, aber auch viele neue Fragen aufwarfen. Auf dem Bergrücken, der sich etwa von Epizana im Norden nach Süden bis nördlich von Omereque erstreckt, gibt es einige bekannte, beschriebene Sulcorebutien. Im nördlichen Teil sind das *S. tiraquensis* var. *tiraquensis* und *S. tiraquensis* var. *totorensis* sowie im Süden *S. augustinii*. Zwischen diesen beschriebenen Populationen gibt es einige Zwischenformen, die sich auf den ersten Blick weder der einen, noch der anderen Art eindeutig zuordnen lassen. Rund 20 Straßenkilometer nach Totora kommen die ersten Sulcorebutien vor, die nicht mehr sofort als *S. tiraquensis* var. *totorensis* eingestuft werden können. Die Pflanzenkörper bleiben sehr flach, die Epidermis ist meist violettschwarz und die Dornen sind kurz, pektinat und anliegend. Hinter dieser Kurzbeschreibung verbergen sich Pflanzen, die insbesondere durch die Feldnummer **HS151** bekannt wurden. Dazwischen gibt es immer wieder Standorte, an denen die Pflanzen grüner aussehen und die Dornen nicht ganz so an den Körper gepresst sind. Diese stehen in unseren Sammlungen z. B. unter der Feldnummer **HS151a**. Kurz bevor die Straße ganz im Süden zum Rio Mizque abfällt, ist schließlich *S. augustinii* zu finden. Dazwischen gibt es allerdings noch einige Standorte, an denen Pflanzen wachsen, die Merkmale von **HS151** und von *S. augustinii* in sich vereinigen (**G115**). Es handelt sich dabei sowohl um dunkle Typen wie **HS151** mit relativ kleinen, hellen Blüten wie *S. augustinii* als auch hellere Pflanzen, zum Teil mit fast weißen Dornen und ziemlich großen, kräftig gefärbten Blüten. Es gibt kaum ein anderes *Sulcorebutia*-Gebiet, in dem so deutlich eine klar nachvollziehbare Ökolinie verfolgt werden kann, die von großen, solitären, abstehend bedornten Typen nahtlos in kleine, Rasen bildende und anliegend bedornte Pflanzen übergeht.

Vergleichbare Feldnummern: G113, G182, G218 – G220, He104 – 106, RH812 – RH814

Sulcorebutia spec. de Acasio, San Pedro, Torotoro – HS213, JK315, JK316, JK319

Wir erfuhren erstmals von Heinz Swoboda und Robert Scheck, dass es in der Gegend von San Pedro de Buena Vista und Torotoro Sulcorebutien gibt, die nicht bei *S. torotorensis* oder bei *S. verticillacantha* var. *cuprea* unterzubringen sind. **HS213** mit ihrer gelben oder gelbroten, aus tieferen oder mittelständigen Areolen entstehenden Blüte, war 1989 die Sensation unter den Freunden der Sulcorebutien. Niemand wusste mit diesen Pflanzen etwas anzufangen. Einige Jahre später fand auch Johan Pot bei Acasio und San Pedro ähnliche Pflanzen, die allerdings je nach Standort violett oder rot blühten. Leider sind diese Sulcorebutien in den Sammlungen kaum bekannt. Wegen der extremen Unzugänglichkeit des Gebietes um Acasio und San Pedro ist davon auszugehen, dass dort noch manche Überraschung auf die Freunde der Sulcorebutien wartet. Ohne Untersuchungen und nähere Angaben kann höchstens spekuliert werden, dass die Pflanzen weitläufig mit *S. purpurea* var. *purpurea* verwandt sein könnten. Konkret kann dazu allerdings erst etwas gesagt werden, wenn mehr über diese Pflanzen und ihr Herkunftsgebiet bekannt ist. Ebenso wenig lässt sich zum gegenwärtigen Zeitpunkt etwas darüber aussagen, ob die hier beschriebenen Pflanzen untereinander nah verwandt sind. Gleiches gilt für einige weitere Funde von Swoboda und Scheck aus der Umgebung von Torotoro, bei denen oft noch nicht einmal geklärt ist, ob es sich um Sulcorebutien oder Weingartien handelt.

Sulcorebutia spec. de San Lorenzo

Seit Friedrich Ritter 1962 in den Bergen zwischen Tarija und Iscayachi *S. tarijensis* fand, rätselten *Sulcorebutia*-Freunde über verwandtschaftliche Zusammenhänge dieses Fundes mit den wesentlich weiter nördlich vorkommenden Vertretern der Gattung *Sulcorebutia*. Obwohl Landschaft und Klima auf weitere *Sulcorebutia*-Vorkommen hoffen ließen, verhinderte die Unzugänglichkeit des Geländes weitere Funde. Erst 1992 wurden von dem inzwischen tödlich verunglückten Kakteenfreund Erwin Herzog und seinem Begleiter Ralf Hillmann nördlich von San Lorenzo im Dept. Tarija Sulcorebutien entdeckt, die erstens nicht aus der Cuesta de Sama kamen und zweitens nicht dem bekannten und recht einheitlichen Bild von *S. tarijensis* entsprachen. Die beiden Kakteenfreunde hatten zufällig bei San Lorenzo einen passierbaren Weg über einen kleinen Fluss gefunden und so eine Möglichkeit entdeckt, nach Norden bis zur Schlucht des Rio Pilaya vorzustoßen. Dort, auf dem nach Norden hin immer höher werdenden Bergzug, fanden sie eine Anzahl verschiedener Standorte von Sulcorebutien, die sich teilweise deutlich von den Pflanzen der Cuesta de Sama unterschieden. Diese Funde sind unter anderem deswegen so bedeutend, weil sie einen Teil der Lücke schließen, die *S. tarijensis* von den weiter nördlich bzw. nordöstlich wachsenden Sulcorebutien um *S. canigueralii*, *S. tarabucoensis* und *S. crispata* trennt. Inzwischen kann gesagt werden, dass die neuen Pflanzen *S. tarijensis* mehr oder weniger ähnlich, aber von dieser doch gut zu unterscheiden sind. Zwischenzeitlich haben mehrere andere Sammler, u. a. Augustin und Prantner, in dieser Gegend weitere Pflanzen entdeckt, die zumindest teilweise mit den Funden von Herzog identisch sind, teilweise aber auch neue Formen darstellen. Eine weitere *Sulcorebutia*-Population wurde von *Gymnocalycium*-Freunden am Weg zu der nördlich von Iscayachi gelegenen Paichu-Schlucht auf 3 350 m Höhe gefunden (**HA1003**). Die Gegend zwischen Tarija und dem Rio Pilaya ist insgesamt gesehen kaum erforscht und auch die Region nördlich des Pilaya bis nach Osten zum Rio Pilcomayo ist kaum bekannt. So ist davon auszugehen, dass es nur eine Frage der Zeit ist, bis auch dort Sulcorebutien in geeigneten Lagen entdeckt werden. Dies würde bedeuten, dass es das früher angenomme „Loch" im Verbreitungsgebiet der Gattung *Sulcorebutia* nicht gibt.

Feldnummern: HA1003, He215, He216, He217a, He218a, He220a, He222–226, JK467, JP83, JP84, KA124–126, RH441, RH950, RH951, RH953, RH955, RH960, RH962, RH963, RH966 – 968, RH971, RW440

Feldnummern und wissenschaftliche Ausdrücke

Aufstellung der verwendeten Feldnummern-Kürzel

Cárd. Martín Cárdenas, Bolivien
EH Erich Haugg, Deutschland
EM Ernst Markus, Österreich
FK Franz Kühhas, Österreich
FR Friedrich Ritter, Deutschland (Chile)
G Willi Gertel, Deutschland
HA Helmut Amerhauser, Österreich
He Erwin Herzog, Deutschland
HJ Hansjörg Jucker, Schweiz
HR Hernando Ramirez, Bolivien
HS Heinz Swoboda, Österreich
JD John Donald, England
JK Johan Pot und Kik van Boxtel, Niederlande
JP Josef Prantner, Österreich
KA Karl Augustin, Österreich
KK Karel Knize, Peru
L Alfred Lau, Deutschland (Mexiko)
LH Leo van der Houven, Holland
OP Artemio Orellana Padilla, Bolivien
R Walter Rausch, Österreich
RH Ralf Hillmann, Schweiz
Rie Paul Riesener, Deutschland
RV Roberto Vásquez, Bolivien
RW Rainer Wahl, Deutschland
VZ Johan und Elisabeth de Vries, Niederlande
WF Willi Fischer, Deutschland
WK Wolfgang Krahn, Deutschland

Abkürzungen und wissenschaftliche Ausdrücke

abaxial — von der Achse wegführend, wegweisend
adaxial — der Achse zugewandt
anatrop — umgewendet, betrifft die Lage des Nucellus zum Funiculus
Androeceum — Gesamtheit der Staubblätter einer Blüte
Anthere — Staubbeutel
antiklinal — senkrecht zur Oberfläche verlaufend
Antiklinale — senkrecht zur Oberfläche der Epidermis bzw. der Testa verlaufende Zellwand
apikal — an der Spitze, der Spitze zu
Areole — wollige Dornenpolster, aus denen die Blüten hervorkommen
Arillus — Samenhülle, Samenmantel
axial — in Längsrichtung
Blattspreite — verbreiterter Teil des Blattes
Chloroplasten — Zellstrukturen, die das Chlorophyll tragen
comb. nov. — combinatio nova = neue Kombination (Umkombination)
Cotyledonen — Keimblätter
Cuticula — äußere Schicht der Oberhaut (Epidermis)
dichasial — Verzweigungstyp der Sprossachse (oder Blüh-

	zone), bei dem die Hauptachse ihr Wachstum einstellt und zwei Seitensprosse (Blüten) gleichwertig weiterwachsen	Isotypus	Dublette des Holotypus, d. h. eine Pflanze, die gleichzeitig mit diesem aus der gleichen Population gesammelt wurde
Dimorphismus	zweigestaltige Entwicklung	Karpell	Fruchtblatt
distal	von der Körpermitte entfernt liegend	lateral	seitlich
		Lyse, Lysis	Auflösung (von Pflanzengewebe)
dorsal	von der Achse weg, rückseitig	Mikropyle	Öffnung an der Spitze der Samenanlage, durch die der Pollenschlauch zur Eizelle gelangt
Embryo	Keimling (Anfangsstadium der Pflanze)		
Endosperm	Nährgewebe (im Samen), das innerhalb des Embryosackes entsteht	Nährgewebe	Gewebe, in denen Reservestoffe zur Ernährung des Keimlings gespeichert sind
Epidermis	Oberhaut, äußere Zellschicht		
exogen	äußerlich, in den äußeren Schichten	Nektarien	Drüsen, die Nektar ausscheiden
Filament	Staubfaden	Nomenklatur	wissenschaftliche Namensgebung
Funiculus	Samenstrang, „Stiel" der Samenanlage	nom. nov.	nomen novum = neuer Name
generativ	geschlechtlich, geschlechtliche Vermehrung	nom. nud.	nomen nudum = ungültiger (nackter) Name
Gynoeceum	Gesamtheit der weiblichen Organe einer Blüte	novus	neu
Hilum (-Region)	Nabelansatz am Samen	nov. spec.	novum species = neue Art (spec. nov.)
Holotypus	Exemplar, nach dem die Erstbeschreibung erfolgte. Er muss nach den Regeln des ICBN in einem anerkannten Herbarium hinterlegt werden	nov. var.	novum varietas = neue Varietät (var. nov.)
		Nucellus	innerer Gewebekomplex der Samenanlage, in dem der Embryosack und darin die Eizelle gebildet wird
Hymen	Schlundkranz der Blüte, aus zusammenfließenden Staubblattbasen entstanden	Orkho	(quechua) Berg
		Papillen	Ausstülpungen der Epidermis, die nicht durch eine Zellwand von der Epidermiszelle abgetrennt sind
Hypocotyl	Sprossteil zwischen Keimblättern und Wurzel		
ICBN	International Code of Botanical Nomenclature (Internationale Regeln der botanischen Nomenklatur)	pektinat	kammförmig
		Perianth	gesamte Blütenhülle (Kelch und Krone)
		Perikarp	Fruchtwand, gebildet aus Sprossgewebe, das die Fruchtblätter umhüllt
Insertion	Ansatzstelle		
isodiametrisch	etwa gleichseitig vieleckig		

Perikarpell	den Fruchtknoten umhüllender Teil der Blütenachse	Radicula	Keimwurzel
		Receptaculum	oberster Teil der Blütenachse
periklin	parallel zur Oberfläche verlaufend	Sepalen	Kelchblätter
		serial	mehrere Knospen aus einer Areole in einer Reihe übereinander angeordnet
Perisperm	Nährgewebe (im Samen), welches aus Gewebe der Samenanlage gebildet wird, das den Embryosack umgibt		
		seriale Spaltung	reihenförmige Aufspaltung eines Vegetationspunktes, z. B. von Blütenknospen oberhalb der Areole
Petalen	Blütenblätter		
Phänotypus	äußeres Erscheinungsbild einer Pflanze	sklerotisiert	verholzt, z. B. stark verdickte Zellwände
Phylogenie	Entwicklungsgeschichte der Pflanzen (einer Pflanzenfamilie, einer Gattung usw.)	Strophiola	Samenanhang, vom Funiculus gebildet und dem Samen anhängend oder diesen einhüllend
pinnat	gefiedert		
Plumula	Apikalknospe der Sprossachse eines Keimlings	Testa	Samenschale
		tuberculat	höckerig, gehöckert
Podarium	Blattgrund, bei den Kakteen sehr stark entwickelt, als Höcker ausgebildet, die zu Rippen verschmelzen können	UCBG	Botanischer Garten der Universität Berkley, Kalifornien (USA)
		ventral	auf der Bauchseite
		verrucos	warzig
prosenchymatisch	fasergewebeartig, aus lang gestreckten Zellen bestehend	Vorläuferspitze	ausgeprägte Blattspitze, die zuerst gebildet wird
		Yacuparticu	(quechua) Wasserscheide

Literaturverzeichnis

Arbeitskreis Sulcorebutia (1991): Sulcorebutia oenantha Rausch – Einige Bemerkungen zum Karteiblatt 28/90 – Kakteen und andere Sukkulenten 42 (2): 54–56

Arnold, M. (1983): Zum Titelbild – Kakteen und andere Sukkulenten 34 (5): Titelbild und 1. Umschlagseite

Augustin, K. (1979): Sulcorebutia flavissima Rausch und ihre weißblühende Form – Kakteen und andere Sukkulenten 30 (10): 240

Augustin, K. (1985): Die HS-Sulcorebutien und Weingartien – Auswertung der Feldaufzeichnungen, Teil 1 – Kakteen und andere Sukkulenten 36 (7): 144–145

Augustin, K. (1986a): Die HS-Sulcorebutien und Weingartien – Auswertung der Feldaufzeichnungen, Teil 3 – Kakteen und andere Sukkulenten 37 (1): 6–9

Augustin, K. (1986b): Die HS-Sulcorebutien und Weingartien – Auswertung der Feldaufzeichnungen, Teil 6 – Kakteen und andere Sukkulenten 37 (11): 250–252

Augustin, K. (1987): Die HS-Sulcorebutien und Weingartien – Auswertung der Feldaufzeichnungen, Teil 7 – Kakteen und andere Sukkulenten 38 (7): 178–180

Augustin, K. (1988a): Sulcorebutia flavissima Rausch – Standortinformationen – Kakteen/Sukkulenten (DDR) 23 (3): 86, 95 und 96

Augustin, K. (1988b): Sulcorebutia steinbachii (Werdermann) Backeberg – Kakteen und andere Sukkulenten (Kakteenkartei) 39 (10): 1988/28

Augustin, K. (1989a): Kakteenland Bolivien – Reiseerinnerungen 1985 – Kakteen/Sukkulenten (DDR) 24 (1/2) 27–38

Augustin, K. (1989b): Die HS-Sulcorebutien und Weingartien – Auswertung der Feldaufzeichnungen, Teil 10 – Kakteen und andere Sukkulenten 40 (7): 178

Augustin, K. (1990a): Nochmals zum Thema Sulcorebutia vizcarrae – Informationsbrief ZAG Echinopseen 8 (14): 14–15

Augustin, K. (1990b): Die HS-Sulcorebutien und Weingartien – Auswertung der Feldaufzeichnungen, Teil 11 – Kakteen und andere Sukkulenten 41 (8): 178–179

Augustin, K. (1991): Die HS-Sulcorebutien und Weingartien – Auswertung der Feldaufzeichnungen, Teil 12 – Kakteen und andere Sukkulenten 42 (8): 198–200

Augustin, K. (1994a): Sulcorebutia tiraquensis (Cárdenas) Ritter – Kakteen und andere Sukkulenten (Kakteenkartei) 45 (11): 1994/32

Augustin, K. (1994b): Sulcorebutia augustinii Hentzschel – Kakteen und andere Sukkulenten (Kakteenkartei) 45 (12): 1994/35

Augustin, K. (1997): Sulcorebutia (Rebutia) tarabucoensis – Kakteen und andere Sukkulenten 48 (7): 155

Augustin, K. (1998): Gibt es verwandtschaftliche Zusammenhänge von Weingartia mit Gymnocalycium? – Gymnocalycium 11 (2): 241–246

Augustin, K. und Hentzschel, G. (1999): Eine neue Art aus Bolivien – Sulcorebutia langeri Augustin & Hentzschel spec. nova – Kakteen und andere Sukkulenten 50 (8): 199–204

Backeberg, C. (1951): Sulcorebutia novum genus Backbg. – The Cactus and Succulent Journal 13 (4): 96 und 103

Backeberg, C. (1959): Lobivia hoffmanniana Backbg. n. sp. – Die Cactaceae III, S. 1434–1436

Backeberg, C. (1966): Sulcorebutia xanthoantha Backbg. n. sp. – Das Kakteenlexikon, S. 418

Barthlott, W. (1984): Microstructural features of seed surfaces. – In: Current Concepts in Plant Taxonomy, Hrsg. V. H. Heywood und D. M. Moore, Academic Press, London

Barthlott, W. und Voit, G. (1979): Seed Coat Morphologie and Taxonomie of Cactaceae; A Scanning Electron Microscopic Survey – Pl. Syst. Evol. 132 (3): 205–229

Bello, P. (1997): Una visita al Cerro Calle Calle – Piante Grasse 17 (1): 119–124

Biesalski, E. (1957): Pflanzenfarbenatlas für Gartenbau, Landwirtschaft und Forstwesen mit Farbzeichen nach DIN 6164 – Muster-Schmidt-Verlag, Göttingen – Berlin – Frankfurt

Brederoo, A. J. (1985a): Morphologische Studien an gelbblütigen Sulcorebutien – Informationsbrief ZAG Echinopseen 3 (6): 6–18

Brederoo, A. J. (1985b): Zaadonderzoek bij Sulcorebutia's – Succulenta 64 (4): 74–77

Brederoo, A. J. und Donald, J. D. (1981): Blütenuntersuchungen bei Weingartia und Sulcorebutia – Kakteen und andere Sukkulenten 32 (11): 270–273

Brederoo, A. J. und Donald, J. D. (1986a): Sulcorebutia menesesii var. kamiensis Brederoo et Donald varietas nova – Succulenta 65 (8): 155–158

Brederoo, A. J. und Donald, J. D. (1986b): Sulcorebutia menesesii var. kamiensis Brederoo et Donald – Succulenta 65 (10): 207–208

Bregman, R. und Graven, P. (1997): Subcuticular Secretion by Cactus Seeds Improves Germination by Means of Rapid Uptake and Distribution of Water – Annals of Botany 80: 525–531

Brinkmann, K. H. (1976): Die Gattung Sulcorebutia, Verlag Steinhart KG, Titisee-Neustadt

Brinkmann, K. H. (1980): Bemerkungen zum Thema „Sulcorebutia sucrensis Ritter n.n., Sulcorebutia losenickyana Rausch, Weingartia ritteri Brandt, Sulcorebutia spec. FR946 und R64" – Frankf. Kakteenfreund 7 (4): 176–179

Britton, N. L. und Rose, J. N. (1919–1923): The Cactaceae, Vol. III, S. 49–60 – Dover Publications Inc., New York

Buxbaum, F. (1950): Morphology of Cacti, Section I, Roots and Stems. p. 1–87, Abbey Garden Press, Pasadena

Buxbaum, F. (1953): Morphology of Cacti, Section II, The Flower. p. 93–170, Abbey Garden Press, Pasadena

Buxbaum, F. (1955): Morphology of Cacti, Section III, Fruits and Seeds. p. 177–223, Abbey Garden Press, Pasadena

Buxbaum, F. (1956–1960): Morphologie der Kakteen – In: Krainz, H.: Die Kakteen, (1) – (110). Franck'sche Verlagshandlung, Stuttgart

Cárdenas, M. (1966): Bolivian Cactus Formations Part I – The Cactus and Succulent Journal (U. S.) 38 (2): 48–49

Cárdenas, M. (1968): Bolivian Cactus Formations Part III – The Cactus and Succulent Journal (U. S.) 10 (6): 240–242

Cárdenas, M. (1972): Memorias de un Naturalista – Verlag Don Bosco, La Paz, S.157–159

de Vries, J. (1998): Am Standort von Lau 389? – Informationsbrief des Freundeskreises Echinopseen 16 (25): 14–17

Donald, J. D. (1971): In defense of Sulcorebutia Backeberg – The Cactus and Succulent Journal (U. S.) 43 (1): 36–40

Donald, J. D. (1975): Sulcorebutia tarijensis Ritter nom. nud. – Ashingtonia 2 (2): 22 und Titelbild

Donald, J. D. (1977): Echinopsis, Lobivia, Rebutia: Where to draw the line? – The Cactus and Succulent Journal (GB) 39 (1): 11–13

Donald, J. D. (1986): Letters to the Editor – The Cactus and Succulent Journal (U. S.) 58 (1): 23–24

Donald, J. D. (1989): Some Thoughts on the Specific Populations of Sulcorebutia Part 2 – The Cactus and Succulent Journal (U. S.) 61 (2): 75–80

Donald, J. D. und Brederoo, A. J. (1972): Sulcorebutia Backbg. emend. Brederoo et Donald – Succulenta 51(9): 169–174

Donald, J. D. und Krahn, W. (1980): A new variety and a new combination in Sulcorebutia verticillacantha – The Cactus and Succulent Journal (GB) 42 (2): 37–38

Eggli, U. (1985): Backeberg's invalid cactus names – Bradleya 3/1985, S. 97–102

Eggli, U. (1987): „A Type Specimen Register of Cactaceae in Swiss Herbaria" – In: Tropische und Subtropische Pflanzenwelt 59, S. 116; Akademie der Wissenschaften und der Literatur Mainz, Franz Steiner Verlag Wiesbaden GmbH, Stuttgart

Eggli, U., Muñoz Schick, M. und Leuenberger, B. (1995): Cactaceae of South America: The Ritter Collections; Englera, Veröffentlichung aus dem Botanischen Garten und Museum zu Berlin-Dahlem, Berlin

Encke, F., Buchheim, G. und Seybold, S. (1994): Zander, Handwörterbuch der Pflanzennamen, 15. Auflage – Verlag Eugen Ulmer, Stuttgart

Endler, J. und Buxbaum F. (1974): Lehrmeister Bücherei, „Die Pflanzenfamilie der Kakteen" (3. Auflage), Albrecht Philler Verlag, Minden

Falkenberg, J. und Neumann, K. (1981a): Eine neue Sulcorebutia aus Ostbolivien – Frankf. Kakteenfreund 8 (1): 192–193

Falkenberg, J. und Neumann, K. (1981b): Sulcorebutia langeri Falkenberg et Neumann nom. prov. – Kakteen und andere Sukkulenten 32 (2): 34–35

Fick, I. (1998): Sulcorebutia mentosa F. Ritter – Kakteen und andere Sukkulenten (Kakteenkartei) 49 (8): 1998/16

Frank, G. (1962): Ist Aylostera kruegeri Cárdenas

Literaturverzeichnis

wirklich eine Rebutia? – Kakteen und andere Sukkulenten 13 (6): 89–91

Frank, G. (1969): A New Sulcorebutia – The Cactus and Succulent Journal (U. S.) 41 (6): 270

Fritz, G. (1979): Sulcorebutia tarijensis Ritter – Kakteen und andere Sukkulenten 30 (9): 218–219

Fritz, G. (1980): Sulcorebutia krahnii Rausch – Kakteen und andere Sukkulenten 31 (5): 145–146

Fritz, G. (1981a): Sulcorebutia cylindrica Donald et Lau – Kakteen und andere Sukkulenten 32 (3): 49–53

Fritz, G. (1981b): Zur Kenntnis von Sulcorebutia alba Rausch – Kakteen und andere Sukkulenten 32 (9): 204–205

Fritz, G. (1982a): Sulcorebutia markusii Rausch und Weingartia formosa Brandt – Kakteen/Sukkulenten (DDR) 17 (1): 17–20

Fritz, G. (1982b): Notities betreffende de verwantschap van Sulcorebutia arenacea (Cárdenas) Ritter IV – Cactus (Wijnegem) 14 (7–8): 101–104

Fritz, G. (1983a): Zur Kenntnis von Sulcorebutia mentosa Ritter – Kakteen und andere Sukkulenten 34 (2): 42–44

Fritz, G. (1983b): Zur Kenntnis von Sulcorebutia tunariensis (Cárdenas) Buining et Donald – Kakteen und andere Sukkulenten 34 (9): 202–204

Fritz, G. (1984a): Zur Kenntnis der Verwandtschaft von Sulcorebutia arenacea (Cárdenas) Ritter – Informationsbrief ZAG Echinopseen 2 (5 und 6): 16–20 und 19–22

Fritz, G. (1984b): Zur Identität von Sulcorebutia FR944 – Kakteen und andere Sukkulenten 35 (5): 100–102

Fritz, G. (1986): Einige ergänzende Bemerkungen zum Artikel von Willi Gertel – Kakteen und andere Sukkulenten 37 (1): 20

Fritz, G. (1988): Sulcorebutia menesesii (Cárdenas) Buining et Donald – Kakteen und andere Sukkulenten (Kakteenkartei) 39 (4): 12/1988

Fritz, G. (1989a): Enige notities betreffende Sulcorebutia verticillacantha Ritter var. chatajillensis Oeser et Brederoo en Sulcorebutia fischeriana Augustin – Maandblad v. Liefhebbers van Cactussen (Belgien) 2 (2 und 3): 19–21, 35–36

Fritz, G. (1989b): Versuch zur Klärung der Verwandtschaft von Sulcorebutia breviflora Backeberg (1 und 2) – Kakteen und andere Sukkulenten 40 (3 und 4): 53–55 und 84–87

Fritz, G. (1990): Einige Bemerkungen zu Sulcorebutia „Lau 389" (Weingartia callecallensis Brandt) – Kakteen und andere Sukkulenten 41 (7): 126–128

Fritz, G. (1993a): Sulcorebutia canigueralii (Cárdenas) Buining et Donald – Kakteen und andere Sukkulenten (Kakteenkartei) 44 (5): 1993/6

Fritz, G. (1993b): Einige Bemerkungen zu Sulcorebutia menesesii (Cárdenas) Backeberg var. kamiensis Brederoo et Donald – Kakteen und andere Sukkulenten 44 (12): 270–273

Fritz, G. (1998): Raritäten aus Bolivien: Die Lau-Funde Lobivia cinnabarina var. draxleriana L331 und Sulcorebutia purpurea fa. L331a – Kakteen und andere Sukkulenten 49 (7): 145–149

Fritz, G. (1999): Eine besondere Form von Sulcorebutia santiaginiensis „Sulcorebutia purpurea var. minor" – Kakteen und andere Sukkulenten 50 (7): 163–165

Fritz, G. und Gertel, W. (1982): Weingartia saxatilis Brandt – eine neue Art? – Frankf. Kakteenfreund 9 (1): 9–12

Fritz, G. und Gertel, W. (1985): Zur Kenntnis von Sulcorebutia crispata Rausch – Kakteen und andere Sukkulenten 36 (10): 210–212

Fritz, G. und Gertel, W. (1986): Zur Identität von Weingartia aglaia Brandt und Weingartia nigrofuscata Brandt – Kakteen/Sukkulenten (DDR) 21 (1/2): 19–21 und 28–30

Geomundo (1985): Atlas de Bolivia, 1. Auflage – Instituto Geografico Militar, La Paz

Gertel, W. (1984): An den Standorten einiger Sulcorebutien – Reiseeindrücke, Erlebnisse, Schlußfolgerungen – Kakteen und andere Sukkulenten 35 (3): 49–53

Gertel, W. (1985): Was ist eigentlich Sulcorebutia pulchra (Cárdenas) Donald – Kakteen und andere Sukkulenten 36 (3): 48–50

Gertel, W. (1986a): Ein rätselhafter Kaktus: Sulcorebutia caracarensis (Cárdenas) Donald – Kakteen und andere Sukkulenten 37 (1): 18–20

Gertel, W. (1986b): Leserbrief zu „Der Sulcorebutia-verticillacantha-Formenkreis" von Rolf Weber – Informationsbrief ZAG Echinopseen 4 (8): 17–19

Gertel, W. (1986c): Eine Perle aus Bolivien – Sulcorebutia vasqueziana – Kakteen und andere Sukkulenten 37 (9): 186–188

Gertel, W. (1987): Sympatrisches Vorkommen zweier Sulcorebutia-Arten: Sulcorebutia frankiana Rausch und S. alba Rausch – Kakteen und andere Sukkulenten 38 (12): 310–311

Gertel, W. (1988a): Ergebnisse der Untersuchung einiger Bodenproben aus Bolivien – Kakteen und andere Sukkulenten 39 (3): 46–47

Literaturverzeichnis

Gertel, W. (1988b): Wiederentdeckt: Sulcorebutia tiraquensis var. longiseta (Cárdenas) Donald – Kakteen und andere Sukkulenten 39 (10): 234–235

Gertel, W. (1989a): Über das Wiederauffinden der Typpflanze von Sulcorebutia steinbachii (Werdermann) Backeberg – Kakteen und andere Sukkulenten 39 (8): 190–192

Gertel, W. (1989b): Kaum bekannt: Sulcorebutia inflexiseta (Cárdenas) Donald – Kakteen und andere Sukkulenten 40 (10): 266–267

Gertel, W. (1990): Ergebnisse der Untersuchung einiger Bodenproben aus Bolivien, Teil 2 – Kakteen und andere Sukkulenten 41 (2): 31–32

Gertel, W. (1991): Neues zu Sulcorebutia pulchra (Cárdenas) Donald – Kakteen und andere Sukkulenten 42 (7): 174–176

Gertel, W. (1996a): Sulcorebutia steinbachii (Werdermann) Backeberg – Eine Bestandsaufnahme – Informationsbrief des Freundeskreises Echinopseen 14 (22): 20–27

Gertel, W. (1996b): Sulcorebutia tiraquensis (Cárdenas) Ritter – Ein Versuch, Ordnung in das Chaos zu bringen. – Kakteen und andere Sukkulenten 47 (6): 132–139

Gertel, W. (1997): Sulcorebutia pulchra (Cárdenas) Donald – Was ist das denn nun wirklich? – Informationsbrief des Freundeskreises Echinopseen 15 (24): 4–14

Gertel, W. (1998): Die Sulcorebutien von der Straße Arani – Tintin. – Informationsbrief des Freundeskreises Echinopseen 16 (25): 18–24

Gertel, W. (1999a): Die Sulcorebutien von der Straße Arani – Mizque. – Informationsbrief des Freundeskreises Echinopseen 17 (27): 6–10 und 19–20

Gertel, W. (1999b): Zu Sulcorebutia verticillacantha und den Sucreños – Informationsbrief des Freundeskreises Echinopseen 17 (27): 6–10, 19

Gertel, W. und Fritz, G. (1981): Bemerkungen zu einigen der Erstbeschreibungen von „Weingartien" durch Fred H. Brandt – Frankf. Kakteenfreund 8 (1): 203–207

Gröner, G. (1985): Sulcorebutia markusii Rausch – Kakteen und andere Sukkulenten 36 (11): 240–241

Gröner, G. (1998): Chlorose und Flecken auf der Epidermis – Zur Bekämpfung pathogener Sclerotium-Pilze. – Kakteen und andere Sukkulenten 49 (10): 221–223

Gröner, G. und Krahn, W. (1970): Sulcorebutia canigueralii (Cárd.) Backbg. – Stachelpost 6 (29): 256–257

Gröner, G. und Krahn, W. (1985): Sulcorebutia albida Knize n.n. oder Weingartia albissima Brandt – Kakteen und andere Sukkulenten 36 (2): 36–37

Gusman, G. (1965): Identification de deux Rebutia de F. Ritter – Dodonaeus (Belgien) 3 (1): 20–21

Hentzschel, G. (1989): Sulcorebutia augustinii species nova – Een nieuwe soort uit de Boliviaanse provincie Campero – Succulenta 68 (7/8): 147–153

Hentzschel, G. (1997): Lehrbriefe für den Kakteenfreund – 1. Brief: Dornen – Informationsbrief des Freundeskreises Echinopseen 15 (24): 36–40 und iii

Hentzschel, G. (1998a): Bemerkungen zur Abgrenzung der Gattung Sulcorebutia – Informationsbrief des Freundeskreises Echinopseen 16 (25): 25–28

Hentzschel, G. (1998b): Merkmale zur Abgrenzung der Gattung Sulcorebutia – Informationsbrief des Freundeskreises Echinopseen 16 (26): 46–53

Hentzschel, G. (1998c): Pilzbekämpfung in unseren Pflanzensammlungen – Informationsbrief des Freundeskreises Echinopseen (25): 35–iii

Hentzschel, G. (1998d): Alte und neue Beobachtungen zur Pilzbekämpfung in meiner Sammlung – Informationsbrief des Freundeskreises Echinopseen (26) 71–72

Hentzschel, G. (1999a): Het Geslacht Sulcorebutia Backeberg emend. Hentzschel – Succulenta 78 (3): 131–142

Hentzschel, G. (1999b): Untersuchungen zur Verwandtschaft der Gattungen Gymnocalycium Pfeiffer, Weingartia Werdermann und Sulcorebutia Backeberg, 1. Teil – Gymnocalycium 12 (2): 287–290

Hentzschel, G. (1999c): Untersuchungen zur Verwandtschaft der Gattungen Gymnocalycium Pfeiffer, Weingartia Werdermann und Sulcorebutia Backeberg, 2. Teil – Gymnocalycium 12 (3): 291–294

Herzog, E. (1981): Bemerkungen zu Sulcorebutia cylindrica Donald – Kakteen/Sukkulenten (DDR) 16 (1): 1–5

Herzog, E. (1994): Rebutia torotorensis und Rebutia purpurea – Gedanken zu diesem Pflanzenkomplex – Informationsbrief des Freundeskreises Echinopseen 12 (18): 19–21

Hunt, D. (1989): Rebutia Schumann – In: Walters, S. M. et al.: The European Garden Flora, Vol III, S. 243–247. Cambridge University Press, Cambridge

Literaturverzeichnis

Hunt, D. (1992): CITES Cactaceae Checklist – Royal Botanic Garden, Kew

Hunt, D. und Taylor, N. (comp. 1986): The genera of the Cactaceae: towards a new consensus – Bradleya 4: 65–78

Hunt, D. und Taylor, N. (1987): New and unfamiliar names of Cactaceae to be used in the European Garden Flora – Bradleya 5: 91–94

Köhler, U. (1973): Sulcorebutia arenacea (Cárdenas) Ritter – Kakteen und andere Sukkulenten 24 (11): 246–247

Köhler, U. (1974): Sulcorebutia frankiana Rausch – Kakteen und andere Sukkulenten 25 (11): 260

Köhler, U. (1975): Sulcorebutia crispata Rausch – Kakteen und andere Sukkulenten 26 (8): 181

Köllner, G. (1982): Sulcorebutia lepida – Arbeitsmaterial ZAG Echinopseen, S. 29–30

Kornerup, A. und Wünscher, J. H. (1981): Taschenlexikon der Farben. Muster-Schmidt-Verlag, 3. Auflage

Krahn, W. (1971): Sulcorebutia krahnii Rausch – Succulenta 50 (1): 2–3, englische Übersetzung in Chileans 5 (19): 216–218

Lau, A. (1981): South American Cactus Log, Part 16 – The Cactus and Succulent Journal (U. S.) 53 (3): 137–140

Lau, A. (1985): South American Cactus Log, Part 29 – The Cactus and Succulent Journal (U. S.) 57 (5): 208–211

Lau, A. (1989): South American Cactus Log, Part 30 – The Cactus and Succulent Journal (U. S.) 61 (4): 171–174

Lau, A. (1994): Feldnummernliste von Alfred B. Lau, Teil II, Südamerika 1968–1972 – Sonderheft des Arbeitskreises für Mammillarienfreunde e.V.

Leuenberger, B. (1976): Die Pollenmorphologie der Cactaceae und ihre Bedeutung für die Systematik – Diss. Bot. 31, Cramer Vaduz

Leuenberger, B. (1989): Bemerkungen zum Typus von Sulcorebutia steinbachii (Werdermann) Backeberg – Kakteen und andere Sukkulenten 40 (5): 116–118

Markus, E. (1989): Zum Artikel „Versuch einer Klärung der Verwandtschaft von Sulcorebutia breviflora" – Kakteen und andere Sukkulenten 40 (8): 203

Martin, R. (1993): Effects of Environment on Sulcorebutias – The Cactus and Succulent Journal (GB) 11 (1): 3–5

Milkuhn, G. und Spanowsky, W. (1977): Sulcorebutia krugeri (Cárdenas) Ritter – Kakteen/Sukkulenten (DDR) 12 (Sonderheft 1): Titelbild und erste Umschlagseite

Neumann, K. (1981): Anmerkungen zur nomenklatorischen Situation von Sulcorebutia langeri Falkenberg et Neumann nom. prov. – ein „Nomen Provisorium" oder „Nomen Provocatorium"? – Kakteen und andere Sukkulenten 32 (2): 36

Oeser, R. (1984a): Eine neue Varietät: Sulcorebutia verticillacantha Ritter var. chatajillensis Oeser et Brederoo – Kakteen und andere Sukkulenten 35 (10): 223

Oeser, R. (1984b): Sulcorebutia breviflora – viele Namen, eine Art? Informationsbrief ZAG Echinopseen 2 (5): 10–12

Oeser, R. (1986): Enige opmerkingen bij de beschrijving van twee nieuwe Sulcorebutia's – Succulenta 65 (4): 93–95

Peiter, E. (1996): Ist die Ausbreitung des pathogenen Pilzes Sclerotium rolfsii Sacc. in Kakteensammlungen zu befürchten? – Kakteen und andere Sukkulenten 47 (10): 213–216

Pilbeam, J. (1993): Talking about Sulcorebutias – 3 – The Cactus File 1 (10): 14 und 15

Pot, J. (1994): Sulcorebutia purpurea – Succulenta 73 (4): 170–175

Pot, J. (1998): Über die Verbreitung der Sulcorebutia verticillacantha – Informationsbrief des Freundeskreises Echinopseen 16 (26): 64–66

Rausch, W. (1968): Sulcorebutia taratensis var. minima Rausch var. nov. – Kakteen und andere Sukkulenten 19 (6): 112

Rausch, W. (1971): Sulcorebutia mizquensis Rausch – Succulenta 50 (7): 125–126 und Titelbild

Rausch, W. (1973a): Sulcorebutia rauschii Frank – Succulenta 52 (4): 72–73

Rausch, W. (1973b): Sulcorebutia verticillacantha var. aureiflora Rausch – Succulenta 52 (10): 187–188

Rausch, W. (1975): Walter Rausch comments – Ashingtonia 1 (11): 128–129 und 131. Deutsche Übersetzung in: Brinkmann, K. H. (1980): Die Gattung Sulcorebutia – Verlag Steinhart KG, Titisee-Neustadt, S. 75–77

Rausch, W. (1985): Sulcorebutia cochabambina Rausch spec. nov. – Succulenta 64 (7/8): 152–153

Rausch, W. (1985/86): Lobivia 85 – Rudolf Herzig Verlag, Wien

Rausch, W. (1986): Reactie van Walter Rausch – Succulenta 65 (4): 95–96

Reischütz, P. L. (1972): Drei neubeschriebene Rebutien aus Bolivien – Kakteen und andere Sukkulenten 23 (12): 346–347

Literaturverzeichnis

Ritter, F. (1961): Sulcorebutia Backeberg – The National Cactus and Succulent Journal (GB) 16 (4): 79–81

Ritter, F. (1977): 40 Jahre Abenteuerleben und die wilde Weisheit – Friedrich Ritter Verlag, S. 195–197

Ritter, F. (1980a): Kakteen in Südamerika, Band 2, S. 642–646

Ritter, F. (1980b): Kakteen in Südamerika, Band 2, S. 436, 633–640

Ritter, F. (1981): Kakteen in Südamerika, Band 4, S. 1514–1517

Rosenberger, P. (1990): Sulcorebutia markusii Rausch – Kakteen und andere Sukkulenten (Kakteenkartei) 41 (12): 1990/35

Rosenberger, P. (1991): Sulcorebutia rauschii Frank – Kakteen und andere Sukkulenten (Kakteenkartei) 42 (7): 1991/20

Schill, R. et al. (1973): Micromorphologie der Cactaceen-Dornen – Tropische und subtropische Pflanzenwelt 4, S. 205–218, Akademie der Wissenschaft und Literatur, Mainz

Schumann, K. (1895), Monatsschrift für Kakteenkunde No. 5: 102

Seibert, P. (1996): Farbatlas Südamerika, S. 93–101, Verlag Eugen Ulmer, Stuttgart

Simon, W. (1969): Sulcorebutia – Stachelpost 4 (19): 8–12

Simon, W. (1971): Sulcorebutia oenantha Rausch spec. nov. – Stachelpost 7 (35): 393

Skarupke, E. (1973): Sulcorebutia rauschii Frank – Stachelpost 9 (45): 62

Spanowsky, W. (1980): Sulcorebutia alba Rausch – Kakteen/Sukkulenten (DDR) 15 (3): Titelbild und erste Umschlagseite

Troll, C. (1955): In: „Amerika" (Harms Erdkunde); Bonn, Köln, S. 294 ff.

Ullmann, J. (1988): Sulcorebutia candiae (Cárdenas) Buin. et Don. – Atlas Kaktusu III (CSFR) Blatt 72

van Keppel, J. C. und van Vliet, D. J. (1970): De ontdekking van enige Echeveria's in Bolivia – Succulenta 49 (11): 165–167

Vanmaele, W. (1983): Vergelijkende morfologie en taxonomische bruikbaarheid van doornen van enkele Cactacea-genera – im Selbstverlag anlässlich der 3LK in Houthalen, 24. 9. 1983 – Zusammenfassung der Artikelserie in Cactus (Belgien) Vol. 15 und 16

Weingart, W. (1924): Bau und Funktion von Kakteenstacheln – Zeitschrift für Sukkulentenkunde 12/13: 155–167

Werdermann, E. (1931): Neue Kakteen im Botanischen Garten Berlin-Dahlem – Notizblätter des Botanischen Gartens und Museums zu Berlin-Dahlem, XI (104): 268–270

Werdermann, E. (1932): Rebutia steinbachii Werd. – Monatsschrift der Deutschen Kakteengesellschaft 4 (5): 97–99

Zecher, E. (1974): Ergebnisse von Bodenuntersuchungen einiger Kakteenstandorte in Südamerika – Kakteen und andere Sukkulenten 25 (7): 150–153

„Kompendium der Feldnummern der Gattung Sulcorebutia":

Parallel zum Buch über die Gattung *Sulcorebutia* erscheint ein Kompendium der Feldnummern dieser Gattung. Auf den rund 70 Seiten dieser Loseblatt-Sammlung sind alle wesentlichen *Sulcorebutia*-Feldnummern mit Angaben zu den Standorten aufgelistet. Daneben enthält es einige Vergleichstabellen, in denen standortidentische Feldnummern gegenüber gestellt sind. Es ist vorgesehen, die Listen in gewissen Zeitabständen zu aktualisieren.

Informationen und Bestellung des „Kompendium der Feldnummern der Gattung Sulcorebutia" ausschließlich über: Willi Gertel, Rheinstr. 46, 55218 Ingelheim (Rückporto) oder E-Mail, willi.gertel@t-online.de

Register

Nicht anerkannte Taxa bzw. nomina nuda sind grau gekennzeichnet. **Fett** gedruckte Seitenzahlen verweisen auf die Beschreibung des Taxons, Sternchen* auf Abbildungen.

Acasio 45, 164
Acrylglas 51
Aguirre 91, 130
Alalay 40
Alamos 48, 55, 57, 81f., 98
Altersdimorphismus 14, 15
Altersform 16
anatrop 23f.
Andenhauptkamm 32
Androeceum 29
Anzaldo 63, 155
Arani 37ff., 99, 102, 111, 159, 161
Areole 9, 17, 20, 24, 28
Atocani 47f., 57, 81
Aylostera 10, 35, 72, 88, 126, 135, 139
Ayopaya-Gebiet 36f., 68, 106
Ayopaya, Rio 37, 106
Ayrampo, Co. 126
Azurduy 47ff., 76f., 139

Barranca 48, 98
Befruchtung 23
Begleitflora 34, 147
Bestäubung 20, 23, 107
Bestimmungsschlüssel 31
Biesalsky 55
Bims 52
Blüte 20ff., 26f.
Blühzone 20, 29
Blütenbau 21ff., 159
Bodenproben 35, 79
Bodenreaktion 35

Caine, Rio 14, 36, 38f., 44ff., 48f., 63, 66, 79, 81, 122, 155
Calahuata 66
Calle Calle Berge 137
Camargo 49f.
Campesinos 5, 74, 158
Capinota 63
Cauta 79f.
Chaguarani 15, 78f., 122
Chaparé 40, 86, 114, 118, 130, 140, 143, 159
Charahuayto 36f.
Chataquila, Co. 48, 95ff.
Chico, Rio 49, 119
Chicote Grande, Co. 37, 70
Chloroplasten 21
Choro 36, 83f., 105f.
Chuqui Chuqui 47, 81
Churuquella, Co. 71f.
Cinnabarinea 44, 151
Cliza 38, 41, 155
Cochabamba 38
Cochabamba-Becken 37ff.
Cochabamba, Cordillera de 14, 36f., 39, 43, 92, 129, 152
Colcha 38f., 155
Colomi 11ff., 38, 40, 88, 129f.
Comarapa 36, 44, 86f., 93, 142
Copachuncho 42f., 141, 144
Copavillque 80f.
Coriri 36f., 69f.
Cruce; siehe Chaguarani
Cuchu Punata 91
Cuticula 24ff.

Differenzialdiagnose 30
Dimorphismus 16
Dornen 18f.
Düngen 52

Echinopsis 9, 18, 28, 31, 35
Embryo 25
Emendierung 11ff., 129
Epizana 43, 112ff., 144, 164
Estación de Bombeo 39, 151, 153

Farbatlas 55
Faserwurzeln 44, 83
Faserwurzeltyp 14
Feldnummernkompendium 54
Frucht 23ff., 26f.
Fruchtknoten 22ff., 62, 150
Funiculus 25f.

Gattungsbeschreibung 10f., 55
Geografische Großräume 36
Gewächshauskultur 51
Gießwasser 52
Gymnocalyciinae 10, 30
Gymnocalicium 10, 22, 29ff.
Gynoeceum 29

Halsrübenwurzel 15
Hilum 24ff.
Hilum-Mikropylar-Region 24ff.
Höcker 13, 17, 28ff.
Huanacuni Chico 44, 59, 158
Hymen 22, 44
Hypocotyl 25

Independencia 30, 69, 83f., 106

Jugendform 16

Kairani 40, 43, 117, 146
Kami 36f., 69f., 83
Karpelle 21f.
Keimblätter 13
Keimfähigkeit 29

Khala Sindro 36f.
Khaspi Cancha, Co. 80f.
Kulturbedingungen 51ff.

Lagunillas 144, 148
Laphia 41
La Villa 38, 41, 89f.
La Viña 45f., 63, 65f.
Leitbündel 23
Liriuni 133
Lobivia 9f., 28, 31
Lopez Mendoza 42f.

Magenta 55
Mandinga, Cordillera 49, 126, 135, 137
Mikropyle 13, 25
Mine Asientos 66, 122
Mizque 36, 38ff., 42, 45f., 99ff., 110f., 156ff.
Molinero 45f., 123, 161
Monte Punku 42

Naranjito 83, 105
Nektarium 22f., 65
Neotypus 13, 129
Nuevo Mundo 47f., 49, 76f.

Obispo, Co. 72
Obrajes 90
Ocuri 47f., 94
Öhrchen 21, 28f., 31
Oriental, Cordillera 32f., 36, 90
Orkho Abuelo 107

Pampagrande 46
Pampa Grande, Rancho 113f.
Pasopaya 115f., 119
Pasorapa 45f., 62, 75
Peña Colorado 46, 108
Perianth 21f.
Perikarpell 13, 21f., 27
Perisperm 12f.
pH-Wert 35, 52, 79
Pilaya, Rio 50, 77, 139, 165
Pilcomayo, Rio 47f., 77, 165
Pilzbefall 53
Plumula 25
Pocona 42f., 141, 159
Pojo 141

Pollen 22f.
Presto 16, 49, 73, 81, 85, 115f., 119, 126, 134f., 137
Punata 37

Radicula 25
Ravelo 39, 47, 81, 94ff., 152f.
Rebutia 9f., 13, 28, 30
Receptaculum 13, 21, 23
Reduktion der vegetativen Phase 21
Rodeo 40, 132
„Rote Spinne" 53
Rübenwurzel 14, 16, 52
Rübenwurzeltyp 14, 16

Sama, Cuesta de 50, 137, 139, 165
Samen 24ff., 26f.
Samenanlagen 20, 23, 27, 30
San Lorenzo 50, 165
San Pedro de Buena Vista 45, 164
Santa Cruz 32, 43
Santa Rosa 36f., 59, 68, 106
Santa Rosa, Rio 59, 68, 106
Santiago, (Cuesta de) 46, 58, 109f., 122, 126f., 161
San Vicente 46, 122
Sayari 38f., 151
Sciarafliegen 53
Sclerotium-Pilze 53
Serrano, Villa 47ff., 77
Sikhimirani, Loma 46, 63
Sivingani 39, 103
Sopachuy 47f., 77
Speicherwurzeltyp 14
Spinnmilben 53
Spross 17
Staubblätter 13, 22, 27
Strophiola 25
Sucre 15f., 23, 36, 46ff.
Sucreños 46, 153
Sulcorebutia
– *alba* 47ff., **55ff.**, 56*, 82
– *albida* n.n. 58
– *albissima* 45f., 56*, **57***, 57f., 80, 109, 110
– *arenacea* 37f., **58f.**, 60*, 61*, 68, 84

– *augustinii* 21f., 42ff., **59ff.**, 61*, 93, 149, 158f., 164
– *brachyantha*; siehe *breviflora*
– *breviflora* var. *breviflora* 45, **62ff.**, 64*, 65
– – var. *haseltonii* 45f., 63ff., **65**, 64*, 65*
– – – subvar. *viridior* 65
– – var. *laui* 45f., 65, **65f.**, 66*, 67*
– *caineana*; siehe *breviflora*
– *candiae* var. *candiae* 36f., 59, **66ff.**, 67*, 68*, 69f.
– – var. *kamiensis* 36f., 68, **69f.**, 69*
– *canigueralii* 39, 47ff., 50, 57, **70ff.**, 70*, 71*, 82, 94, 96, 116, 121, 135, 165
– *caracarensis* 48, **73f.**, 85
– *cardenasiana* 45f., **74f.**, 74*, 93
– *clizensis* n.n. 41, 92
– *cochabambina* 41, 88, 91f., 155
– *crispata* 47ff., 74, **75ff.**, 76*, 165
– *cylindrica* 15, 15*, 35, 45f., **77ff.**, 78*, 79*, 107
– *fischeriana* 48f., **80f.**, 80*
– *frankiana* 47ff., 55, 57, **81ff.**, 82*
– *glomeriseta* 25, 36f., 69, **83f.**, 83*, 105f.
– *glomerispina* 40, 129f.
– *inflexiseta* 48, 74, **84f.**, 86*
– *jolantana* nom. prov. 14, 22, 46, **161f.**, 162*
– *krahnii* 34, 42ff., **85ff.**, 86*, 142
– *krugeri* var. *krugeri* 38, 41, **87ff.**, 87*, 89, 92
– – var. *hoffmannii* 22, 38, 41, **89ff.**, 90*
– *langeri* 25, 45f., 62, 75, 91*, **92f.**, 94*
– *losenickyana* var. *losenickyana* 47f., **93ff.**, 95*, 96, 98
– – var. *chatajillensis* 47f., 94, **95ff.**, 95*, 97*
– – var. *vasqueziana* 47f., **98**, 97*
– *mariana* var. *mariana* 38, 40f., **98ff.**, 100*, 101*, 102
– – var. *laui* 38, 40f., 99, **102f.**, 104*, 158
– *markusii* 38f., **103f.**, 105*, 155, 161

– *menesesii* 25, 34ff., 59, 68ff., 84, **104ff.**, 105*
– *mentosa* var. *mentosa* 45f., 58, **106ff.**, 108*, 109*, 110, 128, 159
– – var. *swobodae* 45f., 58, 109, **110**, 112*
– *mizquensis* 38f., **110f.**, 112*, 158, 161
– *muschii* 70
– *oenantha* var. *oenantha* 42ff., **111ff.**, 113*, 114f.
– – var. *pampagrandensis* 42ff., 112, **113ff.**, 114*, 128
– *pasopayana* 47ff., 85, **115f.**, 115*, 116*, 119, 121, 126
– *pedroensis* n.n. 57
– *pojoniensis* n.n. 92, 155
– *polymorpha* 38, 40, **117f.**, 117*, 118*, 141, 146
– *pulchra* 47ff., 72, 74, 81, 85, 115, **118ff.**, 119*, 120*, 121*
– *purpurea* var. *purpurea* 45f., 109, **121ff.**, 122*, 127f., 161f., 164
– – var. *unguispina* 45f., **123f.**, 123*, 128
– *rauschii* 47ff., 74, 116, **124ff.**, 124*, 125*, 137
– *seinoiana* 41, 92
– *santiaginiensis* 25, 45f., 58, 109, 123, **126ff.**, 127*
– spec. de Acasio 45, 164
– spec. de Arani – Tintin HS57 etc. 38f., 160*, **161**
– spec. de Colcha 38f.
– spec. de Huanacuni Chico G183 43f., 157*, 158f.
– spec. de Mizque EH6266 111, **158**, 160*, 161
– spec. de Mizque HS14, HS14b, HS52 109, **159ff.**, 160*
– spec. de Rio Julpe G186 44, 147, **159**, 160*
– spec. de San Lorenzo 50, 163*, **165**
– spec. de San Pedro 45, 163*, **164**
– spec. de Totora-Omereque 42f., 59, 62, 149, 163, 162*, **164**
– *steinbachii* var. *steinbachii* 38ff., 92, 101*, **128ff.**, 128*, 130*, 131ff.
– – var. *australis* 40f., 99f.
– – var. *gracilior* 40, 130
– – var. *horrida* 22, 38, 40, **131f.**, 131*
– – var. *rosiflora* 40, 130
– – var. *tunariensis* 22, 25, 38, 40, **132f.**, 131*, 153
– – var. *violaciflora* 40, 131
– *tarabucoensis* var. *tarabucoensis* 15*, 47ff., 72, 116, **133ff.**, 134*, 135*, 136
– – var. *aureiflora* 22, 47ff., 96, 134, 135*, **136**, 137, 151
– – var. *callecallensis* 47ff., 74, 126, **136f.**, 138*
– *taratensis* var. *minima*; siehe *verticillacantha* var. *taratensis*
– *tarijensis* 35, 50, **137ff.**, 138*, 139*, 165
– *tiraquensis* var. *tiraquensis* 40, 42ff., 139*, **140ff.**, 142*, 143ff., 159, 164
– – var. *aguilarii* 42ff., **141ff.**, 142*, 143*
– – *bicolorispina* n.n. 43, 140, 142*
– – var. *lepida* 42ff., 62, 86, 141, **143ff.**, 145*
– – var. *longiseta* 42ff., 118, 141, 145*, **146**
– – var. *renatae* 42ff., **146f.**, 148*, 159
– – var. *totorensis* 42ff., 62, 141, 144, **147ff.**, 148*, 159, 164
– *torotorensis* 29, 45f., 149*, **150f.**, 152*, 162, 164
– *tuberculato-chrysantha* 40, 129, 131
– *vanbaelii* 91
– *verticillacantha* var. *verticillacantha* 25, 38f., 104, 133, **151ff.**, 152*, 154f., 158, 161
– – var. *applanata*; siehe *canigueralii*
– – var. *cuprea* 2*, 25, 45f., 81, 153, 153*, **154**
– – var. *taratensis* 38f., 104, 153, 153*, **154ff.**, 156*, 158, 161
– – var. *verticosior* 39, 94f., 152
– *vizcarrae* 41, 79, 102, 127, **156ff.**
– – var. *laui*; siehe *mariana* var. *lauii*
– *weingartioides* n.n.; siehe *krahnii*
– *xanthoantha*; siehe *candiae* var. *candiae*
– *zavaletae*; siehe *canigueralii*

Tarabuco 16, 47, 49, 73, 96, 133ff.
Tarija 16, 32, 36, 50, 77, 137, 139, 165
Taschenlexikon der Farben 55
Testa 24f., 27
Tintin 38, 39ff., 79, 102, 161
Tiquirpaya 59, 68, 106
Tiraque 38, 41, 91, 118, 129f., 140
Tomina 47, 49, 76f.
Torotoro 44ff., 66, 150, 154, 164
Totora 42, 44, 59, 112ff., 141, 144, 147ff., 159, 161, 164
Tripse 53
Tunari 37, 39f., 129, 132f.
Tukiphalla, Co. 86

Vacas 38, 40, 132
Vallegrande 45f., 92f.
Vila Vila 45f., 78f., 103, 123, 157
Viscarra, Villa siehe Vila Vila

Weingartia 10, 13, 22, 29ff., 44, 84, 86, 113, 115, 123, 136, 150, 160
Wollläuse 53
Wurzelläuse 53

Xerophyten 5

Yacuparticu 102
Yamparaez 47, 49, 134, 136
Yungas 34, 43, 105

Zapata, Rancho 42f., 117, 146
Zudañez 47ff., 73f., 125f., 134, 136

Bildquellen

Zeichnungen

Seite 15: Müller nach Vorlage von Augustin und Gertel.
Seite 16: Müller nach Vorlage von Augustin und Gertel.
Seite 17, links unten: Hentzschel nach Donald (1977), verändert.
Seite 17, rechts oben: Hentzschel nach Donald und Brederoo (1972), verändert.
Seite 18, links oben: Hentzschel.
Seite 18, rechts oben: Hentzschel.
Seite 19: Brederoo; zusammengestellt von Gertel.
Seite 8 und 20: Hentzschel nach einem Dia von R. Oeser.
Seite 21: Hentzschel nach Donald und Brederoo (1972), ergänzt und verändert.
Seite 23: Müller nach Brederoo.
Seite 24, oben: Brederoo.
Seite 25: Brederoo.
Seite 26, oben und unten: Brederoo.
Kartenskizzen Seiten 32, 33, 37, 38, 42, 45, 47, 50: Müller nach Vorlagen von Gertel.

Schwarzweißfoto

Seite 24: Rasterelektronenmikroskopische Aufnahme eines Samens von Sulcorebutia steinbachii – Dr. G. Frank.

Farbfotos

Karl Augustin:
Titelfoto; Seite 2; 15 oben; 42; 56 oben; 57; 60 unten; 61 oben rechts und unten links; 64 oben und Mitte rechts; 67 oben; 69 Mitte; 71 Mitte und unten; 74 oben rechts; 76 oben und unten; 79 oben und Mitte; 82 oben links; 86 oben und Mitte; 87 oben; 90 oben; 95 Mitte; 97 unten rechts; 100 unten rechts; 101 oben rechts; 104 Mitte; 108 Mitte; 112 oben links und Mitte; 113 oben; 114 Mitte; 116; 120 unten; 122 Mitte; 124; 131 Mitte und unten; 134 Mitte; 135 unten; 138 Mitte; 139 rechts; 149; 152 oben rechts und unten; 153 unten; 162 unten; 163 unten links.

Willi Gertel:
Seite 6; 7; 15 unten; 56 Mitte und unten; 60 oben rechts und links; 61 unten rechts; 64 unten links und rechts; 65; 66 oben und unten; 67 Mitte und unten; 68 oben rechts und links; 69 oben und unten; 70; 71 oben; 73 oben und Mitte; 74 oben links; 76 Mitte; 78 oben und unten; 80; 82 oben rechts und Mitte; 83; 87 Mitte und unten; 90 Mitte und unten; 91; 95 oben und unten; 97 oben, Mitte und unten links; 100 oben, Mitte und unten links; 101 oben links und unten; 104 oben; 105 oben, Mitte und unten; 108 oben und unten; 109; 112 oben rechts und unten; 113 Mitte; 114 oben und unten; 115; 117; 118; 119; 120 oben; 121; 122 oben; 123; 125 oben und Mitte; 127 in der Sammlung Rausch; 128 oben, Mitte und unten; 130; 131 oben; 134 oben und unten; 135 oben; 138 oben links und rechts; 139 links; 142 oben rechts und links, Mitte und unten; 143; 145 oben rechts, oben links, Mitte und unten; 148 oben, Mitte unten links und rechts; 152 oben links und Mitte; 153 oben; 156; 157; 160 oben rechts und links, Mitte und unten; 162 oben und Mitte; 163 oben links und rechts, Mitte und unten rechts.

Ralf Hillmann:
Seite 94.

Hansjörg Jucker:
Seite 49.

Heinz Swoboda:
Seite 61 oben links.

Alles über Kultivierung und Pflege...

Sukkulente Euphorbien faszinieren durch ihre einzigartige Fülle an unterschiedlichen Erscheinungsformen. Pflanzenliebhaber finden hier eine Vielzahl ungewöhnlicher, zum Teil auch bizarrer Wuchstypen. Innerhalb dieser Gattung der Wolfsmilchgewächse gibt es reichblühende Zwergsträucher mit Bonsai-Charakter und kandelaberförmige Bäume, Pflanzen mit Dornen, die aus Blütenständen entstehen und sich sternförmig ausbreiten, und – einzigartig im Pflanzenreich – die erstaunlichen Medusenhäupter. Die Fähigkeit, im Winter selbst mit trockener Heizungsluft zurechtzukommen, macht Euphorbien zu idealen Sukkulenten für die Wohnung. Ein allgemeiner Teil befaßt sich mit der Biologie und Morphologie der sukkulenten Euphorbien, die Besonderheiten von Kultur und Vermehrung werden erläutert. Der spezielle Teil enthält ausführliche Beschreibungen von mehr als 200 Arten.
Sukkulente Euphorbien. *Volker Buddensiek. 1998. 176 Seiten, 67 Farbfotos, 27 Zeichnungen. ISBN 3-8001-6634-8.*

Seit über 30 Jahren ist dieses Standardwerk der Kakteenkultur und Kakteenkunde als „der Cullmann" bekannt. Autoren und Verlag haben alles getan, um den Wünschen der Kakteenfreunde nach aktueller, umfassender Information und Anleitung zu entsprechen.
Kakteen. *Kultur, Vermehrung und Pflege, Lexikon der Gattungen und Arten. Dr. E. Götz, u. a. 6. Aufl. 2000. 340 S., 460 Farbf. ISBN 3-8001-6674-7.*

Neben Grundsätzlichem wie dem Substrat, dem Standort, dem Kulturgefäß oder den Wasser- und Düngerangaben geht es in diesem Buch auch um die Vermehrung und um die Züchtung von Kakteen. Bei der Beschreibung der Gattungen und Arten werden fünf Pflegegruppen unterschieden. Auf diese Weise erfährt der Leser rasch, nach welchem Grundmuster er seine Kakteen zu pflegen hat bzw. welche Kakteen sich am besten für seine Wohnung eignen.
Schöne Kakteen. *G. Gröner u. a. 2. Aufl. 1998. 96 S., 65 Farbf. ISBN 3-8001-6640-2.*

... von Kakteen und Sukkulenten.

Dieses Buch soll dem Kakteenfreund als Entscheidungshilfe beim Einkauf nach Samen- oder Pflanzenlisten dienen. In den Kurzbeschreibungen der einzelnen Arten, Sorten und Hybriden werden nicht nur Größe, Stacheln und Blütenform der Kakteen aufgeführt, sondern auch die Herkunftsländer sowie die Synonyme genannt. Das ausführliche Register mit ausführlichen Synonym-Verweisen erleichtert das gezielte Auffinden einzelner Arten.
Kakteen-Atlas. 1094 Kugelkakteen in Farbe. Rod und Ken Preston-Mafham. 2. Aufl. 1995. 224 S., 1094 Farbf. ISBN 3-8001-6582-1.

Der Autor gibt praxiserprobte Anleitungen und Hinweise, die den Anfänger vor Enttäuschungen schützen, aber auch dem fortgeschrittenen Kakteenfreund noch wesentliche Informationen vermitteln. Etwa 120 Farbaufnahmen demonstrieren die ganze Pracht und Schönheit der Kakteenblüten.
Kakteen. Die besten Pflanzen für Sammler und Liebhaber. Holger Dopp. 2. Auflage 1998. 132 S., 124 Farbf., 28 Zeichn. ISBN 3-8001-6654-2.

Nach einer kompakten Einführung in die Botanik der sukkulenten Pflanzen mit besonderem Augenmerk auf ihre speziellen ökologischen Anpassungen an Trockenheit, folgen Bemerkungen zur systematischen Botanik und zur Arbeitsweise des Botanikers. Der Hauptteil dieses Buches ist der lexikalischen Behandlung der kultivierten Sukkulenten gewidmet und beginnt mit zwei Schlüsseln (für blühende und nichtblühende Pflanzen) zu den insgesamt 48 botanischen Familien mit sukkulenten Vertretern. Diese Familien werden in alphabetischer Reihenfolge vorgestellt. Mit wenigen Ausnahmen enthält das Werk für jede Familie auch einen Schlüssel zu den kultivierten Gattungen. Der Gattungsbeschreibung und Bemerkungen über Verwandtschaft, Nutzpflanzen, Kultur und Vermehrung folgt eine repräsentative Auswahl kultivierter oder kulturwürdiger Arten. Insgesamt sind über 1.000 Arten erwähnt, knapp 300 sind auch abgebildet.
Sukkulenten. Dr. Urs Eggli. 1994. 336 Seiten, 343 Farbfotos, 15 geographische Karten, 5 Zeichnungen. ISBN 3-8001-6512-0.